Building Services

初学者の建築講座
建築設備（第四版）

大塚　雅之　著

市ケ谷出版社

「建築設備（第四版）」改訂にあたって

　本書は，初めて建築学を学ぶ人たちが半年または，1年間をかけた講義を通し<u>建築設備の概要や考え方を理解すること</u>，<u>建築設備分野から見た建築計画や設計のあり方</u>を考えることの修得を目的に執筆したものである。

　そして，建築マインドをもった学生諸君や初学者が建築設備の概要を学び，自分の想像する建物の中で少しでも建築設備のイメージがもてるようになっていただくことを期待している。

　執筆にあたっては，以下の点に留意している。

（1）　監修者・編修者との協議のもと，初学者には<u>難しい概念，数式などは極力削除</u>した。今回の第四版では，新しい技術規準を極力取り入れた。

（2）　各章の扉では，<u>その章で解説する設備の将来を予見する技術を示した。コラムでは，身近な例を中心にして</u>，概論，給排水衛生設備，空気調和設備，電気設備，搬送設備について，各分野で話題となっている内容を，重要な語彙と知識の拡充も目的にしてリストアップした。

（3）　第1章は，<u>建築計画・設計と建築設備が関わる点を整理して</u>述べた。また，代表的な建物用途として，事務所ビルと住宅をあげ，その建物内に給排水衛生設備，空気調和設備，電気設備をおさめて図示し，ビジュアルに各設備の構成をとらえられるように試みた。

（4）　第2章給排水衛生設備は，筆者も<u>自らの講義をとおし内容確認を行いながら執筆</u>を進めた。給水，給湯，ガス，排水，排水処理，衛生器具，消火といった<u>基礎的な設備の範疇に内容をとどめた。</u>

（5）　第3章空気調和設備は，敬遠されがちな，例えば空気線図の部分は代表的な例題レベルにとどめ，<u>空調負荷計算も夏期の冷房負荷を中心に</u>解説した。

（6）　第4章電気設備は，一般に建築学を学ぶ学生にとって苦手な分野でもある。まず，電気設備の構成や役割を理解することが大切であるので，<u>電気特有の配線図やその類は極力，リライトしてわかりやすく</u>解説した。

　地球温暖化防止のためには，<u>建物内での消費エネルギーの削減技術や節水化技術の開発は重要</u>であり，それらを担うのが建築設備技術である。本書が，地球環境の時代に責任をもって立ちむかう建築マインドをもった建築・設備技術者の教育と育成に，微力ながらお役に立てれば幸いである。

　また，2006年の刊行以来，多数の読者の方々から貴重なご意見などをいただいているが，これらは改訂の度に活用させていただいている。

　この度の改訂も，多数の読者の方々のご支援の賜物であることに謝意を表したい。

　令和2年1月 　　　　　　　　　　　　　　　　　　　　　　　　大塚　雅之

「初学者の建築講座」改版にあたって

　日本の建築は，かつての木造を主体とした歴史を経て，明治時代以降，西欧の組積造・鉄骨造の技術導入にも積極的であった。結果として，地震・火災・風水害などが多発する災害国における建築的な弱点を克服する鉄筋（鉄骨）コンクリート構造や超高層建築の柔構造開発に成功を納めた。

　その建築レベルは，企画・計画・設計・積算・法令・施工・維持・管理・更新・解体・再生の各段階において，今や世界最高の水準にある。この発展を支えた重要な要素のひとつが国家資格である建築士試験である。

　「初学者の建築講座」シリーズは，大野隆司前編修委員長の刊行のことばにもある通り，もともと二級建築士の受験テキスト作成を契機として発足し，内容的には受験用として漏れがなく，かつ建築学の基礎的な教材となるものとして完成した。

　その後，シリーズは好評に版を重ねたため，さらに一層，教科書的色彩を濃くした刊行物として，建築士試験合格可能な内容を網羅しつつ，大学・短期大学・専修学校のさまざまなカリキュラムにも対応でき，どんな教科の履修を経なくても，初学者が取り込める教材という難しい目標を掲げて編修・執筆された。

　大学教科書の出版に実績の多い市ヶ谷出版社の刊行物と競合しないという条件から，版型を一回り大きくして見やすく，「読み物」としても面白い特徴を実現するために，頻繁で集中的な編修・執筆会議を経て完成したと聞いているが，今回もよき伝統を踏襲している。

　この度，既刊シリーズの初版から，かなりの期間が経ったこともあって，今回は現行法令への適合性や建築の各分野で発展を続ける学術・技術に適応すべく，各巻の見直しを全面的に行った。

　その結果，本教科書の共通の特徴を，既刊シリーズの特徴に改善点を含めて上書きすると以下のようになる。

1) 著者の専門に偏ることなく，**基礎的内容を網羅し，今日的な話題をコラム的**に表現すること
2) **的確な表現の図表や写真を多用し，全ページで2色刷り**を使用すること
3) 学習の要点を再確認するために，**例題や確認問題**などをつけること
4) 本文は**読み物としても面白く**しながらも，**基礎的知見を盛り込む**こと
5) 重要な用語は**ゴシック**で示し，必要に応じて注で補うこと

　著者は既刊シリーズの担当者を原則としたが，内容に応じて一部交代をしている。いずれも研究者・実務者として第一線で活躍しており，教え上手な方々である。「初学者の建築講座」シリーズの教科書を通して，建築について多くの人々が関心を寄せ，建築への理解を深め，楽しむ仲間が増えることを，関係者一同大いに期待している次第である。

　平成28年1月　　　　　　　　　　　　　　　　　　　　監修　長澤　泰

「初学者の建築講座」発行にあたって

　建築業界は長い不況から抜け出せないでいるが，建築を目指す若者は相変わらず多く，そして元気である。建設量が低迷しているといっても欧米諸国に較べれば，まだまだ多いし，その欧米にしても建築業界は新たな構想に基づく建築需要の喚起，わが国ではリフォームと一言で片づけられてしまうことも，renovation・refurbishment（改修）や conversion（用途転換）など，多様に展開して積極性を維持している。ただ，建築のあり方が転換期を迎えたことは確実なようで，新たな取り組みを必要とする時代とはいえそうである。

　どのような時代であれ，基礎知識はあらゆるもののベースである。本編修委員会の母体は，２級建築士の受験テキストの執筆依頼を契機に結成された。内容的には受験用として漏れが無く，それでいて建築学の基礎教材的な性格を持つテキストという，いわば二兎を追うものとして企画され，２年前に刊行された。

　幸いシリーズは好評で順調に版を重ねているが，その執筆が一段落を迎えたあたりから，誰言うともなく，さらに一層，教科書的な色彩を強めた本の作成希望が提案された。内容としては，建築士に合格する程度のものを網羅したうえで，大学・短期大学・専門学校において，どのようなカリキュラムにも対応できるよう，いずれの教科を経ることなく，初学者が取り組むことが可能な教材という位置付けである。

　市ヶ谷出版社には既に建築関係の大学教科書について，実績のあるものが多く，それとバッティングをしないという条件もあり，判型は一回り大きくして見やすくし，いわゆる読み物としても面白いもの，などを目標に企画をまとめ執筆に入った。編修会議は各巻，毎月約１回，約１年半，延べ数十回に及んだが，これまでに無い教科書をという関係者の熱意のもと，さまざまな工夫を試み調整を重ねた。

　その結果，本教科書シリーズは以下のような共通の特徴を持つものとなった。

　　1) 著者の専門に偏ることなく，**基礎的な内容は網羅**すること
　　2) **的確な図を新たに作成**するとともに，**写真を多用**すること
　　3) 学習の要点を再確認するために，**例題などをつける**こと
　　4) **読み物としても面白く**，参考となる知見を盛り込むこと
　　5) **重要な用語はゴシックで示し**，必要に応じて注で補うこと

　執筆者はいずれも研究者・実務者として有能な方々ですが，同時に教え上手としても定評のある方々です。初学者の建築講座の教科書を通して，建築についての理解が深められ，さらに建築を楽しむ人，志す仲間の増えることを，関係者一同，大いに期待しているところです。

平成 18 年 8 月　　　　　　　　　　　　　　　　　　編修委員長　大野　隆司

建築設備

目次

第3章　空気調和設備

第4章　電気設備

第 5 章　搬送設備

第 1 章
建築設備概論

（チェコの風景）

（地中熱利用空調システム：熱交換パイプの施工）
（関東学院大）

（太陽光発電パネル）
（関東学院大）

再生可能なエネルギーの利用（風力発電・太陽光発電・地中熱利用）

2011 年 3 月 11 日に起きた東日本大震災により原子力発電所の事故が生じた。それを契機にエネルギー供給の安全性が見直されはじめています。

地球環境に優しい都市・建築を実現するためにはクリーンで省エネルギー，さらに安全なエネルギー技術の開発が必要です。太陽光発電，風力発電，水力発電，地熱利用など再生可能なエネルギーを活用した建築設備技術が注目されています。

1・1　建築設備とは

1・1・1　建築設備の役割

優れた建築は，外観や室内空間がデザイン的・機能的に優れているとともに，空間で生活し，仕事をする人々にとって安全で衛生的，かつ快適な環境を提供している。われわれの身近なところにも優れた建築がある。その一例が図1・1に示す日本の民家である。

昔から日本の民家では，図1・2のように茅葺き屋根の厚い屋根で断熱し，軒と庇（ひさし）で暑さや日射を防ぎ，高窓からの自然換気通風を行い，蒸し暑い夏の気候でも快適な生活を行う工夫がなされてきた。また，敷地の周囲には落葉樹を植えることで，夏期には強い日差しを抑え，冬期には暖が採れるように庭や周辺の環境にも配慮した計画がなされてきた。

このように，気候や風土といった建物をとりまく環境条件を考えながら，その条件にあったパッシブな手法[注1]を用いて快適な空間を創るための計画が行われてきた。

建築計画・設計を行う上で，気象条件や周辺条件の違いによって変化する建物における熱・空気・音・光・水などの環境要素を，民家の例で説明したように快適な状態に保てるように計画するためには，物理的な理論や数値的な根拠が必要になる。これらを扱う科目が「建築環境工学」である。

しかし，民家のような環境調節が，果たして都心部の狭い土地に建つ住宅や気候風土の異なる地域に建つビルで実現できるだろうか。気候や風土も各地でさまざまであり，気象条件も季

図1・1　日本の民家の例（白川郷）

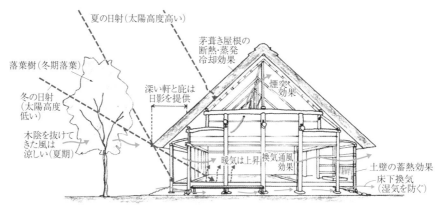

図1・2　民家の環境調節の仕組み[1-1]

注1）　パッシブな手法：自然の風，日射を利用したり，植栽などを工夫して配置し，機械的な技術に頼らずに環境調節を行う手法。
　2）　図1・2右肩の1-1）は，巻末の参考・引用文献の番号を示す。

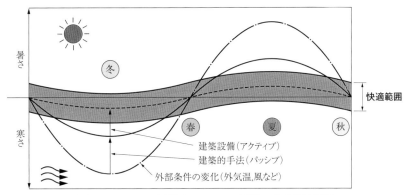

図1・3　パッシブ手法とアクティブ手法による環境制御

節によって変動するため，パッシブな手法だけでは快適な居住環境は実現できない。

　そこで，エアコンや照明といった機械や電気などを用いるアクティブな手法[注1]によって，建築環境工学で扱う快適な室内環境を創りあげることが必要になる。それを担うのが「建築設備工学」である。

　昨今の建築設備技術の進歩は著しいが，建築家が忘れてはならいのは，図1・3に示すとおり，1年を通じてパッシブな手法を用いて快適な環境を作る工夫をした上に，その不足分を建築設備というアクティブな手法で補うという基本姿勢である。

1・1・2　建築設備の種類と構成

　建築基準法[注2]では，建築設備を「建築物に設ける電気，ガス，給水，排水，換気，暖房，冷房，消火，排煙若しくは汚物処理の設備または，煙突，昇降機若しくは避雷針をいう」と定義している。一般にこれらの設備は，給排水衛生設備，空気調和設備，電気設備の3つに分類される。本書では，それらについて事務所ビル，集合住宅，戸建住宅の例を引用し説明する。

（1）　事務所ビルの建築設備

（a）　給排水衛生設備

　給排水衛生設備の一例を図1・4に示す。

　給排水衛生設備で使用される上水[注3]は，水道本管から引き込まれ，一旦受水槽に貯水され，揚水ポンプにより高置水槽に揚水された後，または直接給水管を通って建物内の大便器や洗面器などに給水される。これが**給水設備**である。給水された水は，給湯設備（給湯機など）で加熱され，飲用や入浴用として台所のシンクや浴室の浴槽，シャワーへ給湯される。大便器，洗面器，浴槽などを**衛生器具設備**という。加熱の熱源となるガスを扱うのが**ガス設備**である。最近は，電気による加熱機も増えている。

　衛生器具で使用された湯・水は，排水管などの**排水設備**を経て，下水道に排水される。敷地や屋根に降った雨水は，雨水管を通って同様に下水道に排水される。下水道が整備されていない地域では，浄化槽を設置し，河川などに放流してよい水質まで浄化してから排水される。これを**排水処理設備**という。このほか，火災時の消火用の機器や装置などを**消火設備**といい，給排水衛生設備の中に含まれる。

　建物から排出されるごみの排除と処理を扱うごみ処理設備や，生活排水や雨水を処理し，建物内で再利用する雨水・排水再利用設備なども**特殊設備**と呼ばれ給排水衛生

注1）　アクティブな手法：機械的・電気的な設備機器システムなどを用いて，一部は強制的に環境調節を行う手法。
　　2）　建築基準法第2条三　　　3）　飲料水（2・2を参照）

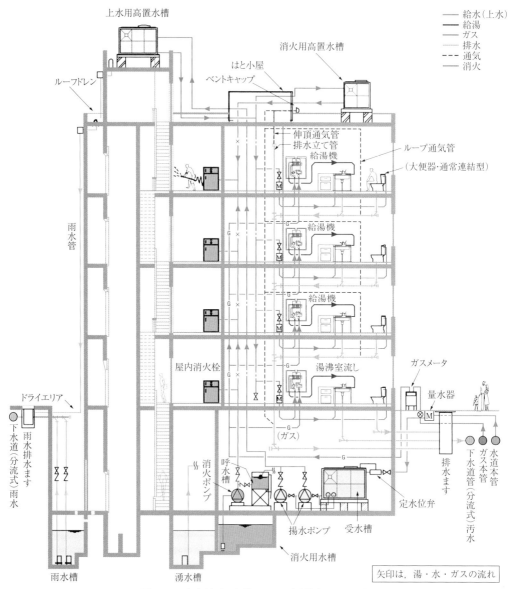

図1・4 事務所ビル設備の概要（給排水衛生設備）

設備の一つである。

　衛生的で安全な水や湯を無駄なく供給し，一旦，使用された水（ごみも含む）は円滑に処理し，敷地外に排除することが給排水衛生設備の基本原則である。

（b） 空気調和設備

　空気調和設備の一例を図1・5に示す。

　空気調和設備で使用される空気は，外部より給気され，冷凍機やボイラーなどの**熱源設備**によって作られた冷水や蒸気が送られた**空気調和機**で加熱・冷却，加湿・減湿など調節される。さらに，送風機によって，ダクトや配管などの**熱搬送設備**を経由して室内に供給される。特に，日射や外気温の影響を受けやすい建物外周の窓付近には，ファンコイルユニットと呼ばれる**空気調和機器**を別途設置し，冷水や蒸気を通し，同様に空気を処理する。

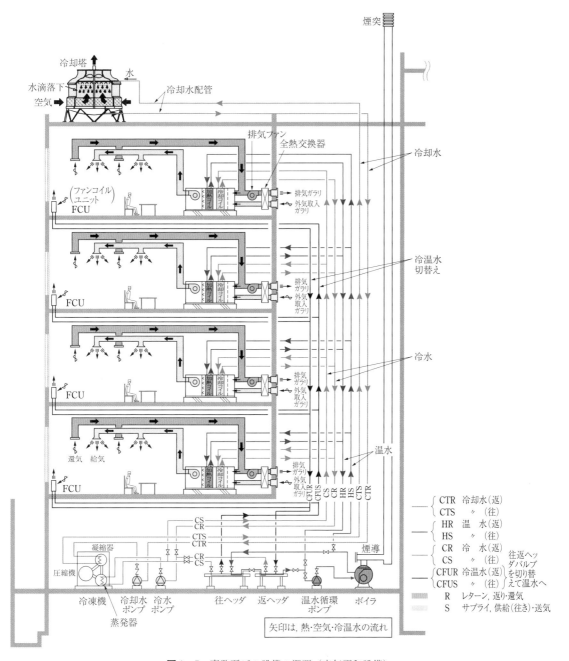

図1・5　事務所ビル設備の概要（空気調和設備）

供給された空気の一部はダクトを通し排気され，残りは還気され外部から取り入れられた新鮮空気と混入させて供給される。この流れを通し，居室の空気の温度・湿度・清浄度，気流の状態などを快適な状態に保つことが空気調和設備の役割である。

（c）　電気設備

電気設備の一例を図1・6に示す。

電気設備で使用される電気は電力会社より供給され，**受変電設備**で建物用途に適した電圧に変圧され，一つは動力分電盤から動力幹線を通し空調用の冷暖房機器，衛生

機器用給排水ポンプなどの動力として供給される。これが**動力設備**である。もう一つは電灯幹線，分電盤を経由し，照明やコンセントに供給される。これが**照明・コンセント設備**である。

このほかに，情報を扱う**情報・通信設備**があり，建物内の連絡，表示，通報などに利用される。これらの設備には，電話設備，構内放送設備，テレビ共同受信設備，電気時計設備，インターホン装置，放送設備，LAN設備[注1]などがある。

また，建物の防災対策として，**消火設備**，**警報設備**，避難設備を作動させる**防災設備**などがある[注2]。それ以外にエレベータやエスカレータなどの**搬送設備**がある。

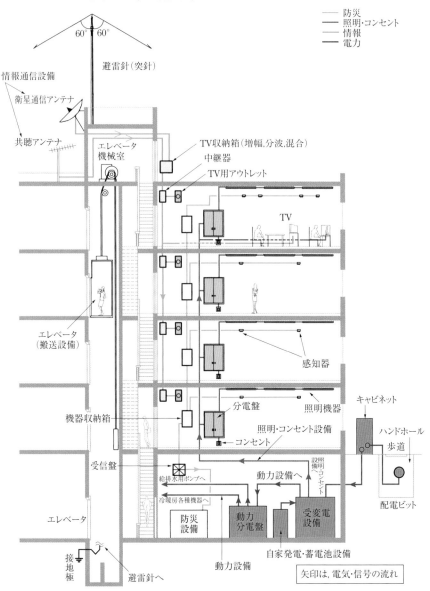

図1・6 事務所ビル設備の概要（電気・搬送設備）

注1) LAN：Local Area Network の略。
2) 本書では消火設備は，給排水衛生設備2・8で，防災設備は電気設備4・6で説明する。

なお，(a)～(c)で述べた給排水衛生設備，空気調和設備，電気設備，搬送設備の適用範囲は建物と敷地内に限定されるが，都市の基盤となる公共用の設備，すなわち上下水道管，ガス管，電力・情報幹線などは**都市基盤施設（インフラストラクチャ）**と呼ばれ，**都市設備**として扱われる。

(2)　戸建住宅の建築設備

図1・7に戸建住宅の設備の一例を示す。

給排水衛生設備では，上水は一般に水道本管（配水管）から引き込み，住戸に接続された量水器（水道メータ）を経て，配水管の有する水圧力で1～3階程度の高さ（約10 m以下）までの間に接続された衛生機器に給水・給湯される。使用後は事務所ビルと同様に排水される。消火設備としては消火器を用いる。

空気調和設備では，小型のヒートポンプ式エアコン（室内機と室外機が一対一で対応）を用いることが一般的だが，室外機一つで複数の室内機と対応できるマルチ方式を採用する場合もある。換気設備として，台所，トイレ，浴室などに換気用ファンを設置する。また，2003年7月1日に換気と**シックハウス**注1) に関連する法令上の規制が定められ，シックハウス症の解決法として，住まいの中を24時間連続で換気することにより，室内の有害物質を排出する換気設備を設置することが必要になった。暖房機器には，ガスや電気を熱源とした温風ヒーターや床暖房設備などがある。

電気設備では，照明やエアコンの電源に100 V，食器洗い乾燥機，電気温水器，IHクッキングヒーター注2) などの用途には200 Vの電源が必要になる。最近では，200 V電源を必要とするエアコンも市販されている。家庭用の情報・通信設備として，住宅情報盤に電話回線，インターホンなどを接続したものも一般化しつつある。

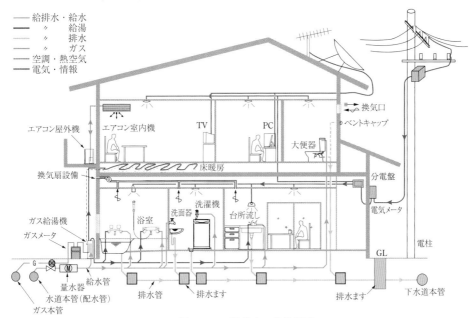

図1・7　戸建住宅の設備概要

注1)　シックハウスは，室内空気汚染によって健康障害を起こす住宅のことである。主な理由として，1973年のオイルショック後，住宅が省エネルギー設計による高気密化，冷暖房の長時間使用により窓を開けない生活習慣による自然換気不足，カーペットなどの施工しやすい接着剤による化学物質の多用に原因があった。

2)　IH：Induction Heating の略（電磁誘導加熱の略）で，火を使わず磁力線の働きで鍋などの調理器を発熱させる加熱方法をもったヒーターである。

(3) 集合住宅の建築設備

図1・8に集合住宅の設備の一例を示す。特に,戸建住宅の設備と主に異なる点は以下のとおりである。

1) 設備全般について

① 廊下,パイプシャフトなどの共用部分に属する設備を共用部設備,住戸内を専有部分と呼び,そこに属する設備を専用部設備といい,2つに分けられる。戸建住宅では専用部設備を主に扱う。

② 集合住宅は共同生活の場であるので,管理規約等で設備の維持管理にルールがある。

③ 集合住宅は上下左右に構造体を介して住戸があるので,設備の騒音・振動が他の住戸に伝わらないように,特に注意して計画・設計を行う。

2) 給排水衛生設備について

① 戸建住宅では,水道配水管から直接給水する水道直結給水方式が主流であるが,集合住宅では,給水能力の高い受水槽方式[注1]などが主に用いられている。最近で

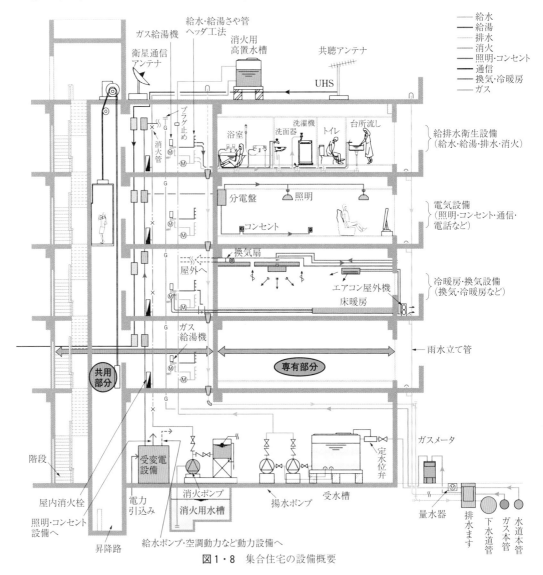

図1・8 集合住宅の設備概要

は，水道直結増圧方式も採用され始めている。

② 専用部分の給水・給湯方式は，戸建住宅では水道引込管部以降で分岐させる配管を用いる場合が多い[注2]。集合住宅では，給湯・給水ヘッダと呼ばれる部材を用いた給水・給湯さや管ヘッダ工法[注3]が採用されることが多い。

③ 高層・超高層の集合住宅では，浴槽・便器などの衛生器具からの排水が重なることが多いので，大きな排水負荷に対応できるように，排水立て管や排水横主管の各部位に工夫をほどこした特殊継手排水システム[注4] を採用する場合が多い。

3) 空調・換気設備について

① 集合住宅では，開口面に面して居室を設けるため，非居室空間となる水まわり部分が専用部分の中心部に配置される場合が多いので，水まわり部分の換気には，給排気用にファンとダクトを用いる手法が主に用いられる。

② 戸建住宅は外気に面する部分が多いが，集合住宅では一般に周囲に住戸がある場合は断熱効果が高く，冷暖房消費エネルギーを少なく抑えることができる。

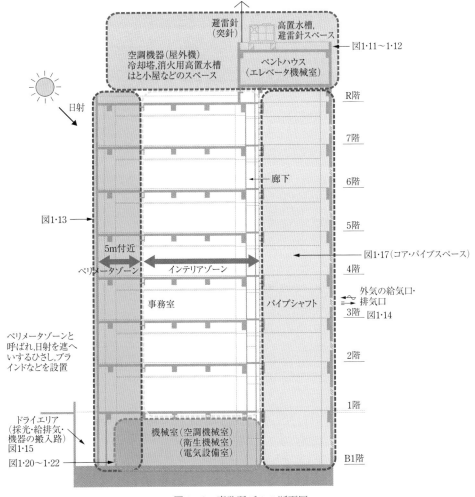

図1・9　事務所ビルの断面図

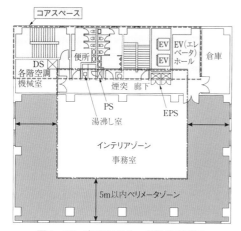

図1・10　事務所ビルの基準階平面図

図1・11　ペントハウスと高置水槽

1・1・3　建築計画と設備計画の関わり

　建築設備を建物に設置し，それを機能的に運用し，維持管理するためには適切な設備計画を行う必要がある。その際には，建築計画や設計との接点も多いので，留意する点をいくつかあげる。

　図1・9に代表例として事務所ビルの断面図，図1・10に平面図を示し，設備計画を行う上で関連する建物の部位を示す。

(1)　屋上とペントハウス

　一般ビルの屋上には，図1・11のように，階段室から屋上に出られる**ペントハウス**（塔屋）が計画されるが，その上部に給水用の高置水槽が置かれることが多い。これは，建物の上層階に給水する際に水圧が不足するため，建築物を利用して給水圧を確保するために利用するケースである。エレベータのかごを吊り上げるためのエレベータ機械室もペントハウス内に計画される。また，ペントハウスに沿ってボイラの煙突や避雷針も設置される。

　また屋上には，空調設備用の冷却塔，屋外機，消火用高置水槽などが置かれ，各設備の配管やダクトが屋上スラブを貫通し下階へ通じるため，防水と維持管理を行いやすくするように，**はと小屋**と呼ばれる小さなコンクリートのボックス

図1・12　屋上に置かれた設備機器

図1・13　ユニテ・ダビタシオン外観（マルセイユ）

を通してそれぞれの機器に接続される（図1・12）。

(2)　外壁とドライエリア

　建築物の外壁は日射を受ける。特に窓まわり外周から5m付近まではそれより内側のス

給排気口
（ガラリ）

図1・14　建物ファサードと外壁給気口（ガラリ）

ペースより外気や日射の影響を大きく受ける
ので，冷暖房を行う空気調和設備の計画では重
要なゾーン（**ペリメータゾーン**[注1]と呼ぶ）である。
建築計画上は，ブラインドや断熱ガラスなどを
用いて日射を遮へいする計画が必要となる。

　図1・13は，地中海に近いフランスのマルセ
イユにあるコルビジェの設計したユニテ・ダビ
タシオンの外観である。地中海の夏の厳しい日
射を遮へいするため，彫りの深いファサードと
ブリーズソレイユ[注2]と呼ばれる日除けが用い
られていることなどは，ペリメータゾーンの日
射遮へいを行う上で参考になる手法である。

　また，空調用に新鮮な外気を取り入れたり汚
れた空気を排気するために，図1・14のように，
建物の外壁部に給排気口を設ける必要があるの
で美観をそこなわないようデザイン上の工夫が
必要となる。

　大型の空調機器やボイラを設置する機械設備
室を地階に計画する場合には，外気の取入れ用
や機械のメンテナンスを行う場合の機器の搬入
路も兼ねて，図1・15のように，**ドライエリア**[注3]
と呼ばれる空堀を計画する。

採光

← 給気口

機器搬入路

図1・15　ドライエリア

（3）　コアとパイプスペース

　図1・10のように，建物の平面で垂直方向に
向かう設備配管やダクト類，階段室，エレベータ
などを効率よく集約させた空間を**コア**といい，建
築と設備の取り合いで最も大切な部分である。建
築計画や構造計画とも深く関係する部分である。

　コアの分類は，その配置の仕方によって，例
えば図1・16のように分けられる。特に，図1・
17に示すように，縦方向に配管やダクトが貫
通するスペースをパイプシャフト，ダクトシャ
フト（PS，DS[注4]と略す）といい，垂直方向への

注1）　Perimeter Zone，1・2・2（1）を参照。
　　2）　Brise-Soleil，元来は日除けの意味であるが，日照調整の手段として建築化された日除けを指す。ル・コルビジェが積極
　　　　的に作品に用いた。
　　3）　採光・換気・防湿などのために地下壁に沿って作る空堀のこと。
　　4）　PS：Pipe Shaft，DS：Duct Shaft の略。

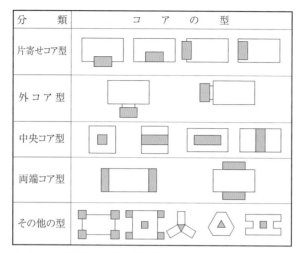

注.　■：コア部分　□：専用部分

図1・16　コア配置による分類

図1・17　パイプシャフトの内部の様子
（提供：石井隆敏）

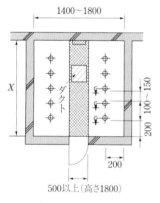

（a）両側へ配管を
　　立ち上げる場合

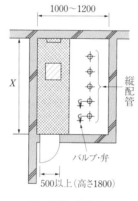

（b）片側へ配管を
　　立ち上げる場合（A）

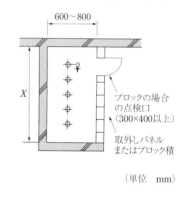

（c）片側へ配管を
　　立ち上げる場合（B）

（事務所ビルの参考値：木内俊明）

項　目		基準階床面積に対する比率〔％〕
空調	ダクトスペース （排煙を含む）	1.6〜2.5*1
	空調配管スペース	0.4〜1.0*1
衛生配管スペース		0.3〜0.8*2
電気配管スペース 配線スペース		0.3〜1.0*2
計		2.6〜5.3 （一般に2.5〜3.5が多い）

注1）換気・排煙設備ダクト，空調用配管，電気配管などが入る
　　場合はその分のスペースを考慮する。
　2）将来用増設配管または配管取替え用スペースとして，長手
　　方向に600〜800mmを見込む。
　3）Xは管の本数を考慮して決定する。
　4）各配管，ダクトスペースは左表を参照とする。
　5）集合住宅では，衛生配管・ダクトスペースとして基準階床
　　面積の4.0〜4.5％程度とする（著者調査より）。

*1　外気導入および排気のための共用シャフトは含まない。
*2　分電盤スペースおよびトランス室を含む。

図1・18　パイプシャフト内の配管とダクトの配置

水・空気・熱の搬送スペースとなる。また，電気配線の走るスペースを電気幹線シャフト（EPS[注1]）という。一般に各階に設置されるトイレや湯沸し室などの水まわりは，給水，給湯，排水をしやすくするために，パイプシャフトに近い位置に計画することが望ましい。

　パイプシャフト内は，図1・18のように設備を整理して配置し，経年変化に対し，配管の補修・取替えなどの維持管理がしやすいように作業スペースを確保することが望ましい。

注1）Electrical Piping Shaft の略。

図 1・19　ポンピドーセンター外観（パリ）

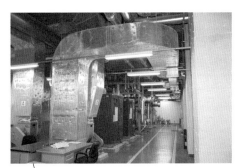

図 1・20　空調機械室の例

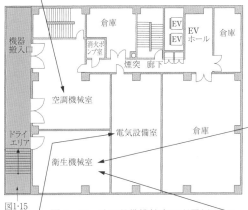

図1・15

図 1・23　地下設備機械室の配置例

図 1・22
電気設備室の例

図1・19のポンピドーセンター（パリ）のように，ダクト，給排水系統，電気系統，搬送エレベータ系統の配管を建築躯体と分離し屋外に露出させ，しかもそれを一つのデザインとして完成させた建物もある。更新性の良さを考えれば，設備と建築躯体を分離させておくことも大切である。

（4）　設備機械室と所要面積

建物には設備機械室を設け，大型設備機器を収納する。設備機械室には，一般に，衛生設備室・空調設備室・電気設備室がある。図1・23，および図1・20〜1・22にその一例を示す。

各機械室の合計延べ床面積は，目安として建築延べ床面積の5〜10％程度の割合とされているが，空調方式や熱源方式（図3・47〜3・57），給水方式（図2・4〜2・11）の種類の違いによってその割合は異なるので注意を要する。また，各設備機器の周辺には，維持管理やメンテナンスを行いやすくするための十分なスペースを確保する必要がある。

（1）揚水ポンプ

（2）受水槽
図 1・21　衛生機械室の例

1・2　地球環境と建築設備

1・2・1　地球環境問題と建築設備

　快適で利便性の高い生活環境を求めるために，建物での冷暖房，照明，給湯などで消費されるエネルギーは年々増加してきた。その際に用いる石油・石炭・天然ガスなどの化石燃料が燃焼に伴って発生する二酸化炭素 CO_2 は，地球の温暖化に大きな影響を与えている。その結果，都心部での気温上昇と異常気象をもたらし，地球の平均気温が上昇する結果を招いている。

　そこで 1997 年，京都で開かれた気候変動枠組条約の第 3 回締約会議（COP3）でその原因となる温室効果ガス（CO_2, メタン, 亜硫化炭素, HFC，PFC，六フッ化硫黄）について，京都議定書で削減目標を定めた。その中でわが国は，温室効果ガスの排出量を，1990 年レベルより 2010 年を目標に 6% 削減することを約束した。その後，参加国間で話合いや調整が行われ，2005 年 2 月に目標達成に向けて，正式に京都議定書が発効された[注1]。

　わが国は，図 1・24 に示すとおり，中国，米国，ロシア，インドに続く世界第 5 位の CO_2 排出国であり，図 1・25 のように，建設業は産業別排出量の内訳では約 40% を占めている。目標達成には，建築や住宅で消費される民生用エネルギーの削減が必要不可欠といわれている。

1・2・2　建物と省エネルギー

　図 1・26 に示すように，事務所，住宅で消費されるエネルギーとその内訳は，建物用途によって異なる。例えば，事務所ビルで消費されるエネルギーの内訳は，約 30% が冷暖房用，約 12% が空調動力用[注2]，約 40% が照明・コンセント用，その他が給湯エネルギーなどである。また住宅では，給湯用が約 29%，照明・動力などが約 35%，冷暖房用が約 29% である。

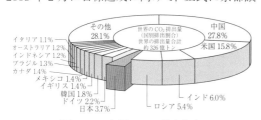

図 1・24　各国の CO_2 排出比率
（EDCM／エネルギー経済統計要覧 2015 年版）

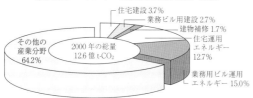

図 1・25　日本の部門別 CO_2 排出比率
（社団法人建築業協会（BCS）行動計画より）

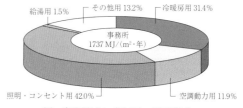

（1）　事務所ビル（20,000 m² 以下）[1-3]

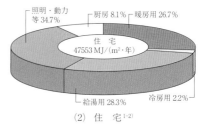

（2）　住　宅[1-2]

図 1・26　建物用途別消費エネルギーの内訳[1-3]

注1）　2009 年の COP15 においてわが国は，温室効果ガスの排出量を 2020 年までに 1990 年比で 25% 削減することに修正された。また，2015 年の COP21 において，2030 年度に 2013 年度比で 26%（2005 年度比で 25.4%）削減の約束草案を提出した。
注2）　冷暖房用とは，ボイラ，冷凍機などの熱源機で消費するエネルギー。空調動力用とは，温水ポンプ，給排気・換気ファンなどを動かす動力エネルギー。一般に両者を合わせて空調設備とし，その割合は全体の約 40〜50% を占める。

（1）　省エネ法の適用

　建物で消費されるエネルギーを合理化すること，すなわち，エネルギー消費の効率を向上させることを目的に，「エネルギーの使用の合理化に関する法律（省エネ法）」が制定されている。省エネ法では，省エネ基準が定められており，

現在，2013年に策定された「改正省エネ基準」が適用される。延べ床面積 2000 m² 以上の第一種特定建築物（大規模），300 m² 以上 2000 m² 未満の第二種建築物（中規模）について新築・大規模修繕を行う場合，所轄官庁への省エネルギー措置の届出が義務づけられていた。その後，

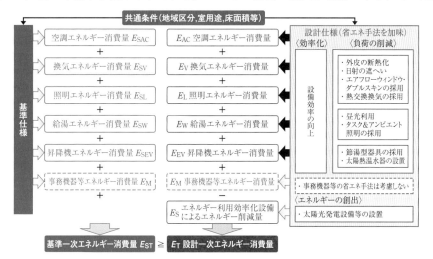

図1・27　建物の一次エネルギー[注1]消費量の計算と評価フロー

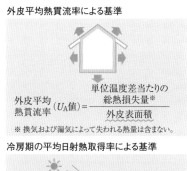

地域区分	都道府県
1・2	北海道
3	青森県，秋田県，岩手県
4	宮城県，山形県，福島県，栃木県，長野県，新潟県
5・6	茨城県，群馬県，山梨県，富山県，石川県，福井県，岐阜県，滋賀県，埼玉県，千葉県，東京都，神奈川県，静岡県，愛知県，三重県，京都府，大阪府，和歌山県，奈良県，岡山県，広島県，山口県，島根県，鳥取県，香川県，愛媛県，徳島県，高知県，福岡県，佐賀県，長崎県，大分県，熊本県
7	宮崎県，鹿児島県
8	沖縄県

図1・28　住宅の熱性能　　**図1・29**　住宅の省エネルギー基準における地域区分

表1・1　外皮平均熱貫流率 U_A と平均日射熱取得率 η_P の基準値

地 域 区 分	1	2	3	4	5	6	7	8
外皮平均熱貫流率の基準値〔W/(m²·K)〕	0.46	0.46	0.56	0.75	0.87	0.87	0.87	－
冷房期の平均日射熱取得率の基準値	－	－	－	－	3.0	2.8	2.7	3.2

＊寒冷地においては η_A 値の基準値が，蒸暑地においては U_A 値の基準値が設定されていない。

注1）　一次エネルギーとは，自然界に存在するエネルギー源で，石油，石炭，天然ガスなどの化石燃料，太陽光，地熱などから得られるエネルギーをいう。二次エネルギーとは，一次エネルギーを加工して得られる電気，ガソリン，都市ガスなどをいう。

省エネ法で扱われていた新築・大規模修繕による措置は，建築物省エネ法へ移行された[注1]。

①　非住宅の省エネルギー[注1]

　省エネ性の評価には，PAL*（Perimeter

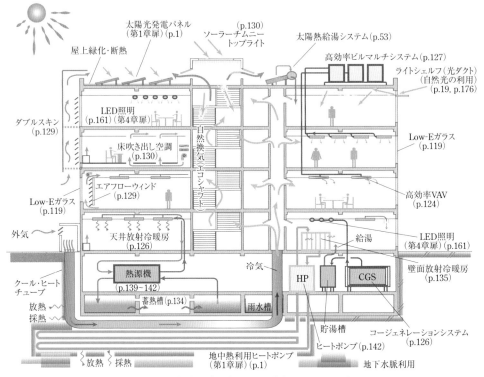

図1・30　非住宅の省エネルギー手法とZEBの概念図

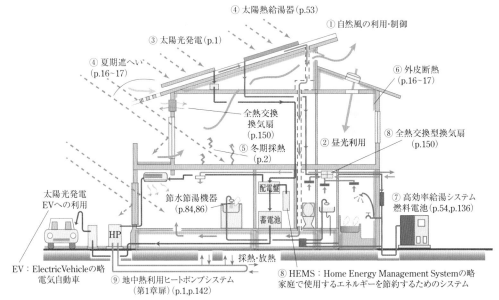

図1・31　戸建住宅の省エネルギー手法とZEHの概念図

注1）　2015年7月に建築物のエネルギー消費性能の向上に関する法律（建築物省エネ法）が制定され，2017年4月より延べ床面積2000 m²以上の非住宅では，新築時・増改築等の建築物のエネルギー消費性能基準（図1・27）への適合義務・適合性判定義務が課せられるようになった。また，住宅用途に関する基準（外皮性能基準等（図1・28, 1・29, 表1・1）も定められた。

Annual Load Star；年間熱負荷係数［MJ/（m²・年）］と一次エネルギー消費量の2つの指標が用いられている。PAL*は外皮性能（建物躯体の断熱性能），一次エネルギー消費量は設備性能を評価するもので，式（1・1）で表される。

$$PAL^* = \frac{\text{屋内周囲空間の年間熱負荷〔MJ/年〕}}{\text{屋内周囲空間の床面積〔m}^2\text{〕}} \quad (1・1)$$

屋内周囲空間（ペリメータゾーン）とは，建物の外周ゾーンのことで，最上階・最下階，それに中間階については，先に述べた外周5m以内をいう。このゾーンは，外気温や日射の影響を強く受けるので，ここでの熱除去を上手く行えば年間熱負荷は少なく抑えられる。まずPAL*を小さくすることが，省エネルギー対策として重要である。一次エネルギー消費量は，図1・27のように評価対象となる建物において，各設備の消費エネルギー量である。空調・冷暖房 E_{AC}，換気 E_V，照明 E_C，給湯 E_{SW}，昇降機 E_{SEV}，その他（事務機器 E_M）の合計から，太陽光発電などの再生可能エネルギーによる創出量 E_S を差し引いて求める。省エネルギー性能は，共通条件下において，各種省エネルギー技術を考慮して得た「設計一次エネルギー消費量：E_T」が，基準仕様で算出した「基準エネルギー消費量：E_{ST}」を下回るように計算し評価する。

② **住宅の省エネルギー**（p.16の注1））

改正省エネ基準では，図1・28のように，住宅の外皮性能（躯体の断熱性能）の評価指標として，外皮平均熱貫流率（U_A 値）と平均日射熱取得率（η_A 値），非住宅と同じ一次エネルギー消費量が用いられる。U_A 値は，住宅の断熱性能を表す指標で，屋根や壁・床・開口部などから逃げる総熱損失量を外皮面積で割った値である。η_A 値は，住宅の日射遮蔽性能を表す指標で，冷房期に各部位から取得させる日射熱取得量を外皮面積で割った値である。U_A 値，η_A 値の算

定は，図中の式で求め，それらの値が小さいほど性能が高いことになる。また，図1・29のようにわが国では，寒冷地（1地域）から蒸暑地（8地域）まで，8つの地域に区分し，表1・1のように各地域で基準値が定められている。

② **ZEB と ZEH**

建物内で年間をとおして使用する一次エネルギー消費量を，図1・30のように，建築・設備の省エネルギー技術や再生可能エネルギーを採用し，さらには建物の運用をとおし，正味（ネット）ゼロ，またはおおむねゼロとする建物を ZEB（Zero Energy Building）といい，その計画・設計と普及が求められている。また，ZEB と同様に，戸建住宅では，図1・31のような ZEH（Zero Energy House）の普及が期待されている。

1・2・3 建築設備と維持管理

建物の建設，設備の製作・製造からそれらが使用後に廃棄されるまでを寿命とし，その寿命期間に環境へ与える負荷影響を予測し，その影響度を評価する手法をライフサイクルアセスメント **LCA** という。

LCA の一環として，二酸化炭素排出量に，また，エネルギーに限定して評価する方法をそれぞれ **LCCO₂**（ライフサイクル CO_2），**LCE**（ライフサイクルエネルギー）という。また，建物の計画・設計から，建設され取り壊される

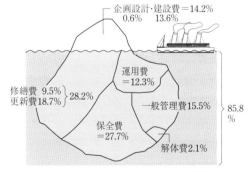

図1・32 事務所ビルの LCC の内訳[1-4]

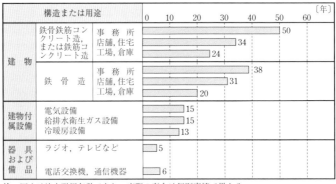

構造または用途		〔年〕
建物	鉄骨鉄筋コンクリート造、または鉄筋コンクリート造	事務所 50
		店舗,住宅 34
		工場,倉庫 24
	鉄骨造	事務所 38
		店舗,住宅 31
		工場,倉庫 20
建物付属設備	電気設備	15
	給排水衛生ガス設備	15
	冷暖房設備	13
器具および備品	ラジオ,テレビなど	5
	電話交換機,通信機器	6

注. 図中は法定耐用年数であり，実際の寿命は個別事情で異なる。

図1・33 建物と設備の耐用年数[1-5]

までの保守管理や修理までを含めた生涯費用を **LCC**（ライフサイクルコスト）という。一つの事務所ビルのLCCを試算してみると，図1・32のように，企画設計と建設時にかかる建築工事費，設備工事費などは全体の約15％程度で，生涯で消費される建築設備の運用費（エネルギー費など），保全費，修繕・更新費などが80％以上を占める。

建物は，さまざまな構造材・仕上材・設備部材などで構成されている。これらの部材は，図1・33のような耐用年数が目安とされている。一般に建物の寿命は，鉄筋コンクリートで60〜100年，木造で30〜40年，それに対して設備は15〜20年といわれている。特に，建築設備は構造材に比べ耐用年数が短いので，更新，メンテナンス点検がしやすいように建築計画，構造計画との整合を図ることが更新工事を効率的に行える方法としても有効である。

1・2・4 建物の長寿命化と建築設備の更新性

建築計画の際にも建設後の維持管理のしやすさを考え，配管スペースや機器スペースをできる限り空間的に広く確保することが望ましい。また，図1・34のように，建物の用途や居住者のライフスタイルの変化が予想される空間（インフィル：Infill），例えば集合住宅の専用部などには，フレキシブルに間取り変更に対応できる建築・設備システムを計画することが必要である。また，長期間に渡り使用する共用部空間（スケルトン：Skelton）には，専用部と異なり耐久性の高い建築・設備システムを計画することによって，建築設備の更新性や拡張性，維持管理の向上に配慮した建築と設備の両面からの計画が必要とされる。このように，建築と設備の更新性を向上させた住宅をイニシャルをとって **SI**[注1] **住宅**と呼ぶ。この考え方は，事務所ビルなどの計画にも応用できる。

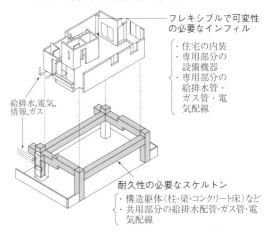

フレキシブルで可変性の必要なインフィル
・住宅の内装
・専用部分の設備機器
・専用部分の給排水管・ガス管・電気配線

給排水,電気,情報,ガス

耐久性の必要なスケルトン
・構造躯体（柱・梁・コンクリート床）など
・共用部分の給排水配管・ガス管・電気配線

図1・34 スケルトン・インフィル（SI）住宅の構成

注1) SI：Skelton and Infill，または，Support and Infill の略。これらに加えて，Cladding（クラディング：覆い）と呼ばれる外壁，屋根などの住宅表皮部分も構成要素である。

コラム1	サスティナブル建築と地球環境・建築憲章

「サスティナブルな社会の構築」とは，「持続可能な社会を築くこと」と直訳される。その発端は，1992年6月にブラジルのリオデジャネイロで開催された環境と開発に関する国際会議（地球サミット）の成果として，21世紀に持続可能な開発を目指す地球規模の行動計画であるアジェンダ21を掲げたことにある。

アジェンダ21ではその達成に向けた多くの指針が提案されている。その多くは環境保全を目的とした内容を含んでいることで，それを受けてわれわれの周辺でも環境問題に関心が集まり，持続可能な社会の構築に貢献できる建築のあり方が議論されるようになった。

接続可能な，サスティナブルな建築に要求されることは，『地域や地球レベルで建物のライフサイクルを通して省エネルギー，省資源，リサイクル，有害物質排出を抑制し，地域の伝統文化や周辺文化との調和を図ること，将来にわたって人間の質を適度に維持あるいは向上させてゆくことができること』であり，そんな要求を可能にする建築がこれからは求められてくる。

2000年6月に社団法人日本建築学会など5つの建築関連団体では，昨今の地球環境問題と建築との関わりの認識に基づいて「**地球環境・建築憲章**」を制定し，持続可能な循環型社会の実現に向かって連携して取り組むことを宣言し

ている。その骨子は，以下のとおりである。

1) 時代を超えて使い続けられる建築（Longevity；**長寿命化**）
2) 自然環境との調和と多様な生物の共存する建築（Symbiosis；**自然共生**）
3) 自然エネルギーや再生可能エネルギーを活用した建築（Energy Conservation；**省エネルギー**）
4) 環境負荷の小さい，再利用・再生資源を活用した建築（Resource Conservation and Cyclicty；**資源・循環**）
5) 地域の風土・歴史を継承した建築（Succession；**継承**）

1)〜5) のキーワードからもわかるように，サスティナブルな建築を創造するためには，建築環境工学や建築設備工学の果たす役割はますます重要になる。

図1，2は『(財) 地球環境戦略研究機関』の建物で，自然風や自然採光の利用，さまざまな省エネルギー技術を取り入れたサスティナブル建築の一例である。

最近は，建物の運用段階での年間一次エネルギー消費量を省エネルギー技術や再生可能エネルギーを利用し，正味（ネット）ゼロまたは，おおむねゼロとする建物，ZEBを実現することへの関心が高まっている。

図1　外観写真（設計：(株) 日建設計）

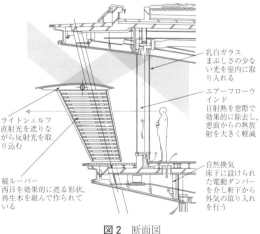

乳白ガラス
まぶしさの少ない光を室内に取り入れる

エアーフローウインド
日射熱を窓際で効果的に除去し，窓面からの熱放射を大きく軽減

ライトシェルフ
直射光を遮りながら反射光を取り込む

縦ルーバー
西日を効果的に遮る形状，再生木を組んで作られている

自然換気
床下に設けられた電動ダンパーを介し軒下から外気の取り入れを行う

図2　断面図

**第1章
確認問題**

【問題1】　建築設備計画に関連する次の用語の組合せとして，不適当なものはどれか答えなさい。

(1)　PAL*──年間熱負荷係数　　(2)　ZEB──一次エネルギー消費量の削減

(3)　LCCO₂──換気回数　　(4)　ペリメータゾーン──日射遮へい

(5)　外皮平均熱貫流率──断熱性能

【問題2】　建築の省エネルギーと設備計画に関する記述のうち，最も不適当なものはどれか答えなさい。

(1)　事務所ビルの全消費エネルギーに対する照明に消費されるエネルギーの割合は小さく，照明負荷を削減することによる省エネルギー効果は少ない。

(2)　省エネルギー基準では，設計一次エネルギー消費量が，設備の基準一次エネルギー消費量の合計値を下回ることが求められる。

(3)　窓面を日射遮へい効果の高い構造とし，年間熱負荷係数（PAL）を小さくした。

(4)　省エネルギー計画の指標の一つとして，ライフサイクルコスト（LCC）がある。

(5)　設備スペースにはゆとりをもたせ，設備機器の保守・更新に対応可能とした。

【問題3】　住宅の省エネルギーと設備計画に関する記述のうち，最も不適当なものはどれか答えなさい。

(1)　外皮平均熱貫流率は，各部位から逃げる総熱損失量を屋根，壁，床，開口部などの外皮面積で割った値であり，その値が小さいほど断熱性が高いといえる。

(2)　住宅の全消費エネルギーに対する給湯消費エネルギーの割合は約15%である。

(3)　シックハウス対策のため，24時間連続で換気する換気設備を設置しなければならない。

(4)　給水設備において，2階建程度の戸建住宅の給水方式では水道直結直圧方式が用いられる。

(5)　電気設備において，一般家電・照明用は100 V，食器乾燥機や電気温水器には200 Vの電源が必要になる。

【問題4】　給排水衛生設備・電気設備計画に関する記述のうち，最も不適当なものはどれか答えなさい。

(1)　集合住宅の専用部の給水・給湯には，給水・給湯さや管ヘッダ工法が用いられる場合が多い。

(2)　PSは，水まわりのスペースから遠距離に計画するのが衛生的にも適切である。

(3)　超高層の集合住宅の排水設備として特殊継手排水システムを用いる場合が多い。

(4)　都市の基盤となる電力幹線，下水道，ガス管などはインフラストラクチャと呼ばれる。

(5)　電気設備で扱う動力設備は，給排水衛生設備用のポンプの動力として電気を供給する。

第2章

給排水衛生設備

（両国国技館，鹿島建設ホームページより）

大屋根を活用した雨水利用設備
水資源の確保には，生活排水の再利用・雨水利用が欠かせません。日本
年間降水量は平均 1500〜2000 mm です。両国国技館のような大屋根を
利用して雨水を集水し，トイレ洗浄水や散水に利用することで節水化で
きる雨水利用設備が注目されています。また，同時に節水型機器の活用
も有効な手法です。

2・1　給排水衛生設備とは

2・1・1　給排水衛生設備の役割

給排水衛生設備の目的は，人が居住したり活動する場所や，建物内外の水まわりの環境を衛生的で，快適なものに創り上げることである。さらに，居住者にとって機能的で安全で利便性がよいこと，火災や震災などの非常時に対する備えを有していることなどが求められる。

最近では，地球環境問題への対応から，省資源（節水化など），省エネルギーへの配慮や，高齢化社会への対応，人間の生理・心理への影響（快適性の要求など）も考えた対応も求められている。そのために，表2・1に示す建築基準法をはじめ，各種の関連法規によってそれらの要求を満たすための基準が定められている。ま

表2・1　給排水衛生設備の主な関係法規

設備	対象	建築基準法	建築物衛生法 [1]	労働安全衛生法	水道法	下水道法	地下水採取規制法 [2]	水質汚濁防止法	建築物省エネ法 [3]	浄化槽法	廃棄物処理法 [4]	消防法	ガス事業法	液化石油ガス法	高圧ガス保安法	再生資源利用促進法 [5]	住宅品質確保促進法	バリアフリー法 [6]	雨水利用推進法 [7]
各設備共通	配管一般	○														○	○		
給水設備	水道直結部分				○											○			
	その他の部分	○														○			
	圧力水槽			○												○			
	井戸						○									○			
	維持管理	○	○		○											○			
給湯設備	水道直結部分				○											○			
	その他の部分	○							○							○			
	ボイラ・貯湯槽			○												○			
	維持管理															○	○		
排水通気設備	屋内部分	○														○			
	屋外部分	○		○		○										○			○
	放流先			○		○		○								○			○
	維持管理		○								○					○			
衛生器具	トラップ・阻集器	○														○			
	設置個数	○														○		○	
	維持管理		○													○	○	○	
浄化槽	放流水質	○				○		○								○			
	構造	○														○			
	施工									○						○			
	維持管理									○	○					○			
消火設備												○				○			
ガス設備	都市ガス												○			○			
	液化石油ガス													○		○			
	給排気	○													○	○			

注1)　建築物における衛生的環境の確保に関する法律
　2)　建築物用地下水の採取の規制に関する法律
　3)　建築物のエネルギー消費性能の向上に関する法律
　4)　廃棄物の処理及び清掃に関する法律
　5)　再生資源の利用の促進に関する法律
　6)　高齢者，障害者等の移動等の円滑化の促進に関する法律
　7)　雨水の利用の推進に関する法律

た，設計・施工，維持管理に関する基本原則や規準は，空気調和・衛生工学会のSHASE-S206[注1]「給排水衛生設備規準・同解説」にまとめられている。ただし，SHASE-S206は学会規準であり，建築基準法のように法的な拘束力はない。

2・1・2　給排水衛生設備の構成

給排水衛生設備として扱う範囲は，広義の意味では，河川・湖沼・地下水などの水，飲料水の源を作る浄水場，そこから建物へ配水する上水道，都市ガスを引き込むガス配管，建物の排水を終末処理場まで運ぶ下水道，さらに放流される河川，湖沼，海域の範囲までも含めることもある。しかし一般に，建物の給排水衛生設備は，図2・1に示す敷地内・建物内の範囲であり，本書ではこの範囲を扱う。

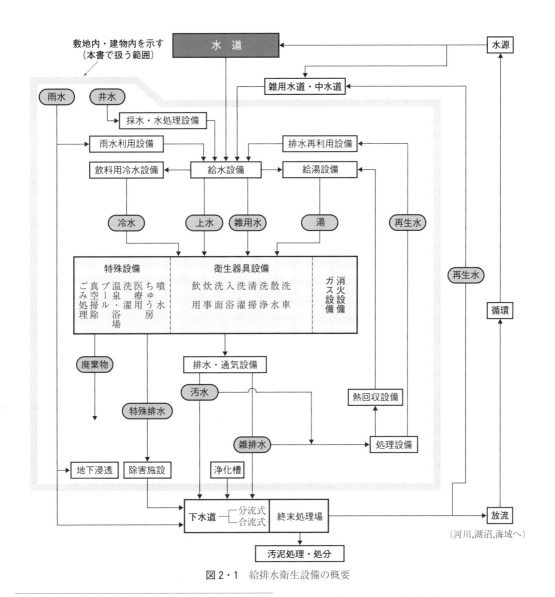

図2・1　給排水衛生設備の概要

注1）　The Society of Heating, Air-conditoning and Sanitary Engineering of Japan-Standard 206 の略。現在 2009 年度版が最新である。

2・2　給水設備

2・2・1　水道施設と水道の種類

(1)　水道施設

　飲料水を**上水**（水道水）といい，水道とは水を人の飲料用に適する水として供給する施設である。なお，上水に対し，井戸水（井水），再生水など水質の低い飲料用以外の用途，すなわちトイレの洗浄水や掃除，散水用に用いる水を**雑用水**という。上水を供給するために必要となる水道施設は，水道法に基づいて設置され，需要者が満足する**水量**をもち，飲料水の**水質基準**に適合し，適度な**水圧**を保つことが必要である。これらを**水道の3要素**という。

　水道施設は，図2・2に示す取水施設，貯水施設，導水施設，浄水施設，送水施設，配水施設から構成されている。配水管から分岐した給水管，止水栓，量水器（水道メータ）およびこれに「直結する給水栓などの給水用具」を，給水装置と呼ぶ。

(2)　水道の種類

　水道は，導管およびその他の工作物により水

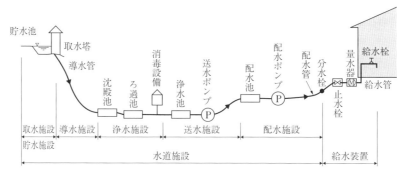

図2・2　水道施設

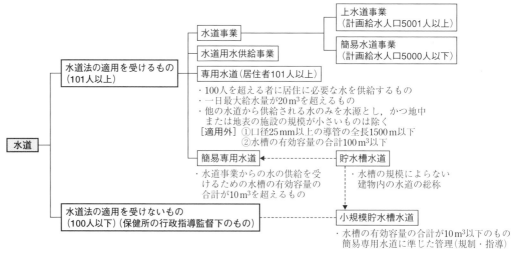

図2・3　水道の種類と概要

を人の飲用に適する水として供給する施設の総称をいう。水道事業とは一般の需要に応じて，その水道から水を供給する事業をいい，法規的にはその条件として，給水人口が101人以上のものをいう。100人以下のものは水道法の適用を受けず，保健所や行政指導管轄下に置かれる。水道事業で扱う水道の種類とその概要を図2・3にまとめて示す。

（a）　上水道事業・簡易水道事業

　　給水人口が101人以上の水道事業で，給水人口が5001人以上のものを上水道事業というのに対し，5000人以下のものを簡易水道事業という。

（b）　専用水道

　　寄宿舎，社宅，療養所等における自家用の水道，その他で，水道事業の用に供する水道以外の水道であって，101人以上の者に，その居住に必要な水を供給するものをいう。ただし，他の水道から供給を受ける水のみを水源とし，かつ，口径25mm以上の導管の全長が1500m以下で，水槽の有効容量の合計が100m³以下のものは適用を受けない。

（c）　貯水槽水道・簡易専用水道・
**　　小規模貯水槽水道**

　　水道水を水源として，一旦，受水槽に貯留して建物内へ供給することを水道と捉え，それを**貯水槽水道**と呼んでいる。その中でも有効容量10m³を超えるものは，水道法上，**簡易専用水道**と呼び定期的な清掃などの管理基準や水質検査が定められている。それに対し，有効容量が10m³以下のものを**小規模貯水槽水道**と呼び，水道法の規制を受けなかった。しかし，小規模貯水槽の設置数が多く，水槽の衛生管理が問題視された。そこで平成13年の水道法の改正に

より，10m³以下の小規模貯水槽水道を含めた貯水槽水道に対してこれまでの衛生行政による監視・指導に加え，水道事業者が衛生行政と連携して，設置者や管理者への衛生管理に関する助言・指導・勧告などを行うことになった。また，利用者に対しても情報の提供などを的確に行うことになった。

2・2・2　水道水の水質

　　水道法では，水道によって供給される上水の水質基準を51項定めている。そのうち，表2・2に示した◎，○は，「建築物の衛生的環境の確保に関する法律（建築物衛生法注1)）」で定期的に水質検査が要求される項目である。◎は6か月に1回，○は1年に1回（6月1日から9月30日に測定）の検査が必要である。井戸水を飲料水として使用する場合もこの基準で適合しなければならない。

　　また，上水には殺菌効果のある残留塩素が必要とされており，末端給水栓において，表2・3に示す値を規定している。一般に平時で，末端給水栓において保持すべき**遊離残留塩素0.1mg/l**（**結合残留塩素**の場合0.4mg/l）以上を保持することが水道法（建築物衛生法も同じ）で規定されている。雑用水についての水質基準は，2・6・6で述べる。

2・2・3　給水方式

　　給水方式は，水道直結方式と受水槽方式の2つに区分される。それらの方式について特徴を表2・4に示す。

（1）　水道直結方式

（a）　水道直結直圧方式（図2・4）

　　配水配管から分岐して敷地内に引き込み，水道本管圧力のみで所定箇所に給水する方式である。この方式は主に，2～3階建の

注1)　通称，ビル管理法と呼ぶ。表2・1参照。

表 2・2　上水の水質基準抜粋（平成 26 年 4 月 1 日施行）

番号	項目名		基準値	番号	項目名		基準値
1	一般細菌	◎	1 ml の検水で形成される集落数[注]が 100 以下であること。		モホルムのそれぞれの濃度の総和）		
2	大腸菌	◎	検出されないこと。	28	トリクロロ酢酸	○	0.2 mg/l 以下であること。
6	鉛及びその化合物	◎	鉛の量に関して，0.01 mg/l 以下であること。	29	ブロモジクロロメタン	○	0.03 mg/l 以下であること。
9	シアン化合物イオン及び塩化シアン	○	シアンの量に関して，0.01 mg/l 以下であること。	30	ブロモホルム	○	0.09 mg/l 以下であること。
				31	ホルムアルデヒド	○	0.08 mg/l 以下であること。
11	硝酸性窒素及び亜硝酸性窒素	◎	10 mg/l 以下であること。	32	亜鉛及びその化合物	◎	亜鉛の量に関して，1.0 mg/l 以下であること。
16	シス-1.2-ジクロロエチレン及びトランス-1.2-ジクロロエチレン	○	0.04 mg/l 以下であること。	34	鉄及びその化合物	○	鉄の量に関して，0.3 mg/l 以下であること。
21	塩素酸	○	0.6 mg/l 以下であること。	35	銅及びその化合物	○	銅の量に関して，1.0 mg/l 以下であること。
22	クロロ酢酸	○	0.02 mg/l 以下であること。	38	塩化物イオン	◎	200 mg/l 以下であること。
23	クロロホルム	○	0.06 mg/l 以下であること。	40	蒸留残留物	○	500 mg/l 以下であること。
24	ジクロロ酢酸	○	0.04 mg/l 以下であること。	46	有機物（全有機炭素（TOC）の量）	○	3 mg/l 以下であること。
25	ジブロモクロロメタン	○	0.1 mg/l 以下であること。				
26	臭素酸	○	0.01 mg/l 以下であること。	47	pH 値	◎	5.8 以上 8.6 以下であること。
27	総トリハロメタン（クロロホルム，ジブロモクロロメタン，ブロモジクロロメタン，及びブロ	○	0.1 mg/l 以下であること。	48	味	◎	異常でないこと。
				49	臭気	◎	異常でないこと。
				50	色度	◎	5 度以下であること。
				51	濁度	◎	2 度以下であること。

注　細菌のかたまりのこと。これを CFU（Colony Forming Unit）と呼び，CFU/mg で表す（コラム 4 参照）。

表 2・3　水道水の給水栓における残留塩素の値

残留塩素の状態	給水栓における保持すべき遊離残留塩素〔mg/l〕
平　　時	0.1（0.4）以上
供給する水が病原生物に著しく汚染される恐れがある場合，または病原生物に汚染されたことを疑わせるような物もしくは物質を多量に含む恐れのある場合	0.2（1.5）以上

注　水に塩素剤を入れるとアンモニアや鉄・マンガンなどと結合した結合残留塩素と，ほかの成分と結合しない形の遊離残留塩素とが作られる。遊離残留塩素は，結合残留塩素よりも殺菌力が強い。（　）内は，結合残留塩素を表す。

低層建物や戸建住宅などの小規模建物に適用される[注1]。設計にあたっては，式(2・1) の圧力式を満足することを確認する。

ただし，配水管の圧力 P は，季節や時間帯で変動するので，最も低下した厳しい条件下で検討する。

$$P \geqq P_1 + P_2 + P_3 \quad\cdots\cdots\cdots\cdots (2 \cdot 1)$$

P：配水管の圧力〔kPa〕

P_1：配水管から最高位などの最悪の条件にある水栓または衛生器具までの垂直高さに相当する圧力（静水圧）〔kPa〕

注1）　配水管の最小動水圧力は，150 kPa 以上とし，2 階建で 150〜200 kPa 程度，3 階建で 200〜250 kPa 程度が必要。（日本水道協会水道施設計画施工指針 2000 より）

表2・4　給水方式の特徴

項　目	水道直結方式		受水槽方式		
	水道直結直圧方式	水道直結増圧方式	高置水槽方式	ポンプ直送方式	圧力水槽方式
給水圧力の変化	水道本管の圧力変化による。夏・冬の変化がある。	ほとんど一定	一定。最上階は給水圧不足	ほとんど一定	変動が大きい。
水道管断水時	給水停止	給水停止	受水槽と高置水槽貯水分のみ給水可能	受水槽貯水分のみ給水可能	受水槽貯水分のみ給水可能
停電時の影響	影響なし	給水停止	高置水槽貯水分のみ給水可能	給水停止	給水停止
適用建物	小規模建物，戸建住宅	病院・工場など以外の一般の建物（引込み管径に制限がある）	一般の建物，オフィスビルなど	大規模建物，地域給水，工場，集合住宅など	小規模建物

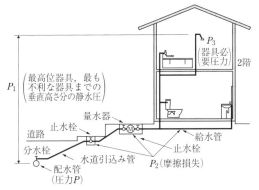

図2・4　水道直結直圧方式

P_2：配水管から最高位などの最悪の条件にある水栓，または衛生器具までの間の量水器，直管，継手，弁などによる摩擦損失水頭に相当する圧力〔kPa〕

P_3：最高位などの最悪の条件にある水栓または衛生器具の必要圧力〔kPa〕（表2・6）

給水設備では，水圧をとらえることが大切である。配水管や給水管などに静止中の水が溜まっている場合，静水圧P〔Pa〕と呼ばれ，式(2・2)で求める。

$$P = \rho \cdot g \cdot H \quad\cdots\cdots\cdots\cdots\cdots (2・2)$$

ここで，ρ：水の密度（一般に1000

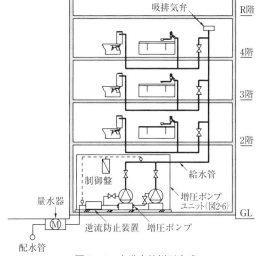

図2・5　水道直結増圧方式

kg/m³），g：重力加速度（9.8 m/s²），H：水頭高さ〔m〕

よって，例えば10 m水頭の圧力は，

1000 kg/m³×9.8 m/s²×10 m

＝9.8×10⁴ N/m²≒100 kPa[注1]

＝0.1 MPa　となる。

（b）　水道直結増圧方式（図2・5）

配水管より配管を引込み増圧ポンプに接続し，建物内の各所に給水する方式である。この方式は，配水本管の水圧エネルギーを利用できることから，揚水ポンプが小型化

注1)　圧力の単位（N/m²）＝Pa，k（キロ）＝10³，M（メガ）＝10⁶

でき省エネルギー化が図れる。また，受水槽を設けないため，省スペースで配水管に直結しているので水質の劣化も少ない。

　しかし，配水管内が負圧になった場合に，配水管に建物内の水が逆流しないように増圧ポンプの吸込み側に逆流防止装置を接続すること，停電時などの非常時には増圧ポンプも停止するので，予備電源を設置することなどの対策が必要である。図2・6のような，増圧ポンプ，逆流防止器，制御盤を組み込んだコンパクトな増圧ポンプユニットが普及している。

図2・6　増圧ポンプユニット
（写真提供：荏原テクノサーブ（株））

(2)　受水槽方式

（a）　高置水槽方式（図2・7）

　配水管から引き込み，受水槽へ貯水してから揚水ポンプで高置水槽へ揚水し，以降は重力によって建物内の必要箇所に給水する方式である。いままでは，一般ビルで最も多く採用されてきた方式である。

　計画に当たっては，建物の最高階では式（2・3）を用い，十分に給水できる高さに高置水槽を設置する（図2・8）。断水や停電時でも水槽の容量に応じてある程度の給水が可能な上，安価である。一般に受水槽の有効容量[注1]は，建物での一日使用水量の1/2程度，高置水槽の有効容量は，一日使用水量の1/10程度として計画する場合が多い。

$$H \geqq (P_1 + P_2)/\rho g \quad\cdots\cdots\cdots\cdots\cdots (2\cdot3)$$

　　　H：高置水槽の設置高さ〔m〕

　　　P_1：最高位水栓あるいは器具の必要圧力〔Pa〕（表2・6）

　　　P_2：高置水槽から最高位水栓あるいは器具までの摩擦損失水頭〔Pa〕

（b）　ポンプ直送方式（図2・9）

　受水槽に貯水し，直送ポンプ（図2・

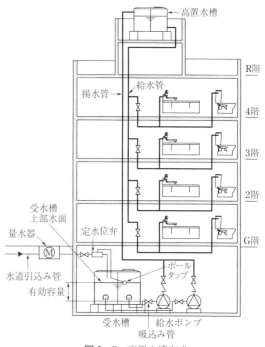

図2・7　高置水槽方式

10）によって建物内の必要箇所に給水する方式である。図2・9のようにインバータ制御で変速モータの回転数を変化させる方法，複数のポンプの運転台数を変化させる方法，それらを組み合わせた方法などによ

注1）　有効容量とは，受水槽上部水面と下部ポンプ吸込み管の間に貯留できる水量をいう（図2・7に示す）。

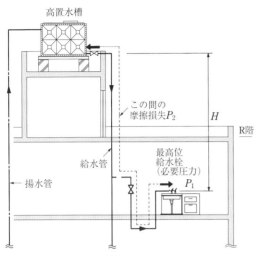

図2・8　高置水槽の設置高さ

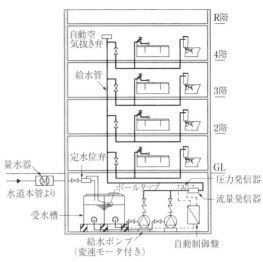

図2・9　ポンプ直送方式

り送水する。

　この方式では，高置水槽を設定する必要がないので構造上や，美観上も有利である。しかし，停電時の断水には，予備電源を設けない限り，まったく対応することが不可能で，ポンプや制御の費用を考えると小規模建築では割高となる。最近の集合住宅やオフィスビルでは，この方式を採用する物件が多くなってきた。

（c）　圧力水槽方式（図2・11）

　受水槽に貯水しポンプで圧力タンクに給水し，コンプレッサを用いタンク内の圧力を上昇させ，その圧力を利用して必要箇所に給水する方式である。

　この方式は，建物の構造上の理由などで高置水槽が設置できない場所や，水道直結方式では適当な圧力が得られない場合に用いられる。しかし，圧力変動が大きく，また，圧力水槽の空気の補給を必要とすること，圧力タンク内の加圧容器部分の劣化など維持管理上の課題も多く，最近では採用されなくなってきている。

図2・10　ポンプ直送方式のポンプユニット

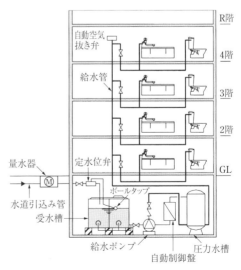

図2・11　圧力水槽方式

2・2・4 使用水量と給水圧力

(1) 使 用 水 量

建物の用途に応じて，建物全体の使用水量は図 2・12 のような時間変化を示す。一般に，住宅では「二山形」を，事務所では「富士山形」を示すのが特徴である。

また，建物用途別の設計用使用水量を表 2・5 に示す。この表を用いて，給水設備機器や配管の設計を行う。そのために，まず 1 日当たりの給水量 Q_d を算定する。その算定方法には，以下の 2 つの方法がある。

(a) 建物人員から算定する方法

$$Q_d = N \cdot q \quad \cdots\cdots\cdots\cdots\cdots (2 \cdot 4)$$

　　Q_d：1 日当たりの給水量〔l/d〕

　　N：給水人員〔人〕

　　q：建物用途別給水量〔$l/(人 \cdot d)$〕（表 2・5）

(b) 有効面積から算定する方法

$$Q_d = (k \cdot A \cdot n) \cdot q \quad \cdots\cdots\cdots (2 \cdot 5)$$

　　k：有効面積率（概数で延べ床面積にレンタブル比（0.7[注1]）を乗じた値）

　　A：建築延べ床面積〔m²〕

　　n：有効面積当たりの人員〔人 /m²〕

(a) または (b) の結果を使って，揚水ポンプの能力選定や給水配管のサイズを決定する場合には，式 (2・6)，(2・7)，(2・8) を用いて以下の予想給水量を求める。

$$Q_h = Q_d / T \quad \cdots\cdots\cdots\cdots\cdots (2 \cdot 6)$$

$$Q_m = K_m \cdot Q_h \quad \cdots\cdots\cdots\cdots (2 \cdot 7)$$

$$Q_p = K_p \cdot Q_h / 60 \quad \cdots\cdots\cdots\cdots (2 \cdot 8)$$

　　Q_h：時間平均予想給水量〔l/h〕

　　Q_m：時間最大予想給水量〔l/h〕

　　Q_p：ピーク時最大予想給水量〔l/min〕

　　T：1 日平均使用時間〔h〕

　　K_m：時間最大予想給水量のピーク率（1.5～2.0）

　　K_p：ピーク時最大予想給水量のピーク率（3.0～4.0）

設計に用いる Q_h，Q_m，Q_p と 1 日の使用水量の変動の関係を図 2・13 に示す。高置水槽方式

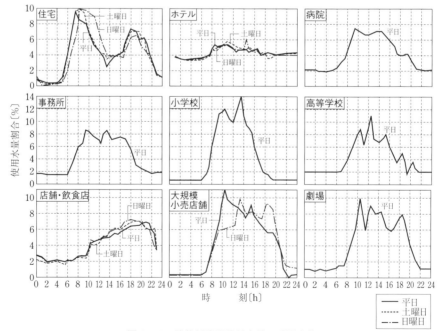

図 2・12 建物用途別使用水量の時間変化

注1)　レンタブル比は，延べ床面積に対して，賃貸可能な部分の面積比率で通常，$k=0.7$ を用いる。

表 2・5　建物用途別の設計用使用水量

建物種類	単位給水量 q	使用時間 T〔h/d〕	注　記	有効面積当たりの人員など n	備　考
戸建住宅 集合住宅 独身寮	300～400 l/(人・d) 200～350 l/(人・d) 400～600 l/(人・d)	10 15 10	居住者1人当たり 居住者1人当たり 居住者1人当たり	0.16 人/m² 0.16 人/m²	
官公庁 事務所	60～100 l/(人・d)	9	在勤者1人当たり 延べ面積1 m² 当たり	0.2 人/m²	男子 50 l/人，女子 100 l/人，社員食堂・テナント等は別
	40～60 l/(人・d) 上水 10～20 l/(人・d) 雑用水 30～40 l/(人・d)	8～10	節水器具使用	0.1 人/m²	大便器6 l/回洗浄，小便器2 l/回使用，洗面器 0.5～0.6 l/回，節水泡沫吐水水栓
総合病院	1500～3500 l/(床・d) 30～60 l/(m²・d)	16			設備内容等により詳細に検討する。
ホテル全体 ホテル客室部	500～6000 l/(床・d) 350～450 l/(床・d)	12 12			設備内容等により詳細に検討する。客室部のみ
喫茶店	20～35 l/(客・d) 55～160 l/(店舗 m²・d)	10	店舗面積には厨房面積含む		厨房で使用される水量のみ。便所洗浄水等は別途加算
飲食店	55～130 l/(客・d) 110～530 l/(店舗 m²・d)	10			
社員食堂	25～50 l/(食・d) 80～140 l/(食堂 m²・d)	10	食堂面積には厨房面積含む		厨房で使用される水量のみ便所洗浄水等は別途加算
小・中・普通高校	70～100 l/(人・d)	9	(生徒＋職員)1人当たり		教師・従業員分を含む。プール用水(40～100 l/人)は別途加算

注　・空調設備（冷却塔補給水など）の冷房用水を必要とする場合は，別途，その分を加算する。
　　・冷凍機の冷却水量は，遠心冷凍機の場合は 3.6 l/(min・kW)，吸収式冷凍機・吸収式冷温水発生機の場合は 4.9 l/(min・kW) であり，冷却塔を使用する場合には，これらの 2%程度を補給水量として吸込む。
　　　　　印の数値は，例題 1, 2 で使用。

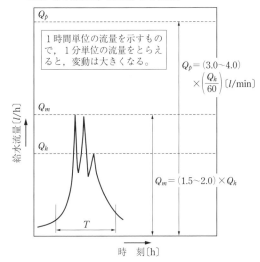

1時間単位の流量を示すもので，1分単位の流量をとらえると，変動は大きくなる。

$Q_p = (3.0～4.0) \times \left(\dfrac{Q_h}{60}\right)$〔$l$/min〕

$Q_m = (1.5～2.0) \times Q_h$

図 2・13　Q_h，Q_m，Q_p と1日の使用水量の変動の関係

表 2・6　各種給水器具の流水時必要圧力

器　　具	必要圧力〔kPa〕
一般水栓	30
大便器洗浄弁	70
小便器洗浄弁	70
シャワー	40～160
ガス瞬間式給湯機	
(4～5 号)	40
(7～16 号)	50
(22～30 号)	80

注　給湯機の号数は，能力を表す（2・3・5 参照）。これらの値は流水時の必要圧力である。タンクレス直結方式の大便器（表 2・33 注参照）では 70 kPa 以上が必要である。

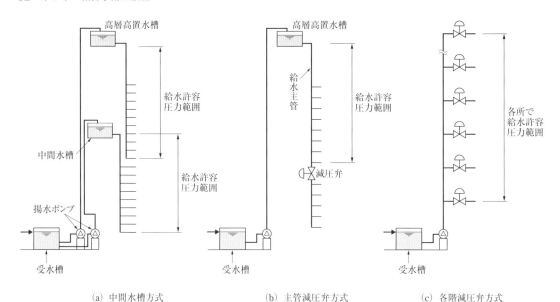

図2・14 高層建物における給水圧力区分（ゾーニング）

の揚水ポンプや揚水管など実務的な設計には，水槽内の貯水が見込めるため，時間単位の給水量を示すQ_m値を用いる場合もあるが，貯水機能をもたない水道直結増圧方式などの設計には，1分単位の給水量を示すQ_p値を用いることが多い。

(2) 給 水 圧 力

給水管の末端に接続する衛生器具や機器類が，十分な機能を果たすために，一定以上の給水圧力が必要となる。表2・6に各種給水器具の流水時必要圧力を示す。特に，最上階に設置されたシャワー水栓などでは，高い位置に設置されるので水圧が不足することがあり，注意が必要である。

一般に，事務所ビル・工場の給水管の給水圧力の上限値は400〜500kPa以下，集合住宅の住戸内では300〜400kPa以下に設定する。この値が許容給水圧となる。そのために，超高層・高層建築では，図2・14のように中間水槽を用いて分割したり，給水配管の途中に圧力を下げるために図2・15に示す減圧弁を設置し，許容給水圧力の範囲内となるように調整する。

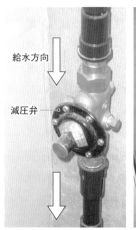

(a)主管減圧弁方式 （b)各階減圧方式（集合住宅のPS内）

図2・15 減圧弁

このように給水系統を区分することを**ゾーニング**という。給水管内の圧力が高くなると管内流速が増加し，水栓の急閉時やポンプの発停時に**水撃作用（ウォータハンマ）**と呼ばれる騒音や振動を生ずる。そのために，給水管内を流れる水の管内流速を，1.5〜2.0m/s以内におさまるように配管設計を行う必要がある。

コラム2　ウォータハンマと防止装置

　図1のように，給水栓から流れていた水①を給水栓を急激に閉じて止めた時②，ガタガタとハンマーでたたかれたような衝撃音がする。これをウォータハンマ（水撃作用）という。これは流れていた水のエネルギーが，水圧（水撃圧）を上昇させるエネルギー，配管の振動エネルギー，管材を膨張させるエネルギーなどに変換

される。この時の上昇圧力を水撃圧という。

　ウォータハンマを防止するには，管内流速を1.5～2.0 m/s以内におさえることのほかに，図2のような，ウォータハンマ防止装置を水栓などの近くに設置する。ウォータハンマ防止装置には，ベローズ型，エアバック型などがあり水撃圧力を緩和させることができる。

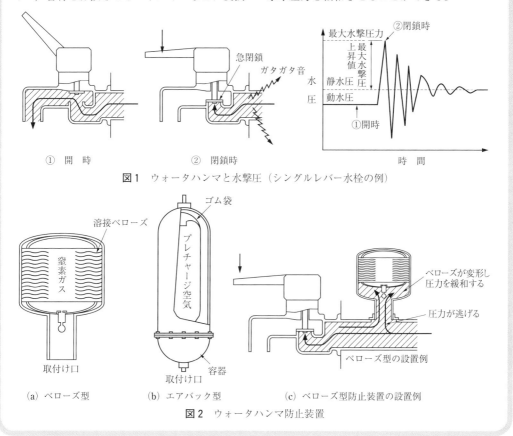

① 開　時　　　② 閉鎖時

図1　ウォータハンマと水撃圧（シングルレバー水栓の例）

（a）ベローズ型　　（b）エアバック型　　（c）ベローズ型防止装置の設置例

図2　ウォータハンマ防止装置

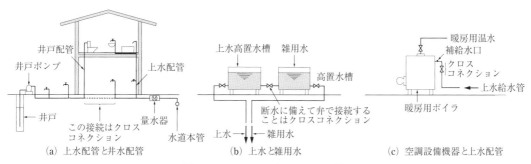

（a）上水配管と井戸配管　　（b）上水と雑用水　　（c）空調設備機器と上水配管

図2・16　クロスコネクションの例
（空気調和・衛生工学会「図解　空調・給排水の大百科」1998（オーム社）より作成）

2・2・5　上水の汚染と防止対策

上水の汚染の原因には，配管類，衛生機器類，水槽類によるものがある。

(1)　配　管　類

建物内には，さまざまな配管が混在している。施工の際に，異種系統の配管を誤って接続してしまうことがある。特に，上水の給水・給湯系統とその他の系統の配管，機器が直接または弁などを介し接続されることを**クロスコネクション**という。図2・16に示すように，(a) 上水配管と井戸水（井水）配管を接続した場合，(b) 上水配管と雑用水配管を弁（バルブ）を介して接続した場合，(c) 暖房用ボイラと上水配管を接続した場合，などもクロスコネクションに該当する。クロスコネクション防止のため，配管

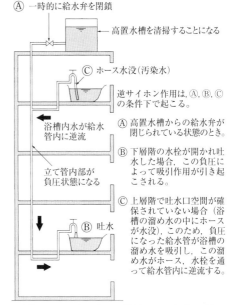

Ⓐ 一時的に給水弁を閉鎖
高置水槽を清掃することになる
Ⓒ ホース水没（汚染水）
逆サイホン作用は，Ⓐ，Ⓑ，Ⓒの条件下で起こる。
Ⓐ 高置水槽からの給水弁が閉じられている状態のとき。
浴槽内水が給水管内に逆流
Ⓑ 下層階の水栓が開かれ吐水した場合，この負圧によって吸引作用が引き起こされる。
立て管内部が負圧状態になる
Ⓒ 上層階で吐水口空間が確保されていない場合（浴槽の溜め水の中にホースが水没），このため，負圧になった給水管が浴槽の溜め水を吸引し，この溜め水がホース，水栓を通って給水管内に逆流する。
Ⓑ 吐水

図2・17　逆サイホン作用による汚染の例

① 吐水口の内径D　② こま押え部分の内径　③ 給水栓の接続管の内径　の三つの内径のうち，最小内径を有効開口の内径Dとする。

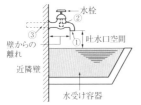

(a) 吐水口空間と有効開口の内径

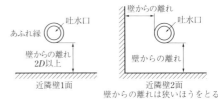

壁からの離れ
2D以上
近隣壁1面
壁からの離れは狭いほうをとる
近隣壁2面

(b) 吐水口の壁からの離れ

(c) 近隣壁の取り方

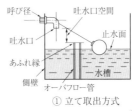

① 立て取出方式

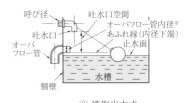

② 横取出方式

(d) 水槽類の吐水口空間

※オーバーフロー管の横取出方式の場合，吐水口空間はSHASE-S206-2009では，流水口端とオーバーフロー管の下端までと規定している。なお，「給水管装置の構造及び材質の基準に関する省令（厚生労働省令，最終改正平成26年）では，流入口端とオーバーフロー管の中心までとしている。

呼び径D	13	20	25	32	40	50	65	80	100	125	150
吐水口空間（mm以上）	25	40	50	60	70	75	90	100	115	135	150

注1) 近接壁から吐水口中心までの離れを2D以上とる。
注2) 吐水口端面があふれ面に対し平行でない場合は，吐水口端の中心と衛生器具・水受け容器のあふれ縁との空間を吐水口空間とする。
注3) あふれ縁は，横取出しのオーバフロー管の場合はその下端とし，立て取出しの場合はその上端とする。
注4) 表に記載されていない呼び径の場合は，補間して吐水口空間を求める。

図2・18　吐水口空間の例
（空気調和・衛生工学会「SHASE-S206-2009　給排水衛生設備規準・同解説」より作成）

に水種のマークを記入したり，配管を色別すること，管材質を変えることなどの防止策を講じることが必要である。

また，配管内面や継手部が腐食し，いわゆる赤さびが溶け出し管内を閉塞させたり，土中埋設管では外部から汚水が浸入する事故による汚染もある。対策としては，耐食性に優れたステンレス配管，内面被覆鋼管などを使用する。

(2) 衛生器具類

一度使用した水が，給水管内に生じた負圧などにより逆サイホン作用を起こし給水管内に逆流することがある。図2・17に逆サイホンによる汚染の例を示す。

この図は，給水設備の点検や修理などの理由で，弁Ⓐを閉じているときに，水栓Ⓑを開くと給水管内の圧力が負圧になり，水栓Ⓒの吐水口が容器内の汚染水に接しているため，汚染水が吸い込まれ水栓Ⓑから出てくる様子を表したものである。これが**逆サイホン作用**である。

逆流の防止方法は，給水栓の端部と衛生器具のあふれ縁との間に空間を確保することである。この空間を**吐水口空間**といい，図2・18のように，水栓の周辺の近隣壁状態，吐水口の内径，水栓部位の有効開口の内径によって吐水口空間の距離を決める。しかし，大便器洗浄弁のように吐水口空間が確保できない衛生器具には，給水管の途中に**バキュームブレーカ**（逆流防止器）を取り付けて対処する。

図2・19は，バキュームブレーカの種類[注1]を示したものである。バキュームブレーカには，水が流れるときしか水圧のかからない最終弁以降の配管に設置する**大気圧式**と，常時水圧のかかる最終弁の一次側に設置する**圧力式**とがある。

(3) 水槽類

受水槽や高置水槽などの貯水槽は，汚染の侵入の危険性があるため，建築躯体を利用して設けてはならない。図2・20（1）に設置方法を示すとおり，貯水槽は周辺のすべての面から点

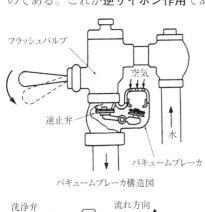

バキュームブレーカ構造図

（例1）：旧タイプ

（例2）：最近のタイプ

大便器洗浄用バキュームブレーカ

(a)大気圧式

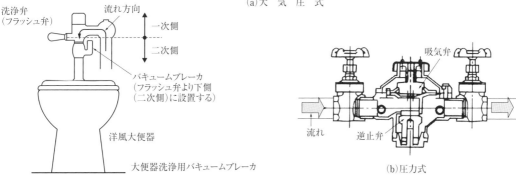

大便器洗浄用バキュームブレーカ

(b)圧力式

図2・19 バキュームブレーカの種類

注1) バキュームブレーカの規格には，SHASE-S211（大気圧式バキュームブレーカ）とSHASE-S215（圧力式バキュームブレーカ）とがある。

検（これを**6面点検**と呼ぶ）できるように，水槽の上面に1.0m以上，側面と下面に0.6m以上の空間を確保して設置することが必要である。また構造上も，図2・20（2）に示すように，外部からの汚水や汚物が侵入しない構造としなければならない。

そのほか，水槽の清掃時でも建物の給水が止まることのないように中仕切り壁を設け二つに分けたり，滞留水による死水ができないように迂回壁を設けること（図2・21），給水口の位置と水の出口の位置を考慮すること（対角線上とすること）が大切である。水槽パネルは，耐水性・耐食性に富み，太陽光が透過しない材質とするなど配慮する。

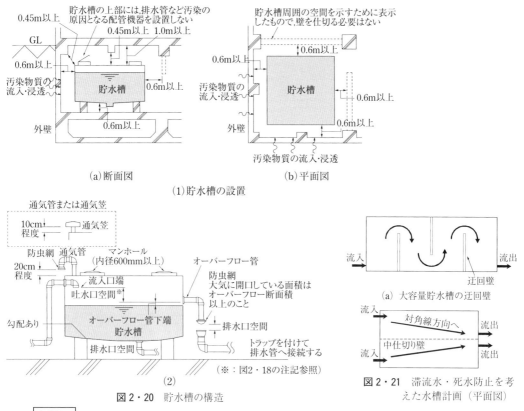

（a）断面図
（b）平面図
（1）貯水槽の設置

（2）
図2・20　貯水槽の構造

（a）大容量貯水槽の迂回壁

図2・21　滞流水・死水防止を考えた水槽計画（平面図）

例題1

　ある事務所ビルで，図2・7のような高置水槽方式を採用した場合の受水槽，高置水槽の有効容量 V_S，V_E を求めよ。事務員は500人，1人1日当たりの給水量は100 $l/(人\cdot d)$ とする。ただし，冷房用水は考慮しなくてよい。

【解説】

　① 　受水槽容量 V_S の算定

　　　式（2・4）より，1日当たりの給水量（Q_d）は，

　　　$Q_d = 100\ l/(人\cdot d) \times 500\ 人 = 50000\ l/d = 50\ \mathrm{m^3/d}$

　　　概算値は，p.28（2）の（a）より，1日当たりの給水量の1/2と見なせば25 $\mathrm{m^3}$ となる。

　② 　高置水槽容量 V_E の算定

　　　受水槽と同様に，1日当たり給水量の1/10とすれば　　　50 $\mathrm{m^3} \times 1/10 = 5\ \mathrm{m^3}$

	陸 上 ポ ン プ		水中ポンプ
	渦巻きポンプ	ラインポンプ	
形状			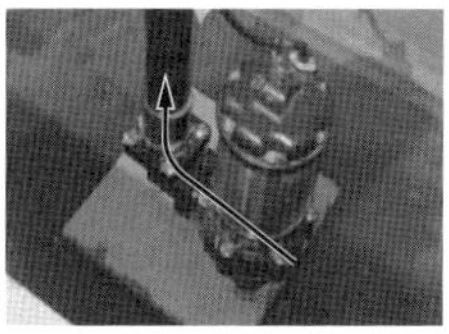
特徴	・中〜大水量，中〜高揚程，広い流量範囲で安定して運転できる。	・小水量，低揚程，配管途中に取り付けられるので，据付けが簡単である。	・水を水槽から汲み上げる場合に適する。
用途	・給水ポンプ ・空調用循環ポンプ ・消火ポンプ	・給水ポンプ ・空調用循環ポンプ	・給水ポンプ ・排水ポンプ

図 2・22 ポンプの種類と概要

2・2・6 揚水ポンプ能力と運転

揚水ポンプの役割は，受水槽から高置水槽へ水を汲み上げることである。揚水ポンプの仕様は，全揚程，揚水量，口径，所要動力で表される。図 2・22 に給排水衛生設備・空気調和設備分野でよく使用されるポンプの概要を示す。また，揚水ポンプの特性は，図 2・23 の揚程曲線，軸動力曲線，効率曲線の 3 つで表される。

（1） 揚水流量と揚水管径

ポンプから吐き出される単位時間当たりの水量を**揚水量**という。揚水量の算定には，式（2・7），（2・8）などで求めた時間最大予想給水量 Q_m や，ピーク時最大予想給水量 Q_p を用いることが多い。その給水量を用い，図 2・24 に示す流量線図より，ウォータハンマを生じさせな

い管内流速 1.5〜2.0 m/s 以下となるように口径を選定する。流量線図の利用の仕方は図 2・25 に示す。式（2・9）で直管，継手，弁などの摩擦損失水頭を詳しく求める場合は，同時に選定した口径の横軸の値（単位長さ当たりの圧力損失値〔kPa/m〕）も求めておく。

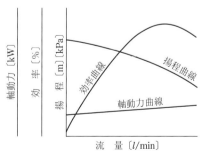

図 2・23 ポンプ特性曲線

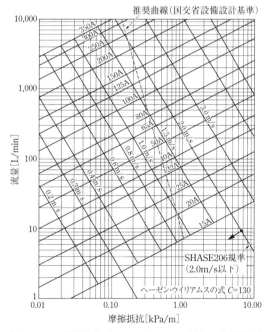

図 2・24 硬質塩化ビニルライニング鋼管の流量線図
（空気調和・衛生工学会「SHASE-S206-2000 給排水衛生設備規準・同解説」より）（付録 p.201 参照）

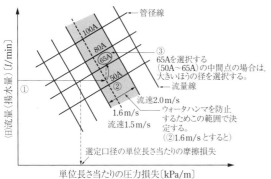

図2・25　図2・24を用い揚水量をもとに口径を決定した図

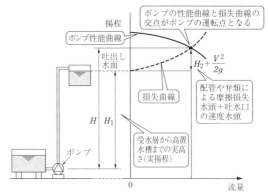

図2・26　揚程の模式図

(2)　揚水ポンプの全揚程

　全揚程はポンプに発生する送水圧力で，単位は〔Pa〕または，便宜上〔m〕で表される場合も多い。本書では建物の高さ〔m〕と対応させて理解するため，あえて〔m〕で表示した[注1]。揚水ポンプの全揚程 H の算定式を式(2・9)に，その説明図を図2・26に示す。

$$H \geqq H_1 + H_2 + \frac{V^2}{2g} \quad \cdots\cdots\cdots\cdots\cdots \text{（2・9）}$$

ここで，H_1：揚水ポンプの吸込み面から揚水管頂部までの実高さ（実揚程という）〔m〕

　　　　H_2：揚水ポンプの吸込み面から揚水管頂部までの直管，継手，弁などの摩擦損失水頭に相当する高さ〔m〕

　　　　$\dfrac{V^2}{2g}$：吐出口における速度水頭に相当する高さ〔m〕（$V \fallingdotseq 1.5\sim2.0$〔m/s〕を用いる）

　　　　H_2 は，(1)で求めた単位長さ当たりの圧力損失値〔kPa/m〕に，直

管長さに継手，弁類の相当長さを加えた値を乗じて求める（例題2）。速度水頭はわずかなので省略することが多い。

(3)　所要動力[注2]

　ポンプを駆動させる所要動力は式(2・10)で求める。

$$L = \rho Q g H \frac{(1+\alpha)}{\eta_P \cdot \eta_t} \quad \cdots\cdots\cdots\cdots \text{（2・10）}$$

　　L：ポンプの所要動力〔W〕

　　ρ：水の密度 $= 1000$〔kg/m³〕

　　Q：揚水量〔m³/s〕（＝ピーク時瞬時最大予想給水量 Q_P〔l/min〕などを使用）

　　g：重力加速度 $= 9.8$〔m/s²〕

　　η_P：ポンプ効率（実用上 0.5〜0.6）

　　η_t：伝導率（ポンプと原動機の伝達効率で，電動機直結の場合は 1.0）

　　α：余裕率（過負荷から原動機を保護するもので，電動機直結の場合は 0.1〜0.2）

　　　印の数値は，例題2で使用。

注1)　〔m〕表示と〔Pa〕表示の換算の仕方は，式(2・2)による。
　2)　揚水時にポンプが水に与える動力（仕事）を「水動力」という。しかし，実際の運転でポンプ内部の漏れ，軸受けやパッキン（接合部の詰め物）などの摩擦による損失があるので，ポンプの回転軸に加えられる動力は大きくなる。これを「軸動力」という。ポンプ効率 η_P は軸動力に対する水動力の比であり，それと，伝導率，余裕率を考慮した動力が「所要動力」である。

例題2

図2・27の事務所ビルの高置水槽方式で，揚水ポンプの揚水量，口径，全揚程，所要動力を下記の設定条件で求めよ。

（条件）（1）所要人員は250人，1日の平均使用水量100 l/（人・d），1日平均使用時間9時間

（2）実配管長と継手・弁類の相当長の合計17.5 mに単位長さ当たりの圧力損失を乗じて摩擦損失を算定

（3）速度水頭：0.5 m　（4）ポンプ余裕率：0.2　（5）ポンプ効率：0.5　（6）伝導率：1.0

【解説】　①　揚水ポンプの揚水量

　　　　1日当たりの使用水量＝250人×100 l/（人・d）＝25000 l

　　　　時間平均使用水量＝25000 l/9 h≒2778 l/h

　　ピーク時最大予想給水量を用いると，式(2・8)より

　　　　揚水量＝(2778 l/h×4)/60 min≒186 l/min（ピーク係数は4）

②　ポンプ口径

　　管内流速を1.5〜2.0 m/s以内とし，その下限値1.5 m/sを用いれば，図2・24より50 Aと決定できる。図2・28に説明図を示す。

③　揚水ポンプの揚程

　　　式(2・9)より　　　実揚程＝(4 m×4階層分)＋10 m)−2 m＝24 m

　　ここで，受水槽の水頭圧2 m分は，揚程としてはマイナス側に作用するので差し引く（実際は無視してよい）。

　　　管摩擦損失＝｜(2+5+4+3×4+10+3)＋17.5｜×0.5 kPa/m＝26.75 kPa＝2.7 m

　　　　　　　　　　　　　　実管長　　　　　継手相当長　　単位長さ当たりの
　　　　　　　　　　　　　　　　　　　　　　と実配管長　　圧力損失（図2・28）

　　　速度水頭＝0.5 m　　　　　全揚程＝24＋2.7＋0.5＝27.2 m

④　揚水ポンプの所要動力

　　　式(2・10)より

　　　所要動力＝1000×(0.186/60)×9.8×27.2
　　　　　　　　　　×(1+0.2)/(0.5×1.0)

　　　　　　　≒1984 ≒2.0 kW

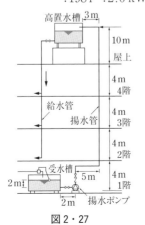

図2・27

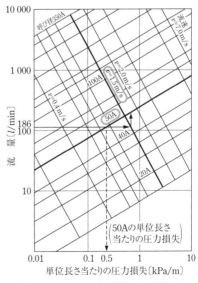

図2・28　ポンプ口径決定の説明図

2・2・7　給水管の管径計算

給水管径は，求めようとする給水管の区間を流れる瞬時最大流量を算出し，図2・24の流量線図により決定する。瞬時最大給水量の算出法にはSHASE-S206にも紹介されているいくつかの方法があるが，本書では，「器具給水負荷単位による方法」を説明する。手順は，以下のとおりである。

（1）　表2・7の器具給水負荷単位表より，器具給水単位の合計を算出する。

（2）　（1）より図2・29を用いて，同時使用水量（瞬時最大流量）を求める。

（3）　図2・24の流量線図より管径（呼び径）を選定する。ここでは，管内流速を1.5 m/s 以下とする。ただし，衛生器具へ接続する給水管の接続口径は，表2・8のとおりである。

表2・7　器具給水負荷単位

器具名	水　栓	公衆用	私室用	器具名	水　栓	公衆用	私室用
大　便　器	洗　浄　弁	10*1	6	連　合　流　し	給　水　栓		3
大　便　器	洗浄タンク	5*2	3	洗　面　流　し（水栓1個に付）	給　水　栓	2	
小　便　器	洗　浄　弁	5		掃　除　用流し	給　水　栓	4	3
小　便　器	洗浄タンク	3		浴　　　槽	給　水　栓	4	2
洗　面　器	給　水　栓	2	1	シ　ャ　ワ　ー	混　合　栓	4	2
手　洗　器	給　水　栓	1	0.5	浴室一そろい	大便器が洗浄弁による場合		8
医療用洗面器	給　水　栓	3		浴室一そろい	大便器が洗浄タンクによる場合		6
事務室用流し	給　水　栓	3					
台　所　流　し	給　水　栓		3	水　飲　み　場	水飲み水栓	2	1
料　理　場流し	給　水　栓	4	2	湯　沸　し　器	ボールタップ	2	5
料　理　場流し	混　合　栓	3		散水・車庫	給　水　栓	5	
食器洗い流し	給　水　栓	5					

注　給湯栓併用の場合は，1個の水栓に対する器具負荷単位は上記の数値の3/4とする。
　　印の数値は，例題3で使用。　　　（空気調和・衛生工学会編「空気調和・衛生工学便覧（昭和39年）」表1・9より作成）
*1　洗浄弁節水I型：8，節水II型：6　　*2　洗浄タンク節水I型：4，節水II型：3

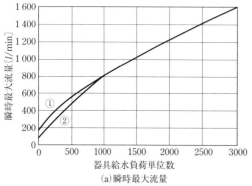
図2・29　瞬時最大流量の算定図

表2・8　衛生器具の給水管接続口径

器具名	給水方式など	口径A
大　便　器	洗浄弁（サイホン式）	25
	洗浄弁（洗出し・洗落し）	25
	洗浄タンク（L，H）	13
小　便　器	洗浄弁	13
	洗浄タンク	13
洗　面　器	立て水栓	13
手　洗　器	立て水栓	13
洗　髪　器	洗髪水栓	13
和風浴槽	小型	13
	大型	20
	大型	25
洋風浴槽	浴槽・シャワー	20
シャワー		13
掃除流し	胴長	20
散　水　栓	散水栓	13
	散水栓	20

＊　口径は呼び径で表示。

例題 3

図2・30に示す，給水横枝管の各部位の管径を求めよ。

ただし，器具への接続口径は，大便器は洗浄弁を用いた方式とし25 *A*，洗面器は13 *A* とする。また，洗面器1個の瞬時最大流量は10 *l*/min とし，3個までの同時使用率は100％とする。

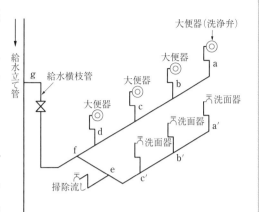

図2・30 給水横枝管図

【解説】

口径の求め方は，各区間での器具給水負荷単位の合計を表2・7より算出し，図2・29を用いて瞬時最大流量を求める。大便器は全て洗浄弁式（公衆用）のため，図2・29(b)の①の線を用いる。その説明図を図2・31に示す。その値を用いて，図2・28の要領で口径を決定する。その結果をまとめて表2・9に示す。同表で，a′～b′，b′～c′，c′～e′区間では器具排水負荷単位の合計が小さいため図2・29(b)の①からは瞬時最大流量が読みとれないので，問題文の洗面器瞬時最大流量10 *l*/min を用いて求める。

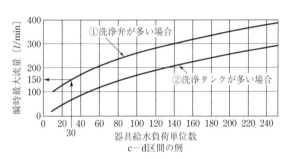

図2・31 瞬時最大給水流量の求め方（c～d区間の例）

表2・9 給水横枝管各部位の口径決定結果

区間	器 具 名	接続口径*A*	器具数	単位	器具給水負荷単位の合計	瞬時最大流量〔*l*/min〕	口径
a～b	大 便 器	25	1	10	1×10＝10	100	40A
b～c	大 便 器	25	2	10	2×10＝20	130	50A
c～d	大 便 器	25	3	10	3×10＝30	150	50A
d～f	大 便 器	25	4	10	4×10＝40	170	50A
a′～b′	洗 面 器	13	1	2	2×1＝2	10*	20A
b′～c′	洗 面 器	13	2	2	2×2＝4	20*	25A
c′～e	洗 面 器	13	3	2	2×3＝6	30*	25A
e～f	掃除流し＋洗面器				(2×3) + 4 ＝ 10	100	40A
f～g	大便器＋掃除流し＋洗面器				(4×10) + (2×3) + 4 ＝ 50	190	65A

注 *A*：呼び径といい，管径，口径の実際の数値の端数を丸め，標準化して表したもの。
　＊洗面器1個の瞬時最大流量10 *l*/min を使用し，全個数×同時使用率より求める。

2・2・8 給水配管材料

給水管には，JIS G 3452（配管用炭素鋼管）を原管とする樹脂ライニング鋼管，耐食性，耐久性に優れた JIS G 3448 一般ステンレス鋼管，JIS H 3300 銅管，樹脂管などがある。

樹脂ライニング鋼管は，切断部が露出して，そこからさびが発生しないように，図2・32に示すような管端防食継手を使用する。樹脂には，硬質塩化ビニル管，ポリブテン管，架橋ポリエチレン管が使用される。

弁類には，仕切弁・玉形弁・逆止め弁・ボール弁・バタフライ弁などがある。その構造は，3・6・2（3）（p.145〜146）に示す。

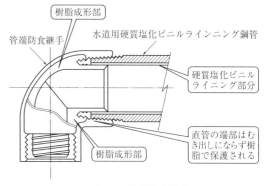

図2・32 管端防食継手

コラム 3 　給水・給湯さや管ヘッダ工法

給水・給湯さや管ヘッダ工法の構成を図1に，施工中の状況を図2（a），（b）に示す。

この工法は，従来の給水・給湯配管で用いられた鋼管や銅管といった金属管に変わり，耐腐食性・耐熱性・可とう性に優れたポリブテン管，架橋ポリエチレン管などの樹脂管を用いていること，図2（c）のさや管内に，図2（d）のように樹脂管を挿入し衛生器具の水栓と接続するため，配管の取替え時にも配管の抜き取り，入れ替えを容易に行うことができることを特徴の一つにしている。

表1に過去に多く使用されてきた先分岐工法とのシステムと特徴を比較して示す。さや管ヘッダ工法では，各衛生器具への給水・給湯圧力が安定しており，給水がスムーズに行える。また，給湯配管としては，管路内の保有水量が小口径のため少ないので，出湯までの時間（湯待ち時間と呼ぶ）が短くてすむ。この工法は，集合住宅を中心に普及している。

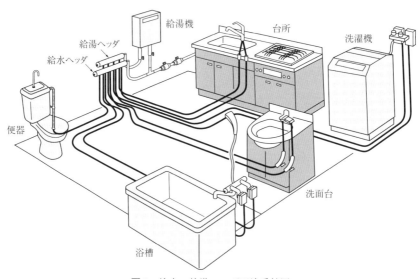

図1 給水・給湯ヘッダ工法系統図

（a）　施工中の床配管

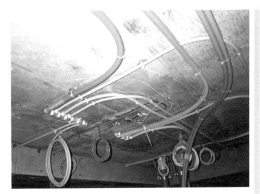

（b）　施工中の天井配管

さや管

挿入管 →

（c）　さや管と挿入管

ヘッダー側面より通管

トイレ，洗面所等の立上げ部分

ユニットバスへの配管

（d）　配管挿入施工（床配管）

（写真提供：図（a）・UR 都市機構，図（b）・長谷工コーポレーション（株），図（c），（d）・（株）クボタ）

図2　施工状況（ヘッダまわり）

表1　ヘッダ方式と先分岐方式の特徴比較

項　目	先分岐方式	ヘッダ方式
湯待ち時間	・一系統ごとの管路の保有水量が多く，湯待ち時間が長くなりやすい。	・一系統ごとの管路の保有水量が少なく，湯待ち時間を短くしやすい。
配管材料施工方法	・配管継手が多い。	・枝管は小口径配管にできる。 ・継手の使用は少なくてすむ。
	・継手施工部が多く，施工に手間がかかる。	・ヘッダからの枝管は，途中継手を使用する必要がない。 ・現場の施工が容易である。
配管の補修	・配管の取替えや補修が困難である。	・さや管内の配管を抜き差しするだけで，配管の交換が容易である。
熱伸縮対策	・給湯本管の直線配管部には，一般に伸縮対策が必要である。 ・分岐部の応力集中対策が必要である。	・樹脂管のための伸縮継手などは不用である。
空気溜り対策	・少量使用時に本管の流速が遅く空気溜まりが発生しやすいため，空気抜き弁，傾斜配管等の対策が必要である。	・枝管を小口径で配管すれば流速が早くなり，空気溜まりが発生することは一般的にはない。
システム図	給湯機　シャワー　給水・給湯栓 給水　　湯 水	給湯機　シャワー　給水・給湯栓 給水　　湯 水

2・3　給湯設備

2・3・1　湯の性質

給湯設備の目的は，用途にあった適切な温度，流量，圧力で必要とされる箇所に湯を供給することである。これは，温度の条件を除けば給水設備と同じである。

表2・10に温度と水の密度（単位体積当たり質量）の関係を示すように，密度は約277 K（約4℃）[注1]のときに最大（1000 kg/m³）になり，温度が上下しても密度は小さくなる性質がある。

密度が小さくなるということは，体積が増える，すなわち，膨張することで，それに対する対策を講じなければ，機器・配管が破損する危険がある。そのために，給湯設備を設計する場合には湯の膨張を考慮し，逃がすための配管（膨張管）や蓄えるための水槽（膨張水槽），配管の伸縮を吸収できる継手（伸縮継手）を設けるなどの安全対策をとる必要がある。

(1)　配管の伸縮量

熱変化に対する配管の伸縮量は，式(2・11)で算定する。

$$\Delta L = 1000 \times l \times a \times \Delta t \quad\cdots\cdots\cdots\cdots (2 \cdot 11)$$

　ΔL；管の伸縮量〔m〕

　l；変化前の管長〔m〕

　a；管の線膨張係数（表2・11）

　Δt；温度差〔℃〕

表2・10　標準大気圧における水の比体積

温度〔℃〕	密度〔kg/m³〕	比体積〔m³/kg〕
0	999.8	1.0002×10^{-3}
4	1000	1.0000×10^{-3}
10	999.7	1.0003×10^{-3}
30	995.7	1.0043×10^{-3}
50	988.1	1.0120×10^{-3}
80	971.8	1.0290×10^{-3}
100	958.4	1.0434×10^{-3}

　　印の数値は，例題4で使用。

(2)　湯の循環力

水を加熱すると水の温度は上昇し，熱せられた水は配管内を上昇し冷水は降下するため，図2・33のように循環作用を起こす。そのときの循環圧力は式(2・12)で算定する。

$$P = g(\rho_1 - \rho_2)H \cdots\cdots\cdots\cdots\cdots (2 \cdot 12)$$

　P；自然循環力〔Pa〕

　g；重力加速度9.8〔m/s²〕

　ρ_1；加熱器と返湯管接続口における湯の密度〔kg/m³〕

　ρ_2；加熱器と給湯管接続口における湯の密度〔kg/m³〕

　H；加熱器入口から最高所の給湯管までの高さ〔m〕

表2・11　管の膨張係数

管　　種	線膨張係数〔1/℃〕
鋼　　　管	1.098×10^{-5}
ステンレス鋼管	1.600×10^{-5}
銅　　　管	1.710×10^{-5}
耐熱性硬質塩化ビニル管	7.000×10^{-5}
ポリブテン管	15.000×10^{-5}
架橋ポリエチレン管	20.000×10^{-5}

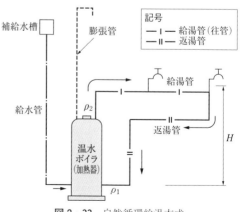

図2・33　自然循環給湯方式

注1)　温度の単位 K（熱力学温度：ケルビン）＝℃（セシウム度）＋273.15 で表示される。

例題 4

図 2・33 で加熱器出口での湯の温度 80℃，加熱器入口の湯の温度 50℃ としたときの自然循環力を求めよ。最高所給湯管から加熱器への返湯管までの高さ H は 10 m とする。

【解説】

表 2・11 より，80℃，50℃ の湯の密度は， $\rho_1=988.1$〔kg/m³〕，$\rho_2=971.8$〔kg/m³〕

よって，

$P=9.8\times(988.1-971.8)\times10\fallingdotseq1600$〔Pa〕$=1.6$〔kPa〕

（3） 湯と水の混合

給水量と給湯量の割合は大気等への放熱がないものとすれば，式(2・13)で求められる。

$Q_h(t_h-t_c)=(Q_c+Q_h)(t_m-t_c)$ … (2・13)

Q_h；給湯量〔l〕，Q_c；給水量〔l〕

t_m；混合湯の温度〔℃〕

t_c；給水温度〔℃〕，t_h；給湯温度〔℃〕

例題 5

シャワーヘッドからの給湯量は 12 l，使用温度 42℃ のお湯を出す場合，給湯温度 60℃，給水温度 15℃ とすると給湯すべき給湯量〔l〕はいくらか。ただし，配管などでの熱損失はないものとする。

【解説】

給湯温度 t_h を 60℃，使用温度を混合湯の温度 t_m（42℃），給水温度 t_c を 15℃ とし，給湯量 Q_h と給水量 Q_c の和を 12 l と見なせば，給水量 Q_h は式(2・13)より，

$Q_h\times(60-15)=12(42-15)$

よって， $Q_h=7.2$〔l〕

2・3・2 給湯温度と使用温度

給湯設備では一般に 60℃ の湯（給湯温度）を供給し，使用箇所で給水と混合して使用目的に応じた温度（使用温度）にして使用する。

使用温度は，その用途によって一般に表 2・12 のように設定される。給湯温度は，中央給湯方式では 60℃ 程度とし，湯を供給する。局所給湯方式の場合には加熱装置によって異なり，深夜電力利用の電気温水器では 85℃ 程度の湯を供給し，ガス瞬間給湯機では 45℃ 程度に設定して使用する場合もある。

給湯設備では，やけどについて考慮すべきであり，やけどは湯温と湯に接触する時間に関係し，接触時間が 10 秒程度とするとやけどしない湯温の限界は 58℃ 程度といわれている。

表 2・12 用途別使用適温・適流量

使用用途	使用適温〔℃〕	適流量〔l/min〕	備　考
食 器 洗 浄	39.0	7.5	普通吐水
		5.0	シャワー吐水
洗　　　顔	37.5	8.5	
洗　　　髪	40.5	8.0	
入　　　浴	40.5	−	
ハンドシャワー	40.5	8.5	
壁掛けシャワー	42.0	13.0	
皿　洗　機	70〜80		機種による

老人施設など弱者が使用する施設などでは，給湯温度を下げて供給する場合もあるが，給湯温度の低下は，**レジオネラ属菌**[注1] の繁殖につながるので，貯湯槽の貯湯温度は常時60℃以上，給湯栓で55℃以上に保つ必要がある。

2・3・3　給湯量と給湯流量

建物で使用される給湯使用量は，建物用途や生活様式によって大きく異なるが，建物全体で使用する給湯量を算出する際に，原単位となる建物種類別・用途別給湯量を表2・13，器具別給湯量を表2・14に示す。

(1)　給湯人員による給湯量

給湯人員が正確に把握できている場合，1日当たりの使用給湯量は式(2・14)より算出し，単位人員当たりの時間最大給湯量 q_h〔l/h〕などは，建物種類別に決められた表2・13を用いる。また，貯湯槽容量を求めるための給湯人員を考慮した時間最大給湯量 Q_h〔l/h〕は，式(2・15)より求める。

$$Q_d = N \times q_d \cdots\cdots\cdots\cdots\cdots (2・14)$$

Q_d；1日当たりの使用給湯量〔l/d〕

q_d；建物種類別1人1日当たりの給湯量〔l/(人・d)〕

表2・13　建物種類別の給湯量

建物種別	給湯量 q_d（年平均1日当たり）	時間最大給湯量 q_h〔l/h〕	時間最大給湯量の継続時間〔h〕	備　考
事　務　所	7〜10 l/人	1.5〜2.5（1人当たり）	2	
ホテル（客室）	150〜250 l/人	20〜40（1人当たり）	2	ビジネスホテルは150 l/h
総　合　病　院	2〜4 l/m²	0.4〜0.8（m²当たり）	1	
	100〜200 l/床	20〜40（床当たり）	1	
レ　ス　ト　ラ　ン	40〜80 l/m²	10〜20（m²当たり）	2	（客席＋厨房）面積当たり
軽　食　店	20〜30 l/m²	5〜8（m²当たり）	2	同上：そば・喫茶・軽食
集　合　住　宅	150〜300 l/戸	50〜100（戸当たり）	2	
大浴場洗い場	50 l/人	1日入浴者数×0.15×50日	−	最大入浴者数＝ロッカー数×6.5

■印の数値は，例題6で使用。　（空気調和・衛生工学会「給排水衛生設備　計画設計の実務の知識」2010（オーム社)より作成）

表2・14　各種建物における器具別給湯量（l/（器具・1個/h））（給湯温度60℃基礎）（ASHRAE. 1991）

建物種別 / 器具種別	個人住宅	集合住宅	事務所	ホテル	病　院	工　場	学　校	YMCA	体育館
個 人 洗 面 器	7.6	7.6	7.6	7.6	7.6	7.6	7.6	7.6	7.6
一 般 洗 面 器	−	15	23	30	23	45.5	57	30	30
洋 風 浴 槽	76	76	−	76	76			114	114
シ ャ ワ ー	114	114	114	284	284	850	850	850	850
台 所 流 し	38	38	76	114	76	76	76	76	−
配ぜん室流し	19	19	38	38	38		38	38	−
皿 洗 い 器*1	57	57	−	190〜760	190〜570	76〜380	75〜380	26〜380	−
掃 除 用 流 し	57	57	57	114	76	76	−	76	−
洗 濯 流 し	76	76	−	106	106	−	−	106	−
同 時 使 用 率	0.30	0.30	0.30	0.25	0.25	0.40	0.40	0.40	0.40
貯湯容量係数*2	0.70	1.25	2.00	0.80	0.60	1.00	1.00	1.00	1.00

注1)　加熱能力は，各器具の所要給湯量の累計に同時使用率を乗じた値に，（60℃−給水温度）の温度差を乗じて求める。

　2)　有効貯湯容量は，各器具の所要給湯量の累計に同時使用率を乗じた値に，貯湯容量係数を乗じて求める。

　***1**　使用する機器の機種がわかっている場合には，その機種に対する製造者のデータによって算出する。

　***2**　熱源が十分に得られる場合においては，この係数を減じてもよいが，その分加熱能力を大きくする必要がある。

　■印の数値は，例題7で使用。

注1)　(*legionella pneumophilia*)：自然界の土壌，川，湖沼などの淡水に生息し，水温30〜50℃程度の環境で増殖し，人がその水を霧状（エアロゾル）になった状態で肺に吸い込むと感染し高熱を発する危険性のある菌類。

N；給湯人員〔人〕 Q_h；時間最大給湯量〔l/h〕

$Q_h = N \times q_h$ ························ (2・15)

q_h；1人当たりの時間最大給湯量

〔l/(h・人)〕

例題6

給湯人員200人の事務所ビルの，1日当たりの使用給湯量 Q_d および時間最大給湯量 Q_h を求めよ。

【解説】

式(2・14)，式(2・15) より，表2・13の q_d，q_h に人員 N を乗じて求める。

$Q_d = N \times q_d = 200$〔人〕$\times 7.0$〔l/(人・d)〕$= 1400$〔l/d〕

$Q_h = N \times q_h = 200$〔人〕$\times 1.5$〔l/(h・人)〕$= 300$〔l/h〕

コラム4 循環式浴槽とレジオネラ症

2002年7月に宮崎県日向市の日帰り温泉でおきたレジオネラ感染事故では，7人の死者（295人の感染者）を出した。温泉が豊富に湧き出る地域を別にして，大半の旅館や温泉などでは，図1のような循環式浴槽が使われている。

1976年に米国のフィラデルフィアのホテルで開催された在郷軍人会に出席した多くの人々が，原因不明の肺炎になり約30人が死亡した。その原因菌が翌年に発見され，患者の多くが在郷軍人（American Legion）であったので，病名はレジオネラ症と呼ばれた。病原菌はレジオネラ属菌と総称された。図2にレジオネラ属菌の拡大写真を示す。

レジオネラ属菌は，35〜36℃の湯水で最も多く繁殖し，循環式浴槽中の壁面や給湯管内の生物模（バイオフィルム）内で繁殖する。特に汚染された湯を打たせ湯，シャワーなどで，空中に微細な水粒（エアロゾル）としてまき散らし，それを肺に吸込むと感染の原因となる。

レジオネラ属菌対策として，以下の点に留意する必要がある。

① 循環式浴槽の浴槽水は，1週間に1回以上新しい湯と交換する。

② 貯湯槽の湯温を常に60℃以上に，給湯栓の温度も55℃以上になるようにする。

③ 湯水の定期的な水質検査を行う。また，塩素消毒を行い，その濃度を高濃度に保つ。

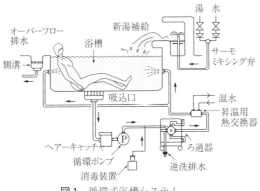

図1 循環式浴槽システム

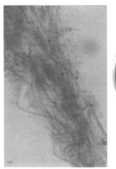

注 白いかたまりの数を CFU と呼ぶ（表2・2注）。

図2 レジオネラ属菌拡大写真
（写真提供：野知啓子）

(2)　衛生器具による給湯量

後で述べる局所式給湯方式の加熱器，貯湯槽の容量や小規模な中央式給湯方式の場合には，式 (2・16) を用いる。

$$Q_h = e \times \Sigma q_l \times F \quad \cdots\cdots\cdots\cdots (2 \cdot 16)$$

Q_h；時間最大給湯量〔l/h〕

e；建物種類別の器具同時使用率

　　ホテル (0.25)，戸建・集合住宅・事務所 (0.3)，工場・学校 (0.4) 程度である。

q_l；衛生器具別1個1時間当たりの給湯量〔l/(器具個・h)〕，Σq_l は合計給湯量

F；衛生器具数

上の計算に用いる器具別給湯量は，表2・14の数値を用いる。

例題 7

洗面器30個，洋風浴槽30個，シャワー30個，台所流し4個，掃除流し5個，皿洗い機1台が設置されたホテルの時間最大給湯量を求めよ。ただし，皿洗い機190〜760の中間値として，350 l/h とする。

【解説】

表2・14より，ホテルの器具同時使用率 0.25 とすれば式 (2・16) より，

$$Q_h = e \times \Sigma q_l \times F$$
$$= 0.25(7.6 \times 30 + 76 \times 30 + 284 \times 30 + 114 \times 4 + 114 \times 5 + 350 \times 1)$$
$$\fallingdotseq 3101 \ 〔l/h〕$$

2・3・4　給湯方式

給湯方式には，湯の使用箇所と加熱装置の関係，熱源と加熱方法の種類，配管内湯温の低下を防ぐために湯を循環するか否かなどによりさまざまな分類の方法がある。

(1)　局所給湯と中央給湯

局所給湯方式は，加熱装置と給湯箇所が1対1で対応している方式である。住宅の台所などで小型の瞬間湯沸機を設置して使用する場合や，事務所ビルなどで高温の湯を必要とする湯茶のサービスのために貯湯式の湯沸機を湯沸室ごとに設ける場合などが局所給湯方式の代表例である。図2・34に事務所ビルの洗面器へ設置する電気式給湯機の例を示す。

図2・35のように住宅の浴槽，シャワー，台所，洗面所程度の複数の給湯箇所に，1台の給湯機を用いて給湯する場合もあり，特に**住戸セ**

図2・34　洗面器に設置した電気式局所給湯機の例

ントラル方式という。また，集合住宅などでは，1箇所の熱源機で住棟内の住戸全体に給湯する場合もあり，**住棟セントラル方式**という。

中央式給湯方式（セントラル方式）は，図2・36のような一つの加熱装置で複数の給湯箇所に対応する方式である。

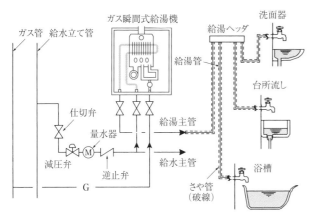

図 2・35　住戸セントラル方式

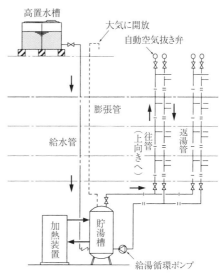

図 2・36　中央式給湯方式の例（複管式上向き
給湯）

（2）　単管式と複管式

　加熱装置から衛生器具までの配管長さが短い
場合や，湯を長時間使用する厨房や湯沸室など
では，湯を供給する往管だけが設置された**単管
式**が用いられる。しかし，給湯栓を開くと短時
間に出湯されることが求められるホテルなどで
は，図 2・36 のように**返湯管**を設け，管内の湯
を循環させ**湯待ち時間**[注1]を小さくする。これ
を**複管式**という。

　複管式の場合，返湯管の経路と長さの取り方を

工夫することで出湯湯量や温度を均一にできる。

　複管式の場合，図 2・38 のように，各給湯栓
（末端給湯栓温度は 55℃ 以上）に均等に湯が循
環するように給湯配管系統に定流量弁等を設け
ること，返湯管の貯湯槽に近い位置に循環ポン
プを設置することとし，均一な温度に保つ。ま
た，湯の停滞を避けるために，配管はできるだ
け短くして，行き止まり配管の長さもできるだ
け短くする。

（3）　上向き給湯と下向き給湯

　図 2・36 のように上向き給湯は，給湯立て管
（往管）内を上方に湯が流れる方式で，上部に

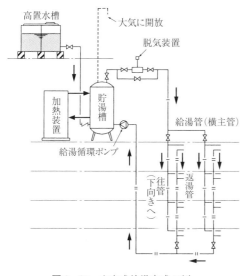

図 2・37　中央式給湯方式の例
（複管式下向き給湯）

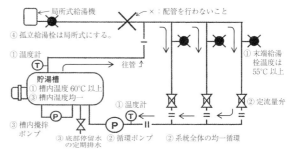

図 2・38　循環式で湯の均一な循環

注1）　給湯栓を開放してから湯が出てくるまでの時間。配管，方法や長さによって，温度低下をした水が初めて流出するので，
　　　それを少なくすることや，節水と給湯性能向上について評価する尺度。

空気抜き弁を設置し，膨張した空気を排出する。下階で多量の湯を使用すると上部で湯が出にくくなる欠点がある。図2・37に示す下向き給湯は，給湯立て管内を下方に湯が流れる方式で，空気抜きを立て管の最上部から脱気装置などで取るもので，横主管に十分勾配を取り空気だまりができないようにする必要がある。

(4)　自然循環式と強制循環式

2・3・1でも述べたように，湯に温度差がある場合は循環力が生ずる。図2・33のように，その力だけを用いて循環させ給湯する方式を**自然循環方式**という。

しかし，それだけでは循環がうまく行かず，途中に図2・36のように，循環ポンプを設置し強制的に循環させる方式を**強制循環方式**という。中央式給湯は強制循環方式が一般的であり，循環ポンプは，一般に貯湯槽の直前の返湯管部分に設置する。ここで給水方式の揚水ポンプと給湯の循環ポンプが異なるのは，循環ポンプの揚程・圧力には，循環経路の摩擦抵抗・局部抵抗による圧力損失のみが関係し，位置の圧力（実揚程）は無関係となることである。

2・3・5　機器と配管材料

(1)　加 熱 装 置

(a)　瞬間湯沸機の加熱能力

給水温度 t_c〔℃〕の給水を行い，t_h〔℃〕の湯を湯流量 Q_m〔l/min〕だけ給湯するための瞬間湯沸機の加熱能力 H は式（2・17）で求める。1分間単位を基準とする。

$$H = (1/60) \times k \times C_p \times Q_m \times (t_h - t_c)$$
$$\cdots\cdots\cdots (2\cdot17)$$

H；湯沸機加熱能力〔kW〕

k；余裕率（1.1〜1.2）

C_p；水の比熱〔4.186kJ/(kg・℃)〕

Q_m；1分間当たり給湯量〔l/min〕

t_h；湯の温度〔℃〕

t_c；水の温度〔℃〕

特に，ガス給湯機では，加熱能力の表示に「**号**」を用いる。1号は，流量1 l/min の水の温度を25℃上昇させる能力をいう。すなわち，1号の加熱能力は，下の式より1.75 kW となる。

$$1\,号 = (1/60) \times 1\,〔l/min〕\times$$
$$4.186〔kJ/(kg\cdot℃)〕\times 25〔℃〕$$
$$= 1.75〔kJ/s〕= 1.75〔kW〕$$

(b)　貯湯式の加熱能力

中央給湯方式で用いる貯湯タンクの加熱能力と，貯湯槽容量との間には，式（2・18）の関係式が成り立つ。

$$1.163\,(t_{h1} - t_{h2})V + HT \geqq$$
$$1.163\{(t_{h1} + t_{h2})/2 - t_c\}\,Q_h T\,(2\cdot18)$$

t_{h1}；給湯最大使用時開始前の貯湯槽内の湯温（一般に60℃）

t_{h2}；給湯最大使用時終了後の貯湯槽内の湯温（一般に55℃）

t_c；給水温度〔℃〕

V；貯湯槽内の有効貯湯量〔l〕（一般に貯湯槽容量の70%程度）

Q_h；時間最大給湯量〔l/h〕

H；加熱能力〔W〕

T；時間最大給湯量の継続時間〔h〕（一般に2時間）

(2)　深夜電力利用温水器

熱源がガスでなく電力を使用するものに電気温水器がある。電気温水器は，電力使用量が安価な深夜電力時間帯（一般に23〜7時）や第二深夜電力時間帯（1〜5時）に水を85〜90℃に加熱して槽内に貯湯する。その構造と外観を図2・39に示す。学生寮や独身寮，賃貸集合住宅などでは，地震などの災害に対し，安全性が高いので，使われる場合が多い。表2・15に一般使用での深夜電力温水器の貯湯量と加熱能力の目安を示す。

例題8

都心部に建つ宿泊客数 100 人のビジネスホテルを中央給湯方式で計算した場合の，客室系統の貯湯槽容量と加熱能力を求めよ。ただし，給湯温度 55℃ 以上，給水温度 5℃ とする。

【解説】

表 2・13 より，宿泊客 1 人当たり時間最大給湯量 20 $l/(h・人)$ とすると，式(2・15)より

時間最大給湯量　$Q_h = 100〔人〕×20〔l/(h・人)〕=2000〔l/h〕$

貯湯槽有効容量は，貯湯槽容量の70%より，

貯湯槽容量　　　　$2000/0.7≒2858〔l〕$

式(2・18)より

$$1.163×(60-55)×2000+2H≧1.163×\{(60+55)/2-5\}×2000×2$$
$$H≧116300〔W〕$$

したがって，加熱能力は概ね 117 kW となる。

例題9

洗面器，シャワー，台所流しが設置されている住宅のガス瞬間式給湯機の加熱能力を求めよ。

適流量と適温度は表 2・16 のとおり，給水温度は 5℃ とする。ただし，余裕率は無視してよい。

表 2・16

器　具	温度〔℃〕	流量〔l/min〕
洗　面　器	38	8
シャワー	40	8.5
台所流し	39	7.5

【解説】

式(2・17) より

・洗面器：$8.0〔l/min〕×4.186〔kJ/(kg・℃)〕×(38-5)〔℃〕=1106〔kJ/min〕$

・シャワー：$8.5×4.186×(40-5)=1246〔kJ/min〕$

・台所流し：$7.5×4.186×(39-5)=1068〔kJ/min〕$

以上より合計が 3420 kJ/min となり，$3420÷60=57〔kW〕$

1 号が 1.75 kW より，$57/1.75≒32$ 号

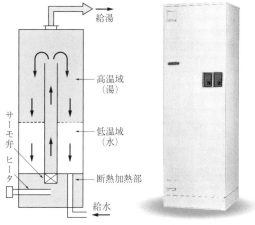

給湯
高温域（湯）
低温域（水）
サーモ弁
ヒータ
断熱加熱部
給水

（写真提供：東京電力(株)）

図 2・39 深夜電力温水器の構造と外観

表 2・15 深夜電力温水器の使用例

規　模	居住人員〔人〕	貯湯量〔l〕	加熱能力〔kW〕
単身世帯	1	170〜200	2.1〜2.4
小世帯	2〜3	250〜300	3.0〜3.4
一般世帯	3〜4	380〜420	4.4
	4〜5	420〜460	4.4〜5.5
	5〜6	500〜560	5.4〜6.0

(3)　安　全　装　置

水の加熱に伴う体積膨張によって配管や密閉容器内の圧力が過大に上昇することを防止するための装置として，逃し弁（安全弁・図2・40），逃し管（膨張管），膨張水槽などを図2・41のように設置する。貯湯槽と膨張管との間には絶対に弁を設けてはならない。膨張管の立ち上げ高さは式(2・19)で求める。また，膨張管の端部は飲料用の高置水槽へは，衛生上の問題からもどさないようにする。

$$h = H\left(\frac{\rho_1}{\rho_2} - 1\right) \quad\cdots\cdots\cdots\cdots\cdots\cdots (2 \cdot 19)$$

h；膨張管の立ち上げ高さ〔m〕

H；貯湯槽または，ボイラ底面から膨張槽水面までの高さ〔m〕

ρ_1；水の密度〔kg/m³〕

ρ_2；湯の密度〔kg/m³〕

また，配管の熱伸縮に対し，直管部では図2・42の伸縮曲管や伸縮継手を設置する。分岐部では同図の曲がり管(エルボ)を複数用い，可とう性をもたせた**スイベルジョイント工法**が用いられる。

図2・43に示すように，膨張水槽には開放式と密閉式とがある。開放式は，減圧と貯湯槽へ

の補給水用を兼ねた水槽として設置する(図2・43 (a))[注1]。密閉式は，図2・43 (b) のように，膨張水槽が最高所に建築的なスペースの問題などで設けられない場合に設置する。一般にダイヤフラム式やブラダ式がある。

(4)　給湯配管と保温材

給湯管では，給水管に比べ温度変化に伴い伸縮を繰り返しているため，耐熱性・耐食性を考慮して選定する必要がある。主に，銅管，ステンレス管が用いられるが，集合住宅の住戸内ではポリエチレン管，ポリブテン管，耐熱用硬質ポリ塩化ビニル管などの樹脂管が用いられる。

また，貯湯タンクおよび配管からの熱損失を防ぐために保温施工を行う。貯湯タンクは水練り保温，ロックウール，グラスウールで保温材を被覆し，アルミやステンレス鋼板で仕上げを行う。配管は2つ割りの保温筒で覆う。

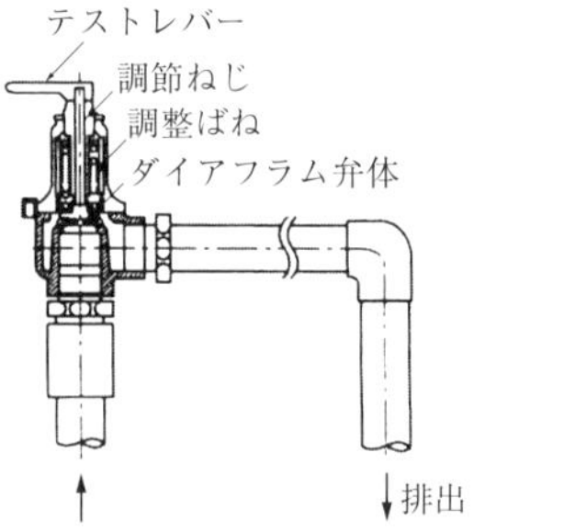

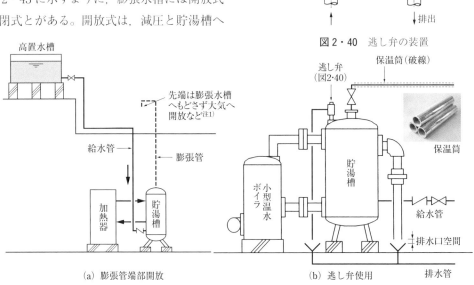

図2・40　逃し弁の装置

図2・41　密閉容器の安全装置

(a)　膨張管端部開放　　　(b)　逃し弁使用

注1）　減圧補給水兼用膨張水槽を設置したが，レジオネラ属菌が膨張管内に繁殖することが考えられ，先端部はそのまま開放し間接排水するか，逃し弁や密閉式膨張水槽を用いることで対応することが望ましい。

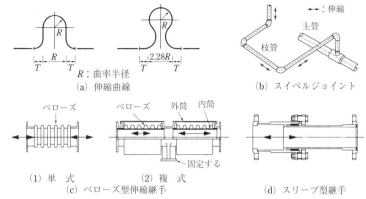

(a) 伸縮曲線　　　　　　　　　　　　(b) スイベルジョイント

R：曲率半径

(1) 単　式　　　　　　(2) 複　式
(c) ベローズ型伸縮継手　　　　　　　　(d) スリーブ型継手

図2・42　伸　縮　継　手
(空気調和・衛生工学会「給排水衛生設備　計画設計の実務の知識」1995（オーム社）より一部引用)

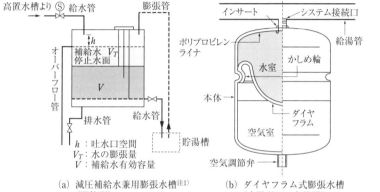

h：吐水口空間
V_T：水の膨張量
V：補給水有効容量

(a) 減圧補給水兼用膨張水槽[注1]　　(b) ダイヤフラム式膨張水槽　　(c) 左と同じで上付き設置
　　（開放型）　　　　　　　　　　　（密閉型下つき設置）　　　　（写真提供：森永エンジニアリング(株)）

図2・43　膨　張　水　槽

2・3・6　太陽熱利用給湯設備

　自然エネルギーである太陽熱を利用する給湯システムに**太陽熱利用システム**がある。図2・44のように，集熱器の上部に貯湯槽を設けた自然循環式と，集熱器と貯湯槽間を循環させな

がら水を加熱して貯湯する強制循環式があり，前者は主として住宅用に，後者は比較的大規模な太陽熱給湯設備に使われる。

　しかし，集熱が天候や集熱部の傾斜角[注2]などに左右されるため，給湯負荷に等しい補助熱源を必要とするなど設備費が高価になる場合もある。

　化石燃料の節約やCO_2発生量抑制のためには，使用方法を考えれば有効な給湯設備となる。

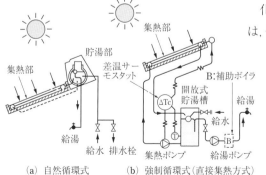

(a) 自然循環式　　　　(b) 強制循環式（直接集熱方式）　　　　（写真提供：戸田建設(株)）

図2・44　太陽熱給湯システムの例
(空気調和・衛生工学会「空気調和・衛生工学便覧　第12版，第4巻」1995より作成)

注2）　東京では，真南から10°東向きの方位とし，傾斜角30°で年間最大集熱量が得られる。

コラム5　給　湯　機

（1）　高効率給湯機（潜熱回収型給湯機）

住宅での消費エネルギーの内30～40％は給湯用である。熱源機器となる給湯機で効率よく湯を作ることが，省エネルギーや環境負荷削減につながる。

従来のガス給湯機は，水が熱交換器（一次熱交換器）を通過するときに燃焼排ガスと熱交換して出湯する。図1(a)のように，その時の給湯効率は約80％であり，残りの20％，すなわち約200℃の熱を排気し捨てていた。

図1(b)のように潜熱回収型給湯機では，燃焼排ガス中の水蒸気が水に戻る（凝縮）際に出る熱を二次熱交換器（②部分）で回収し，上水をプレヒートし，その後に一次熱交換器で加熱出湯する。その結果，給湯効率を95％と従来型よりも15％高め，CO_2排出量も削減させた。

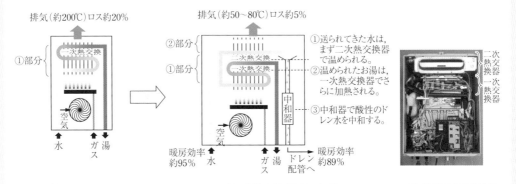

(a) 従来型 　　　　 (b) 高効率型（潜熱回収型）　　　　 (c) 潜熱回収型給湯機

図1　従来型と高効率ガス給湯機

（2）　自然冷媒ヒートポンプ

自然冷媒ヒートポンプは，大気の熱を圧縮機で汲み上げて水に放出して温水を得る構造で，その原理は空調設備のエアコン（ヒートポンプ）と同じである（図3・69）。しかし，家庭用のエアコンで熱を移動させる媒体を冷媒と呼ぶが，暖冷房用には効率の良いフロン系ガスが使われていた。

自然冷媒ヒートポンプでは，高い温度の温水を作るのにさらに効率の良い炭酸ガス（二酸化炭素 CO_2）が用いられるため，投入エネルギー（電力）の約3～4倍の熱エネルギーを得ることが可能である。また，フロン系ガスに比べ環境負荷の極めて小さい CO_2 ガスを使用している。そのため，**CO_2ヒートポンプ**とも呼ばれている。

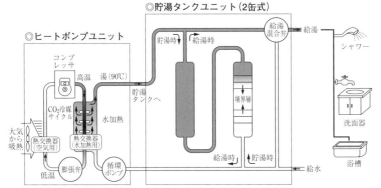

CO_2ヒートポンプ式給湯機

図2　自然冷媒 CO_2 ヒートポンプ式給湯機の原理

2・4 ガス設備

2・4・1 ガスの種類と性質

　ガスの種類は，都市ガスと液化石油ガス（LPG[注1]）に分けられる。一般にガスと呼ばれている都市ガスは，供給するガス事業者ごとにガスグループが異なっている。

　都市ガスの主要原料は，石炭から石油系に移り，現在では外国で産出した天然ガスを液化し，海上輸送により輸入している液化天然ガス（LNG[注2]）が主流になっている。ガス事業法では，全国の都市ガスを比重，熱量，燃焼速度の

違いによって，13A，12A，6A，5C，L_1，L_2，L_3の7種類のガスグループに分類している。

2・4・2 供給方式と配管方法

　都市ガスは，図2・45のように，製造工場からガスガバナステーション，ガスホルダ，調圧器などを経て，家庭用，商業用，工業用，さらにはビル冷暖房，地域冷暖房，コージェネレーションシステムなどに利用される。都市ガスの輸送圧力の違いにより，表2・17のように低圧

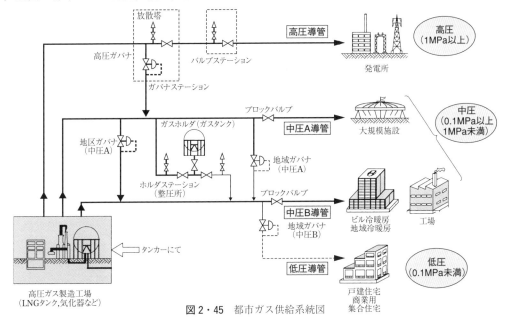

図2・45　都市ガス供給系統図

表2・17　都市ガスの供給方式

給湯方式の呼称	供給圧力〔MPa〕		法令上の定義	
高圧供給	1.0 以上		1.0 MPa 以上	高　圧
中圧A供給	0.3 以上 1.0 未満		0.1 MPa 以上 1 MPa 未満	中　圧
中圧B供給	0.1 以上 0.3 未満			
中間圧供給	供給規定圧力以上 0.1 未満			
低圧供給	ガスの種類	供給規定圧力〔kPa〕	0.1 MPa 未満	低　圧
	13A, 12A	1.0〜2.5		
	6A	0.7〜2.2		
	6B, その他	0.5〜2.0		

注1）　Liquefied Petroleum Gas　　2）　Liquefied Natural Gas

方式，中圧方式，高圧方式に分けられる。

低圧方式は，比較的ガスの使用量が少ない戸建住宅用，集合住宅用，商業用など小規模の建物に供給される方式である。中圧方式は，地域ガバナにより低圧に調圧し供給する方式で，工業用，ビル冷暖房・地域冷暖房の需要などで多く採用されている。高圧方式は，供給源から高圧ガスを供給し多量のガスを供給する場合で発電所などの特殊な用途に採用される。ガス事業法では，圧力が 1.0 MPa 以上の場合を高圧，0.1 MPa 以上 1.0 MPa 未満を中圧，0.1 MPa 未満を低圧と定義している。また，図2・45の低圧導管以降での所有区分を図2・46に示す。灯外内管は，使用者の費用負担により敷設され，使用者の所有となる。

2・4・3　ガス機器と給排気

ガス機器は，ガスを安全に燃焼するために新鮮な空気を供給し，燃焼によって発生した燃焼排気ガスを排出する必要がある。その給排気方式は，燃焼形式によって，開放式，半密閉式，密閉式に分類される。開放式，半密閉式，密閉式の各燃焼方式の特徴を表2・18に示す。

（1）　開放式ガス機器

屋内の空気を燃焼に使い，燃焼ガスを屋内に排出するため，ガスコンロ，小型湯沸し機，小型ガス暖房機などがそれにあたり，自然換気や強制換気が必要になる。

（2）　半密閉式ガス機器

室内空気を燃焼用に使い，燃焼排気ガスを自然通気力で排気する場合（**自然排気方式；CF方式**），ファンで強制的に排気する場合（**強制排気方式，FE方式**）がある。

自然排気方式は，周辺の空気と温度差を利用して排気する方式で，建物の構造や形態から生じる風圧帯の影響を受けるため，排気筒の形状，設置位置，給排気口の確保に注意する。

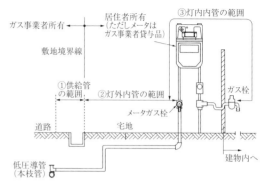

①供　給　管：本枝管から境界線まで（ガス事業者財産）
②灯外内管：敷地境界線からメータガス栓まで（居住者財産）
③灯内内管：メータガス栓からガス栓まで（居住者財産）
　　　　　　ただし，ガスメータは貸与品

図2・46　低圧導管からガス栓までの所有区分

（3）　密閉式ガス機器

室内空気を一切使用しないため，室内汚染の恐れもなく衛生的である。給排気方式には，自然通気力による場合（**自然給排気式バランス式；BF式**）と機械通風の場合（**強制給排気式；FF式**）がある。排気筒の周囲は，給排気に支障がない状態にしなければならない。図2・47のように，ガス機器本体および排気トップ（頂部）周辺の離隔距離に関する規定の一部を示す。

（4）　屋外用ガス機器

屋外設置方式は，ガス消費量の多い大型給湯機や暖房用熱源機などに適している。

（a）片廊下設置（標準設置）　　　　（単位　mm）

（b）アルコーブ設置　　　（c）強制給排気（FF）式の設置例

図2・47　熱源機設置基準の一部

表 2・18　ガス機器と給排気の分類と特徴

屋内設置	開放方式	開放方式 (Open Flued)	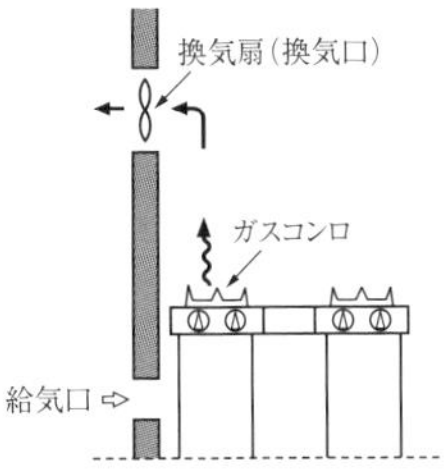	・機械換気の場合は，換気扇と給気口を設ける。 ・自然換気の場合は，天井に近い位置に容易に開放できる換気口を付ける。
	半密閉燃焼式	自然排気方式 (CF方式：Conventional Flue)	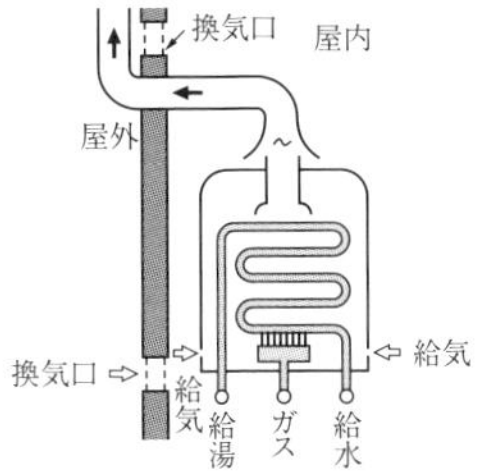	・排気管と上下2箇所の換気口が必要である。 ・燃焼後の排気ガスは，排気管から屋外に送り出す。
		強制排気方式 (FE方式：Forced Exhaust Flue)	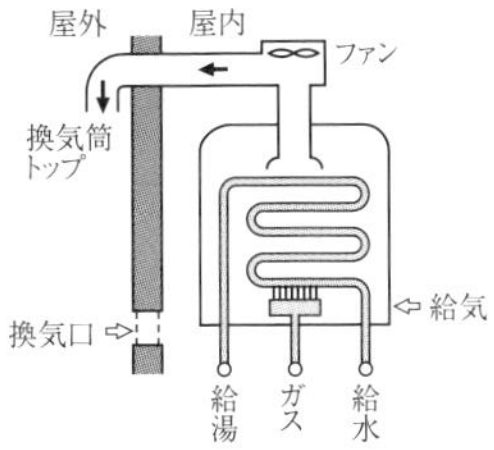	・燃焼には室内の空気を使い，排気はファンで屋外に排出する。 ・必ず換気口が必要である。
	密閉燃焼方式	自然給排気方式 (BF方式：Balanced Flue)	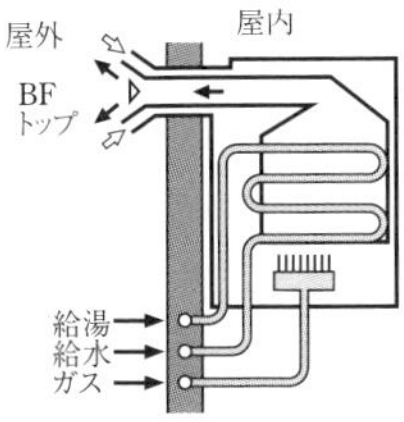	・給排気筒を外気に接する壁を貫通して屋外に出し，自然通気力によって給排気を行う。
		強制給排気方式 (FF方式：Forced Draught Balanced Flue)	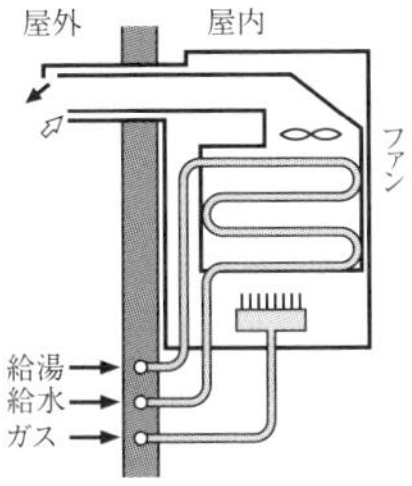	・給排気筒を外気に接する壁を貫通して屋外に出し，給排気用ファンにより強制的に給排気を行う。 ・BF式に比べ，壁開口面積が約1/5でよいため，寒冷地に適する。
屋外設置		屋外設置方式 (RF方式：Roof Top Flue)	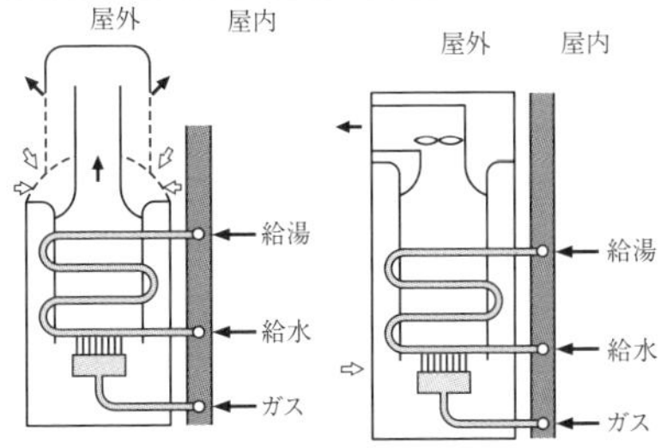	・屋外に設置するので，給排気工事の必要がない。 ・最近では，寒冷地以外では原則としてこの形式を用いる。

⇦給気，　◀排気

2・4・4　ガ ス 配 管

　都市ガスの場合のガス設備の配管や工事は，ガス事業法によるガス会社または，指定工事店しか施工できない。

　ガス管は，道路に埋設するガス導管には鋳鉄管，鋳鋼管が用いられるが，敷地内や建物内では，炭素鋼鋼管を主にガス用ポリエチレン管，可とう性のあるガス用ステンレス鋼フレキシブル管が用いられる。

　戸建住宅，集合住宅（専用部）のガスメータ（図2・48）の多くは，ガス漏れなどの事故を防止することを目的に開発されたマイコンメー

図2・48　戸建住宅・集合住宅（専用部）のガスメータ[注1] である。

コラム6　バイオマスとエネルギー利用

　未利用エネルギーの活用方法に，バイオマスエネルギーの利用がある。バイオマスとは，エネルギーや製品として再生可能な生物由来の有機物資源であり，具体的には食品廃棄物，下水汚泥，家畜のふん尿，間伐材などである。図1は下水処理場，食品工場の例であるが，下水汚泥などを消化槽などでメタン発酵させて得られたバイオガスをボイラー，ガスエンジンを動かすためのエネルギーとなる電気や熱に変換して再利用している。季節や時間によって発生量が変動するバイオガスに都市ガスを混合することで，安定した燃料として利用できる。資源の枯渇化とリサイクル利用まで考えると，これから

大切な技術となる可能性を含んでいる。図2は，ヨーロッパでの下水処理場でのメタンガス貯留タンクの例である。

図2　下水処理場でのバイオガスタンクの例（ベルギー）

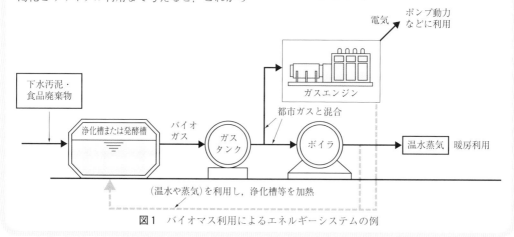

図1　バイオマス利用によるエネルギーシステムの例

注1)　マイコンメータ：コンピュータを内蔵した安全機能付きのガスメータで，火の消し忘れやガスホースの破損によってガスが流れ続けるとマイクロコンピュータが異常を判断してガスの流れを止める装置。

2・5　排水・通気設備

2・5・1　排水・通気設備の目的

　排水・通気設備の目的は，汚物などを含む生活排水を円滑に建物，敷地内から排出させること，さらに，排水によって，後述する建物内の衛生器具や敷地内要所に設置されたトラップの封水を破らないことである。

2・5・2　排水の種類と排水方式

　建物および敷地内の排水は，汚水，雑排水，雨水，湧水，特殊排水に分けられる。

　建物内，敷地内でいう**汚水**は，大小便器およびこれに類する汚物流しなどの器具から排出される排水をいう。同じように，**雑排水**は，汚水を排出する以外の器具から排出される排水をいい，例えば，洗面器，台所流し，浴槽からの排水がこれにあたる。屋根および敷地に対する降雨水を**雨水**，建物の地下外壁や床からの浸透水を**湧水**という。また，一般の排水系統や下水道に直接排出できない有害，有毒，危険な性質をもった排水を**特殊排水**といい，工場排水や放射能を含んだ排水がこれにあたる。

　排水方式は，先に述べた各種排水をどのように組み合わせて排水系統を計画するかによって表2・19のように分類される。

　排水方式には，**合流式**と**分流式**があるが，建物内・敷地内排水と公共下水道排水では，その内容が異なるので注意を要する。特に，公共下水道では，汚水と雑排水の中に雨水を入れる場合を合流式，入れない場合を分流式という。それに対して，建物内・敷地内排水では，汚水と雑排水を分けて排水する場合を分流式，一緒に排水する場合を合流式といい，雨水排水を含め

表2・19　排水方式の分類

方　式	建物内排水系統	敷地内排水系統	下　水　道
合流式	汚水＋雑排水	汚水＋雑排水	汚水＋雑排水＋雨水
		雨　水	
分流式	汚　水	汚　水	汚水＋雑排水
		雑排水	
	雑排水	雨　水	雨　水

注　この表の汚水は大小便器などから排出される排水で，建築設備で一般に使用されている用語である。しかし，建築基準法や下水道法でいう汚水は，表中の汚水・雑排水を含めたもので，雨水を除く生活・事業に起因する排水をいう。

ない。

　また，公共下水道が整備されていない地域では，建物内排水は**浄化槽**で処理を行ったのち，河川，湖沼，港湾，沿岸海域などの**公共用水域**に放流する。

2・5・3　トラップ

(1)　トラップの機能と種類

　トラップは，下水からの臭気や害虫などが室内に侵入することを防止する目的で，各衛生器具の排水口の付近に設置されている。その一般的な構造を図2・49に示す。水がたまっている部分を**封水**と呼び，その排水トラップの深さ[注1]

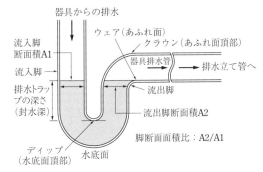

図2・49　トラップの一般的構造

注. 封水深は，ディップからウェアまでの垂直距離をいう。

注1)　建設省告示第1597号，国土交通省告示第243号：排水トラップの深さ（排水管内の臭気，衛生害虫等の移動を防止するための有効な深さをいう。）を封水深ともいう。

（封水深）は建築基準法により 50 mm 以上〜100 mm 以下と定められている。また，図2・50 に一例を示すように，業務用調理室，理髪店，歯科医院等では，油分（グリース），毛髪，石こうなどの排水を含むため，それらの物質の流下を阻止，分離，収集し，残りの水液のみを排水する目的で**阻集器**を設置する。阻集器には，阻止，分離，収集するものによって業務用厨房用のグリース阻集器，自動車の修理加工場でのガソリン・油類用のオイル阻集器，歯科技工室・外科ギプス室から出るプラスタ，貴金属用のプラスタ阻集器，美容室などの毛髪阻集器などがある。その出口側にもトラップ機構を設ける必要があり，建築基準法ではトラップの封水の深さ（封水深）を 50 mm 以上とされている。トラップの封水部の水深が封水深より小さくなり，やがて水面がディップより低くなり臭気が室内に侵入する状態を**破封**という。

トラップには，図2・51 の種類のものがある。トラップは，各衛生器具の設置される系統に1個設置され，2個以上設置することを**二重トラップ**といい，封水や排水の流れに悪影響を及ぼすので禁止されている。図2・52 に二重トラップの例を示す。

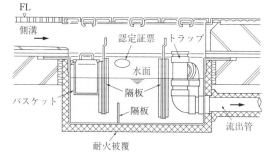

図2・50　阻集器の例（オイル阻集器）

（2）　トラップの破封原因と防止対策

トラップが破封する原因を図2・53 に示す。

（a）　自己サイホン作用

排水が衛生器具の器具排水管を満流で流れる場合に，サイホンの原理によって封水が吸引され残留封水がなくなり，空気が通過する現象をいう。例えば，洗面器を溜め洗いで使用し一気に排水するとボコボコ音を伴いトラップが破封する現象がこれにあたる。防止策として，器具排水管以降を拡径したり付近の排水管に通気管を設置する。

（b）　誘導サイホン作用

排水立て管に多量の排水が流れ込むと配管内に大きな圧力変動が生じ，破封現象が起こることをいう。

特に，排水された直下階付近では負圧が

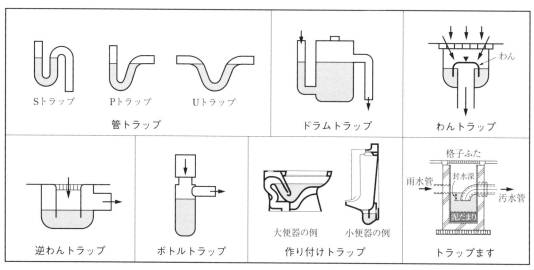

図2・51　トラップの種類と特徴

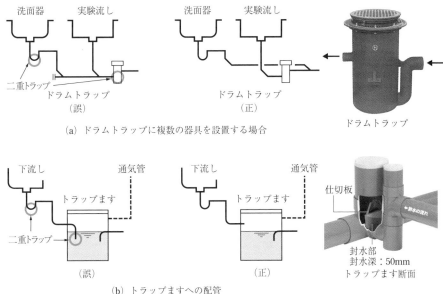

図2・52　二重トラップ（誤）と正しい接続方法の例

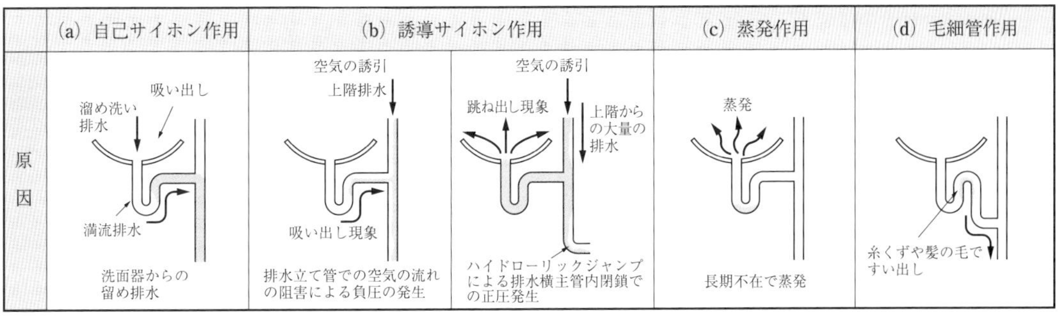

	(a) 自己サイホン作用	(b) 誘導サイホン作用		(c) 蒸発作用	(d) 毛細管作用
原因	洗面器からの留め排水	排水立て管での空気の流れの阻害による負圧の発生	ハイドローリックジャンプによる排水横主管内閉鎖での正圧発生	長期不在で蒸発	糸くずや髪の毛ですい出し

図2・53　トラップ破封の現象

発生し封水の**吸い出し現象**が，最下階付近では，排水立て管から排水横主管へ流入した排水がジャンピング現象（ハイドローリックジャンプ）によって排水横主管を閉塞するため空気の逃げ場がなくなり，正圧による封水の**跳ね出し現象**が起こる。防止策としては，図2・54の系統図のように，通気管を各所に正しく設置することである。また，設置されるトラップの圧力変動に耐えうる性能（**封水強度**と呼ぶ）を強化する。

一般に，図2・49のトラップの脚断面積比（流出脚断面積／流入脚断面積）が大きいほうが封水強度は大きく破封しにくいこ

とが知られており，その値が1.0より小さいものはできるかぎり使用しない。

（c）　蒸　発　作　用

掃除用の排水口，別荘・マンションの空室などに設置され使用頻度の少ないトラップは，蒸発により封水損失を生ずる。防止策としては，封水補給装置を設置するか，排水口にプラグを設置する。

（d）　毛細管作用

トラップのあふれ面に糸くずや髪の毛が引っ掛かると，毛細管作用で徐々に封水が減少して行く現象をいう。防止策としては，トラップ内を洗浄すること，内面を平滑に

すること，糸くずが多い場合は毛髪阻集器
を設けることである。

2・5・4　排水配管

　図2・54に，建物内の排水・通気配管の一例
を示す。おもな配管部位については，以下に述
べる。

1)　**器具排水管**　　衛生器具に付属するか，
内蔵されるトラップに接続される排水管で，
トラップから他の排水管までの管の配管を
いう。

2)　**排水横枝管**　　器具排水管からの排水を
排水立て管に導く配管をいう。固形物を配
管内に堆積させずに円滑に流れるように，
排水流速を0.6〜1.5 m/sで流下させる必
要がある。そのために，管径別に表2・20
の最小勾配を定めている。

3)　**排水立て管**　　排水横枝管からの排水を
垂直方向に流し，排水横主管まで導く排水
管をいう。また，建物の下階にピロティや
駐車場がある場合，そこを排水立て管が通
過する際には水平移動し経路を変更する。
これを**オフセット配管**（図2・55）という。

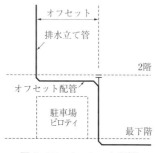

図2・55　オフセット配管

4)　**排水横主管**　　排水立て管に接続される
水平配管で，実務上は下階で発生する正圧
を緩和させトラップ破封を防ぐ目的から，
排水立て管径より1サイズ大きな管径を選
択する。管径ごとの最小配管勾配は，2)
排水横枝管の場合と同じように，表2・20

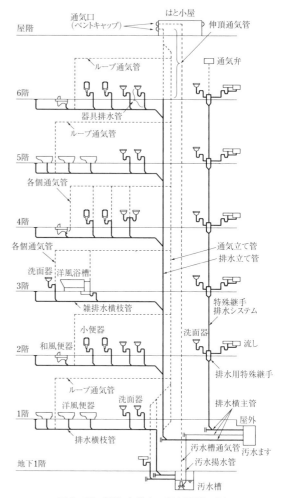

図2・54　建物内排水・通気配管の例

（空気調和・衛生工学会「給排水衛生設備　計画設計の実務
の知識」2001（オーム社）より作成）

表2・20　排水横枝管・排水横主管の最小勾配

管径〔mm〕	勾　配
65以下	最小1/50
75，100	最小1/100
125	最小1/150
150〜300	最小1/200

（空気調和・衛生工学会「SHASE-S206-2000
給排水衛生設備規準・同解説」より作成）

にならって設計する。

5)　**伸頂通気管**　　排水立て管の頂部に設置
する通気管をいい，原則として排水立て管
径に対し縮径することなく立ち上げ大気に
開放する。頂部には，ベントキャップと呼

ばれる金具を取り付ける。最近では，図2・56のように大気に開放することなく屋内で処理ができる**通気弁**も採用されている。

6)　**通気立て管**　各階の排水横枝管の通気を行うための主管で，排水立て管の基部から取り出し，伸頂通気管に接続，または大気に開放する。

7)　**各個通気管**　図2・57のように，各衛生器具からの排水管にそれぞれ接続する通気管で，その器具の**あふれ縁**より150 mm以上立ち上げて通気立て管に接続する。

8)　**ループ通気管**　図2・58のように，2個以上の器具の接続された排水管から立ち上げた通気管で，最上流の器具排水管が排水横枝管に接続する点のすぐ下流から立ち上げて通気立て管に接続する。

9)　**敷地排水管**　図2・59のように，建物内からの排水を敷地外の下水道へ導く水平

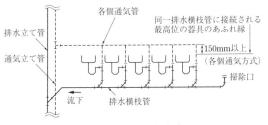

図2・56　通気弁の作動原理

配管であり，点検や清掃ができるように，**汚水排水ます（インバートます）**（図2・60）を設置する。汚水用の排水ますには，汚物や固形物が停滞しないように底部に排水溝（**インバート**）を設ける。排水の流入管と流出管に落差がある場合には，ドロップますを設置する。排水ますを設置する位置は，

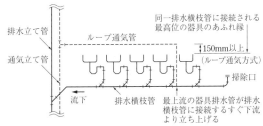

図2・57　各個通気方式

図2・58　ループ通気方式

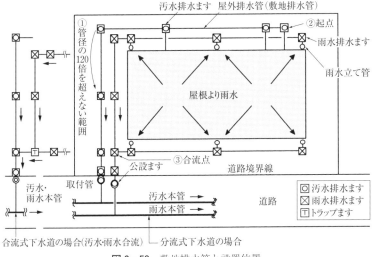

図2・59　敷地排水管と設置位置

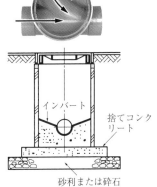

図2・60　排水ます（インバートます）

図2・61　清掃口の例と清掃作業（高圧洗浄）（写真提供：(株)小島製作所）

以下の①～④の箇所である。

① 配管内径の120倍を超えない範囲内

② 敷地排水管の起点

③ 敷地排水管の合流箇所および方向変換箇所

④ その他（勾配が著しく変化する箇所，新設管と既設管の接続箇所，清掃・点検などが必要な箇所）

10) **掃除口**　図2・61に掃除口の例を示す。設置位置は，以下のような箇所である。

① 排水横枝管，排水横主管などの横管の起点

② 横管は管径100 mm以下では15 m以内，100 mmを超える場合は30 m以内ごと

③ 排水管が45°を超える角度で方向を変える箇所

④ 排水立て管の最下部またはその付近

⑤ 3～4階間隔の排水立て管上

⑥ 排水横主管と敷地排水管の接続箇所に近い箇所

掃除口の大きさは，排水管径100 mm以下では同一口径，100 mm以上では100 mmより一般に小さくしないようにする。

現在は，図2・61のように，噴射ノズルから高圧の水を出し洗浄する高圧洗浄方式が用いられることが多い。

2・5・5　排水ポンプと排水槽

排水槽は，貯留する排水の種類によって汚水，雑排水，湧水，雨水槽などに分けられる。排水槽と排水ポンプの設置例を図2・62に示す。

2・5・6　通　気　方　式

表2・21に各種通気方式の系統図を示す。

(1)　伸頂通気方式

伸頂通気方式は，排水立て管の頂部に伸頂通気管のみを設置した排水方式で，戸建住宅や，排水立て管に設置される衛生器具の少ない低層建物，大便器などの単独排水系統の排水管で採用されている。

(2)　ループ通気方式

ループ通気管を用い，排水横枝管に接続され

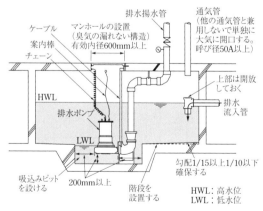

図2・62　排水槽と排水ポンプの設置例

表 2・21 各種通気方式

伸頂通気方式	ループ通気方式	各個通気方式	特殊継手排水システム

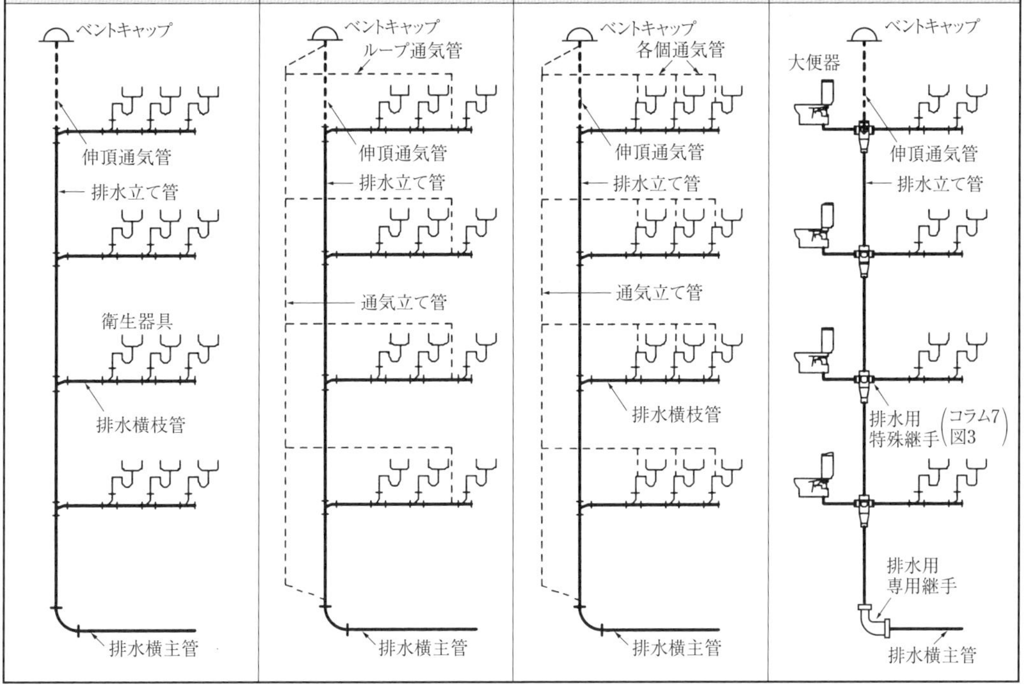

た衛生器具のトラップを保護する最も効果的な方法である。わが国の事務所ビル等の一般建築で最も採用されている方法である。

(3) 各個通気方式

各個通気管を設置し，ループ通気管よりさらに安全性を高めた通気方式で，自己サイホン作用の防止にも有効である。米国で採用されている排水方式である。

(4) 特殊継手排水システム

伸頂通気方式の一種で，排水立て管への流入部の抵抗を小さくし，排水管の排水の流下速度を減速させ，排水管に生ずる管内圧力を小さく抑える工夫をしたものである。排水横枝管の接続口が複数設置されているため，複数の衛生器具からの合流排水へも対応できるので，高層や超高層の集合住宅，ホテルを中心に採用されている。

2・5・7 間接排水

飲料水・飲食物を扱う機器や医療用器具などの排水口を有する機器・装置などは，一般排水系統に詰まりが生じた場合に排水が逆流したり，トラップが破封して起こる下水ガスの逆流や，衛生害虫の侵入を防止するために，図2・63のように排水系統と一部縁を切る。これを間接排水とする。そのため，表2・22に示す**排水口空間**を設ける[注1]。水泳プール自体の排水管，周辺のオーバーフロー口からの排水なども間接排水とする。

2・5・8 雨水排水設備

図2・64に，建物の雨水排水系統図を示す。

(1) 屋根排水と雨水排水管

屋上屋根面，バルコニーなどに降った降雨水は，ルーフドレン（図2・65）で集水し，雨水立て管に流入する。地上面より低い位置にあるドライエリアの雨水は，自然勾配では雨水排水

注1) 例えば，洗濯機のように「排水口空間」を確保することが，建築的に困難な機器は，水跳ねが起こらないように，かつ排水が逆流しないように，できるだけ浅い位置で水受け容器に開放する「排水口開放」とする（図2・63右）。

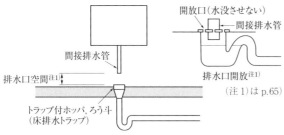

図2・63　間接排水の配管方法の例（排水口空間と排水口開放）

間接排水管の管径〔mm〕	排水口空間〔mm〕
25 以下	最小 50
30～50	最小 100
65 以上	最小 150

表2・22　排水口空間

注. 各種の飲料用貯水槽などの間接排水管の排水口空間は，この表にかかわらず最小150mmとする。

ますなどへ排水できないので一旦，雨水貯留槽に留め，排水ポンプで排水する。建物内において，雨水排水立て管と一般排水の排水立て管・通気立て管とを兼用させると，排水管が詰まった場合に雨水が衛生器具から室内に浸入する危険性があり，兼用させてはならない。建物内の雨水排水管は，一般の排水系統とは別系統とし，原則として屋外の排水ます（トラップます）で合流させる。

（2）　ルーフドレン

屋根面やバルコニーの雨水を集水して，雨水排水管に導くためのもので，ストレーナや排水口の形状もさまざまなものがある。

排水口は，落葉やごみが詰まり機能を損なわないように，定期的に清掃する必要がある。万一の目詰まりの備え，余分に排水立て管を設置したり，建築的にあふれ箇所にオーバーフロー穴を設けるなどの対策を講じておく。

（3）　トラップますと雨水ます

図2・59に示したように，雨水ますは排水ま

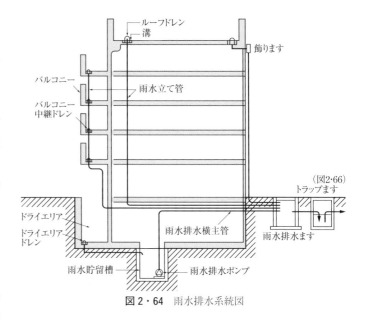

図2・64　雨水排水系統図

すと同じように敷地内に設置するが，排水ますが円滑に排水を排除させるためにインバートを設けるのに対し，図2・66（b）のように，雨水ますは雨水中に混在する泥などが配管内に流れ込まないようにするために，150mm以上の**泥だまり**を設け，また，流入配管と流出配管で20mm程度の差をつけるようにする。

ルーフドレンにはトラップ機能がないため，

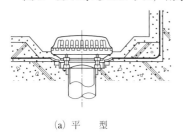

(a)　平　　型

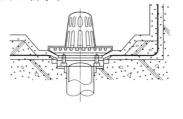

(b)　ドーム型

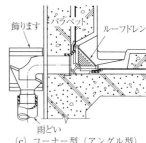

(c)　コーナー型（アングル型）

図2・65　ルーフドレンの種類
（㈱長谷川鉄工所カタログより作成）

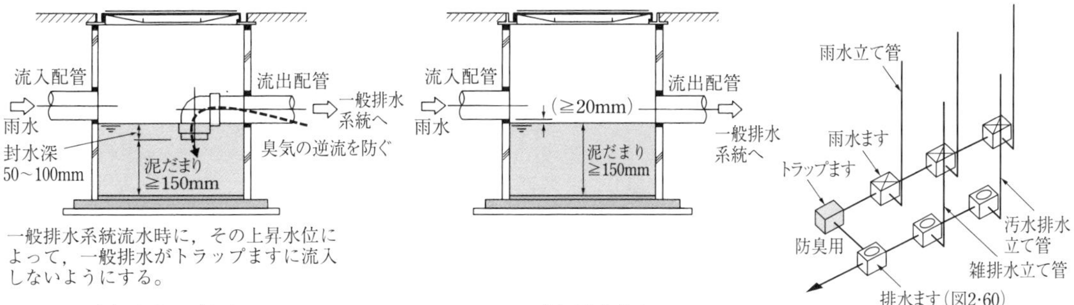

一般排水系統流水時に，その上昇水位に
よって，一般排水がトラップますに流入
しないようにする。

(a) トラップます   (b) 雨水ます   (c) トラップますの設置方法

図2・66 雨水排水ます

雨水排水系統に排水管や下水道からの臭気が侵
入するのを防ぐようにする。雨水排水管を一般
系統の敷地排水管に合流させるためには，ト
ラップ機能のあるトラップます（図2・66 (a)，
(c)）を設置し，臭気が逆流するのを防ぐ。

（4） 雨量と雨水排水立て管と排水横主管の径

雨水排水管の管径を求めるための雨量は，各
地域に降った過去最大雨量の1時間値または

10分間値を基準としている（表2・23）。通常，
1時間値を用い，雨水立て管，排水横主管が受
け持つ屋根面積を求め，表2・24 (1)，(2)の数値
よりそれを満足する許容最大屋根面積の管径を
求める。ただし，表2・24 (1)，(2)の許容最大
屋根面積は，雨量 100 mm/h を基準として算
出されているので，それへの換算を行う（例題
10参照）。

表2・23 各地の最大雨量

	1時間値〔mm〕	10分間値〔mm〕
札 幌	50	19
仙 台	94	30
東 京	89	35
横 浜	92	39
名古屋	92	29
大 阪	78	25
福 岡	97	24
那 覇	111	30

表2・24 雨水立て管の管径

(1) 雨水排水立て管

管径〔mm〕	許容最大屋根面積〔m²〕
50	67
65	135
75	197
100	425
125	770
150	1250
200	2700

□ の数値は，例題10で
使用。

(2) 雨水排水横主管

管径〔mm〕	許容最大屋根面積〔m²〕 配管勾配				
	1/25	1/50	1/75	1/100	1/125
65	137	97	79	—	—
75	201	141	116	100	—
100	—	306	250	216	193
125	—	554	454	392	351
150	—	904	738	637	572
200	—	—	1590	1380	1230
250	—	—	—	2490	2230

例題 10

最大降雨量 92 mm/h（横浜）で，屋根面積 250 m² の雨水排水立て管，雨水排水横主管（勾配
1/125）の管径を求めよ。

【解説】 降雨量 100 mm/h に換算した屋根面積

$$=（各地域の受け持つ屋根（面積））× \frac{各地域の最大降雨量〔mm/h〕}{100〔mm/h〕}$$

より $250〔m²〕× \dfrac{92〔mm/h〕}{100〔mm/h〕} = 230〔m²〕$

よって，表2・24 (1) より，雨水排水立て管径は，満足する許容最大屋根面積より 100 mm
（425 m² 以内）となる。また，雨水排水横主管径は，表2・24 (2) より 1/125 勾配であれば，
許容最大屋根面積 351 m² となり 125 mm と決定する。

（a）ST継手　　　（b）Y継手　　　（c）TY継手　　　（d）大曲がり90°ベント　　→：流れの方向

図2・67　排水管用継手

2・5・9　排水配管材料

　排水管には，耐食性に優れた排水用鋳鉄管，それより軽い排水用硬質塩化ビニルライニング鋼管がある。また，樹脂管として硬質塩化ビニル管や外面を繊維モルタルで覆った排水用耐火二層管などがある。

　継手は，図2・67のように，排水を円滑に流すように角度のついたST継手，Y継手，TY継手や大曲がり90°ベントなどが用いられる。

2・5・10　排水通気管の管径計算

　わが国の配管決定方法では，アメリカのNPCで採用されている「器具排水負荷単位法」と，空気調和・衛生工学会のSHASE-S 206で提案されている「定常流量法」が知られている。ここでは，特に事務所ビルなどの一般建築で用いられることが多い，**器具排水負荷単位法**について説明する。

（1）　管径決定の原則

①　管径縮小の禁止

　排水管は給水管と異なり，排水立て管，排水横管いずれの場合でも，排水の流下方向で管径を縮小してはならない。

②　排水管の最小管径

　排水管の管径は最小30 mmとし，表2・25に示すトラップ最小口径より小さくしてはならない。

③　地中埋設管の管径

　地中埋設の排水管は，50 mm以上とすることが望ましい。

④　排水立て管の管径

　排水立て管は，どの階においても，最下階の最も大きな排水負荷を負担する部分の管径と，同一管径でなければならない。下流にいくほど管径が大きくなっていく，いわゆる「たけのこ配管」としてはならない。

⑤　通気管の管径

・通気管の最小管径は30 mmとする。ただし，排水槽に設ける通気管の最小管径は50 mmとする。

・ループ通気管の管径は，排水横枝管の通気立て管のうち，いずれか小さいほうの管径の1/2より小さくしてはならない。

・伸頂通気管の管径は，排水立て管より小さくしてはならない。

・各個通気管の管径は，それが接続される排水管の管径の1/2より小さくしてはならない。

・排水管には，適切な位置に掃除口を設置する。

（2）　管径計算の手順

　排水通気管の管径を決定する場合には，以下の手順で排水負荷を計算し決定する。

①　設置器具の器具排水負荷単位を決定する（表2・25より）。

②　排水系統での器具排水負荷単位の累計を算出する。

③　排水横枝管，排水立て管の管径を決定

・上記の器具排水負荷単位の累計＜許容排水負荷単位となる管径を選択する（表2・26より）。

④　排水横主管，敷地排水管の管径を決定

表 2・25　各種衛生器具などの器具排水負荷単位数（2-3）などより一部抜すい）

器　具　名	トラップの最小口径〔mm〕	器具排水負荷単位数	器　具　名	トラップの最小口径〔mm〕	器具排水負荷単位数
大便器（私室用）	75	4	連立シャワー（ヘッド1個当たり）		3
（公衆用）	75	6, 8*	掃除流し（台形トラップ付）	65	2.5
小便器（壁掛け小型）	40	4		75	3
（ストール大型）	50	4, 5*	洗濯流し	40	2
洗面器	30	1	掃除・雑用流し（Pトラップ付）	40～50	2
洗面器（並列式）	40	2			
手洗器	25	0.5	洗濯機（住宅用）	50	3
手術用洗面器	30	2	（営業用）	50	3
洗髪器	30	2	連合流し	40	2
水飲み器または冷水機	30	0.5	床排水	40	2
浴　槽（住宅用）	30, 40	2		50	3
（洋風）	40, 50	3		75	5
囲いシャワー	50	2			

*　集中使用（または使用が多い場合）に用いる。

表 2・26　排水横枝管および立て管の許容最大排水負荷単位数[1]（2-3）などより一部抜すい）

管径〔mm〕	受持ち得る許容最大排水単位数			
	排水横枝管	3階建またはブランチ間隔3を有する1立て管	3階建を超える場合	
			1立て管に対する合計	1階分または1ブランチ間隔の合計
30	1	2	2	1
40	3	4	8	2
50	6	10	24	6
65	12	20	42	9
75	20[2]	30[4]	60[4]	16[3]
100	160	240	500	90
125	360	540	1100	200
150	620	960	1900	350

注1)　伸頂通気管方式，特殊継手排水システムには適用できない。
2)　排水横主管の排水横枝管は含まない。
3)　大便器2個以内のこと。　4)　大便器6個以内のこと。
5)　ブランチ間隔は例題11参照。

表 2・27　排水横主管および敷地排水管の許容最大排水負荷単位数[1]（2-3）などより一部抜すい）

管径〔mm〕	排水横主管および敷地配水管に接続可能な許容最大排水単位数			
	勾　配			
	1/200	1/100	1/50	1/25
50			21	26
65			24	31
75		20[2]	27[2]	36[2]
100		180	216	250
125		390	480	575
150		700	840	1000
200	1400	1600	1920	2300
250	2500	2900	3500	4200
300	3900	4600	5600	6700

注1)　伸頂通気管方式，特殊継手排水システムには適用できない。
2)　大便器2個以内のこと。

表 2・28　通気管の管径と長さ

汚水または雑排水管の管径近似〔mm〕	排水単位	通 気 管 の 管 径						
		近似〔mm〕	近似〔mm〕	近似〔mm〕	近似〔mm〕	近似〔mm〕	近似〔mm〕	近似〔mm〕
		30	40	50	65	75	100	125
		通 気 管 の 最 長 距 離〔m〕						
30	2	9						
40	8	15	45					
40	10	9	30					
50	12	9	22.5	60				
50	20	7.8	15	45				
65	42	－	9	30	90			
75	10	－	9	30	60	180		
75	30	－	－	18	60	150		
75	60	－	－	15	24	120		
100	100	－	－	10.5	30	78	300	
100	200	－	－	9	27	75	270	
100	500	－	－	6	21	54	210	
125	200	－	－	－	10.5	24	105	300
125	500	－	－	－	9	21	90	270
125	1100	－	－	－	6	15	60	210

上記4つの表の　　印の数値は，例題11で使用。

（空気調和・衛生工学会「空気調和・衛生工学便覧　昭和39年中巻」1964より作成）

・上記③と同様に，許容排水負荷単位を満たす管径を求める（表2・27より）。

⑤　通気管の管径決定計算

・排水管の受け持つ器具排水負荷単位数と通気管長さを求め，管径ごとに決まっている通気管の最長距離以内に入るように管径を決定する（表2・28より）。

例題 11

図2・68 は，事務所ビルの排水通気システムの系統図の一例である。図中に示す排水横枝管，排水立て管，排水横主管（1/100勾配），ループ通気管，通気立て管の管径を求めよ。ブランチ間隔・ブランチ数は12とする。

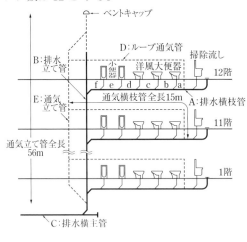

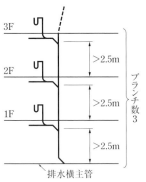

ブランチ間隔説明図
ブランチ間隔とは，排水立て管に接続している各階の排水横枝管または排水横主管の間の垂直距離が2.5mを超える排水立て管の間隔をいう。

図2・68

【解説】

表2・25 より，器具排水負荷単位は，掃除流し2.5，大便器（公衆用）6，小便器（ストール型）4 として計算する。計算結果は，表2・29 に示す。

表2・29　管径計算結果

管記号		合計器具排水負荷単位	管径〔mm〕	備　考
A：排水横枝管	a	2.5	65 (100)	表2・25，表2・26の排水横枝管の許容最大排水単位未満で決定する。aは計算上40 mm，しかし表2・25のトラップ最小口径以上より65 mm。同様にbも計算上65 mm，しかし表2・25より75 mm。cは計算上75 mm。また，表2・26注3）より大便器2個以内まで75 mmであるが，この系統には3個設置されている。よって，実用上はa〜f区間は全て100 mmを採用する。
	b	2.5＋6＝8.5	75 (100)	
	c	2.5＋6×2＝14.5	75 (100)	
	d	2.5＋6×3＝20.5	100	
	e	2.5＋6×3＋4＝24.5	100	
	f	2.5＋6×3＋4×2＝28.5	100	
B		排水立て管Bの受持つ器具排水負荷単位＝28.5×12＝342	100	表2・26の排水立て管の許容最大排水単位未満で決定する。100 mm径の立て管では，最大許容排水負荷単位500未満
C		排水横主管Cの受持つ器具排水負荷単位＝342	125	表2・27の排水横主管の許容最大排水単位未満で決定する。125 mm径の排水横主管（1/100）では，最大許容排水負荷単位390未満
D		通気横枝管Dの受持つ器具排水負荷単位＝28.5	65	表2・28より排水横枝管径100 mm，排水負荷単位100未満で，ループ通気管長が15 mであるので，30 m未満となり65 mm
E		通気立て管Eの受持つ器具排水負荷単位＝342	100	表2・28より排水立て管径100 mm，排水負荷単位500未満で，通気立て管長が56 mであるので，210 m未満となり100 mm

コラム7	**SARS とトラップの破封**

2003 年春，香港の集合住宅アモイガーデンの住民が SARS*（重症急性呼吸器症候群）に感染した報道は世界中を震撼させた（図1）。

香港政府の調査結果では，感染ルートの一つに下水から排水管を通り室内に侵入したとの可能性が高いことが指摘されている。

図2のように，吹抜け空間（ライトコート）には近隣住戸の窓面と換気扇が設置されていた。室内設置のトラップ封水の破封によって，下水道より SARS 菌を含む汚染ガスが室内へ侵入し換気扇，吹抜けを通し，他室へ伝わったものと推察される。

封水強度が高く，安全性の高いトラップの開発とともに，図3に示すように，高層・超高層の集合住宅では，従来の伸頂通気方式より，継手部に工夫を加え流水を減速させ，通気の流通をしやすくし管内圧力を小さく抑え，トラップ破封を防ぐために表2・21の特殊継手排水システムが開発されている。

図1 SARS 感染防止マスク姿の市民

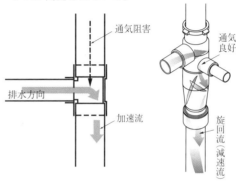

伸頂通気方式 特殊継手排水システム

図3 伸頂通気方式と特殊継手システムの性能比較

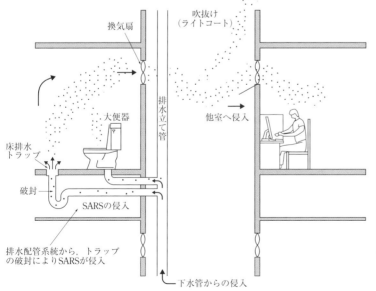

図2 アモイガーデンでの SARS の感染ルート

アモイガーデンのライトコート（香港）

＊ SARS：Serere Acute Respiratory Syndrome の略。

2・6　排水処理設備

2・6・1　排水処理設備の目的

　生活排水は，終末処理場を有する公共下水道へ排水するのが望ましい[注1]。しかし，公共下水道が整備されていない地域では，浄化槽を設けて処理し，衛生上支障がない水質までに浄化して，河川，湖沼，海などの公共用水域に放流するための排水処理設備が必要である。

2・6・2　排水の汚染度の評価手法

　排水がどの程度汚れているかを示す主な指標として，以下のような項目がある。

1)　**pH**　　水素イオン指数で水が酸かアルカリを示し，pH＝7付近で中性，pH＜7で酸性，pH＞7でアルカリ性を示す。生物化学処理には pH が 6.5〜7.5 の間にあることが必要である。

2)　**SS**[注2]　　汚水に含まれる浮遊物質量の

ことである。水の濁り具合を示す指標で，浮遊物質量を示す。単位は mg/l で表し，以下 2)，3)，4)，5)，6) も同様である。

3)　**COD**　　化学的酸素要求量（Chemical Oxygen Demand の略）である。汚水中の有機物を 100℃ で酸化するのに必要な酸素量である。過マンガン酸カリウムなどの酸化剤を用い，BOD より容易に測定できる方法である。

4)　**BOD**　　生物化学的酸素要求量（Biochemical Oxygen Demand の略）のことである。水中の有機物が好気性微生物によって，生物化学的に分解される際に消費される酸素の量である。水中の分解可能な有機物が，溶存酸素の存在下で 20℃ で 5 日間に好気性微生物によって消費される酸素量 mg/l で表す。この値が大きいほど汚

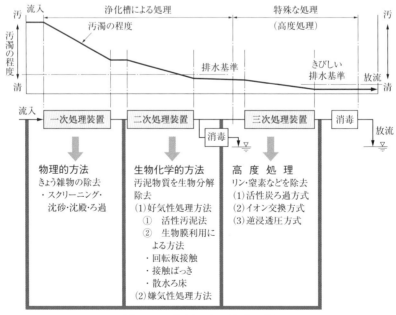

図2・69　排水処理の分類と工程

注1)　平成 30（2018）年末の全国の下水道普及率は 79.3%（下水道利用人口／全人口）である。
注2)　Suspended Solid

染度は高い。

5)　**DO**　　水中に溶解している酸素の量（Dissolved Oxygen の略）である。この値の高い排水は，自浄作用が大きいことを示す。

6)　**ノルマルヘキサン抽出物質**　　厨房からの排水中に含まれるグリースや油状物質などの油脂類をいう。

2・6・3　排水処理方法の分類と特徴

排水処理方法には一般に，段階的に一次処理，二次処理，三次処理（高度処理）がある。図2・69に，排水処理の分類と工程を示す。

(1)　一 次 処 理

物理的処理方法ともいい，スクリーニング，沈砂，沈殿などにより，生活排水中のさまざまなきょう雑物や粒子を除去する方法をいう。

(2)　二 次 処 理

生物化学的方法ともいい，生活排水中の有機物を栄養源として微生物に与え，その代謝作用で有機物を分解させて排水処理する方法である。その方法には，好気性処理方法と嫌気性処理方法がある。

(a)　好気性処理方法

排水中の酸素を取って生きている好気性微生物によって有機物を酸化分解する方法で，図2・70のように，活性汚泥法と生物膜法がある。

活性汚泥法は，有機物で汚染された排水に空気を送り込むと好気性微生物が有機物を食べて増殖していき，このかたまり（活性汚泥）を利用して酸化を進める方法である。

生物膜法は，ろ材などの接着剤の表面に精製する好気性微生物の膜を利用して，生活排水の中の有機物を吸着して酸化するものである。生物膜法には，接触ばっ気方式，散水ろ床方式，回転板接触方式などがある。

(b)　嫌気性処理方法

酸素のないところで生存する嫌気性微生物を利用して，生活排水中に含まれる有機物を分解する。腐敗作用，消化作用とも呼ばれ，有機物を炭酸ガスやメタンガスなどに変えて浄化する方法で臭気が発生し，温度の影響を受けやすい。

(3)　三 次 処 理

二次処理後に，残存しているリン・窒素・浮遊物・有機物・無機塩類などを除去する処理をいう。**高度処理**ともいう。

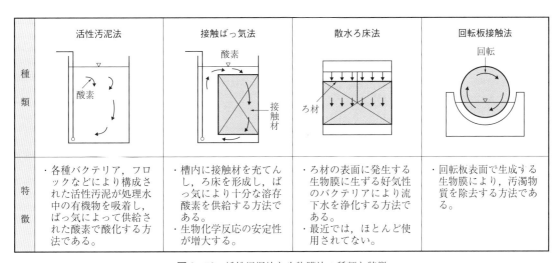

図2・70　活性汚泥法と生物膜法の種類と特徴

2・6・4 浄化槽の性能と容量算定

浄化槽を大別すると，**単独処理浄化槽**[注1] と **合併処理浄化槽**があり，前者は水洗便所から排水されるし尿（汚水）のみを処理し，後者はし尿（汚水）のほかに厨房，浴室，洗濯などの雑排水を合併して処理する浄化槽である。

生活排水の水質特性は，表2・30に示すように，1日当たりの日排水量は合併処理として 200 l/（人・d），BOD 負荷量 40 g/（人・d），BOD 濃度 200 mg/l である。BOD 負荷量 40 g/（人・d）の内訳は，汚水 13 g/（人・d），雑排水 27 g/（人・d）となり，雑排水の占める割合が全体の 2/3 と大きい。そのため，2000 年より公共用下水道の整備されていない地域での排水の処理に対して，し尿だけを処理する単独処理浄化槽の使用は認められなくなり，雑排水も含めて処理できる合併処理浄化槽でなければ設置できないことになった。

浄化槽で排水を浄化したのち，放流する放流水の水質に関しては，表2・31に示すとおり建築基準法[注2]で3つに区分し，処理対象人員ごとの BOD 除去率，放流水 BOD 濃度などが定められている。

浄化槽の処理性能に関しても，建築基準法[注3]で，処理方式や構造方式ごとに BOD 除去率，放流水 BOD 濃度などが決められている。浄化槽の構造は，図2・71に合併処理浄化槽の例を示すとおり，通常は図2・69の一次，二次処理の工程までであるが，最近は，三次処理まで可能な高度処理浄化槽も導入されている。

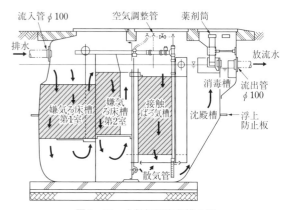

図2・71 合併処理浄化槽の例

表2・30 生活排水の排出源別 BOD の負荷量

処理方式	流入水量〔l/（人・d）〕	BOD 濃度〔mg/l〕	BOD 負荷〔g/（人・d）〕
単独処理	50	260	13
合併処理	200	200	40

表2・31 浄化槽に要求される性能（建築基準法第 32 条第 1 項）

し尿浄化槽または合併処理浄化槽を設ける区域	処理対象人員〔人〕	性　能	
		BOD 除去率〔％〕	し尿浄化槽からの放流水の BOD 〔mg/l〕
特定行政庁が衛生上特に支障があると認めて規則で指定する区域	50 以下	65 以上	90 以下
	51 以上 500 以下	70 以上	60 以下
	501 以上	85 以上	30 以下
特定行政庁が衛生上特に支障がないと認めて規則で指定する区域		55 以上	120 以下
その他の区域	500 以下	65 以上	90 以下
	501 以上 2000 以下	70 以上	60 以下
	2001 以上	85 以上	30 以下

注 この表における処理対象人員の算定は，国土交通大臣が定める方法により行うものとする。

注1) 既に設置済みの単独処理浄化槽は，「みなし浄化槽」として認められるが，その使用者は合併処理浄化槽の設置に努めなければならないとされている。
注2) 建築基準法施行令第 32 条　　注3) 国土交通省告示 1465 号

浄化槽の容量は，一般に**処理対象人員**で表される。処理対象人員とは，建物を利用する人員そのものではなく，床面積などから算定するようになっているが，これは建物から排出される排水量やBOD量が，何人分に相当するかを換算したものである。

2・6・5　浄化槽の性能
(1)　BOD 負荷量

1日のBOD負荷は，BOD濃度〔mg/l〕に1日の排水量〔m³/d〕を乗じた負荷量となり，式(2・20)で表される。

$$\text{BOD 負荷〔g/d〕} =$$
$$\text{BOD 濃度〔mg/l〕} \times \text{排水量〔m}^3\text{/d〕}^{注1)}$$
$$\cdots\cdots\cdots\cdots (2 \cdot 20)$$

(2)　BOD 除去率

BOD除去率とは，浄化槽内で流入汚水中のBOD成分が，微生物の働きによってどれだけ除去されたかを百分率で表したもので，式(2・21)で表される。

$$\text{BOD 除去率} = \frac{\text{(流入水 BOD 濃度)} - \text{(放流水 BOD 濃度)}}{\text{流入水 BOD 濃度}} \times 100 \cdots\cdots\cdots\cdots (2 \cdot 21)$$

例題 12

合併処理浄化槽への流入水のBOD濃度が200mg/lで，放流水のBOD濃度が30mg/lのとき，BOD除去率はいくらか。

【解説】

$$\text{BOD 除去率} = \frac{(200-30)}{200} \times 100 = 85\,\%$$

よって，BOD除去率は85%となる。

2・6・6　雨水利用・排水再利用設備
(1)　雨水利用・排水再利用設備の目的

都市部の建物では，生活排水を処理して雑用水として再利用することが多くなってきている。また，屋根面の大きな建物では雨水を集め，雑用水としてトイレ洗浄水などにも利用している。その背景には，以下のようなことがあげられる。

① 水の有効利用を図ること。

② 建物の高層化や高度化に伴い，上水の需要が多くなり，節水化を図る必要があること。

③ 下水道施設への負荷を削減すること。

④ 夏期などの渇水時にも対応できること。

都市によっては，ある程度の規模以上の建物に雨水利用や排水再利用などの雑用水施設を義務づけているところもある。図2・72に雨水利用システムの例を示す[注2)]。

標準的な処理フローは，図2・73に示すとおり，屋根面より雨水を集水し，スクリーン・沈砂槽・沈殿槽で砂を落とし雨水貯留槽にため，ろ過装置，消毒槽を介して雑用水槽に貯めて使用される。

また，排水再利用の処理フローを図2・74に示す。当初はNo.1，No.2の生物処理が中心であったが，No.3，No.4のように高度処理が可能な微細な膜でろ過する膜処理も実施されている。

(2)　排水再利用の方式

排水再利用方式は，対象とする範囲によって，図2・75のように分類される。

注1)　単位の換算：〔g/d〕=10^{-3}〔g/l〕×10^3〔l/d〕

注2)　2014年5月に雨水の利用の推進に関する法律（雨水利用推進法）が施行されたことを受け，国および独立行政法人等が建築物を整備する場合，新築建築物においてその最下床下等に雨水の一時的な貯留に活用できる空間を有する場合，原則として，雨水利用施設を設置することとなった。

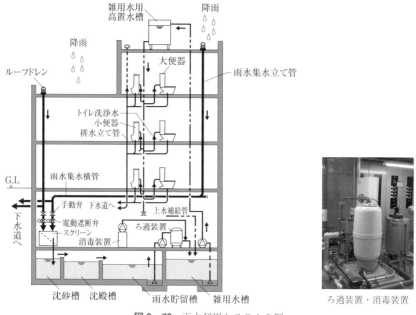

図2・72 雨水利用システムの例

ろ過装置・消毒装置

No.	雨 水 処 理 フ ロ ー						
1	集水 → スクリーン → 沈砂槽 → 貯留槽 → 消毒装置 → 雑用水槽						
2	集水 → スクリーン → 沈砂槽 → 沈殿槽 → 貯留槽 → 消毒装置 → 雑用水槽						
3	集水 → スクリーン → 沈砂槽 → 沈殿槽 → 貯留槽 → ろ過装置 → 消毒装置 → 雑用水槽						

トイレ洗浄水 などに利用

No.1は、沈殿槽の構造や確保できる滞留時間が貯留槽で兼用できる場合。
No.2は、沈殿槽と貯留槽の各機能を分けた場合。
No.3は、ろ過装置を設置するもので、適用事例の多いもの（図2・72）。

図2・73 雨水処理標準処理フロー

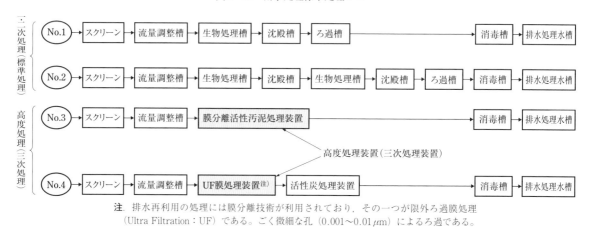

注. 排水再利用の処理には膜分離技術が利用されており、その一つが限外ろ過膜処理（Ultra Filtration：UF）である。ごく微細な孔（0.001〜0.01 μm）によるろ過である。

図2・74 排水再利用の処理方式

（a）　個別循環方式

　事務所ビルなど、個別建築物の敷地内排水を処理し、当該建物内で雑用水として再利用する。

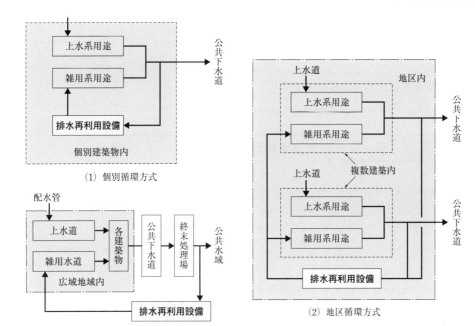

（1）個別循環方式

（3）広域循環方式

（2）地区循環方式

図2・75 排水再利用方式

（b） 地区循環方式

　大規模集合住宅や市街地再開発地域など，複数の建物からの排水をその地区内で処理し，その地区内で雑用水として再利用する。

（c） 広域循環方式

　公共下水道からの排水を処理し，広範囲の地域に送水して，その地域の建物内で雑用水として再利用する。

（3） 雑用水の水質基準

　雑用水の水質には，以下の点に注意する。

① 病原性微生物により保健衛生上の問題が生じないこと。

② 水質基準をクリアすること。

③ 色・においなど利用者の不快感がないこと。

④ 器具や配管を破損させないこと。

⑤ 再利用水の水質が常時安定していること。

　排水再利用水や雨水を水源とする場合の雑用水の使用用途による水質基準と検査頻度は表2・32のように定められている。

表2・32 排水再利用や雨水を水源とする場合の雑用水の使用用途による水質基準とその検査頻度

（建築物衛生法施行規則第4条の2）

水　質	基　準　値	検査頻度	散水・修景・清掃用水*	便所洗浄水
遊離残留塩素	0.1 mg/l 以上**	7日以内ごとに1回	適　用	適　用
pH 値	5.8〜8.6	7日以内ごとに1回	適　用	適　用
臭　気	異常でないこと	7日以内ごとに1回	適　用	適　用
外　観	ほとんど無色透明であること	7日以内ごとに1回	適　用	適　用
大腸菌群	検出されないこと	2ケ月以内ごとに1回	適　用	適　用
濁　度	2度以下であること	2ケ月以内ごとに1回	適　用	適用しない

＊散水・修景・清掃用水には，し尿を含む水を原水として用いないこと。
＊修景用水：庭園・公園などの景観と親水上の池や小川などに利用する水。
＊＊水1l中に溶けている物質の量をmgで表したものを1ppmと呼ぶ。mg/l＝ppm

雑用水の給水管は，上水用の給水管とのクロスコネクションを防止するために，以下のような点に注意する。

① 上水と雑用水の配管材の種類を変える。

② 塗装色またはマーキングで識別できるようにする。

③ 配管材は耐食性とする。埋設配管には，給水栓に飲料禁止の表示，ステッカを掲示する。

コラム8　ディスポーザ排水処理システム

図1のように，ディスポーザ（生ごみ破砕機）を台所流しに設置し，家庭から排出される生ごみを破砕し水とともに排水するディスポーザ排水処理システムが開発され，集合住宅を中心に採用が増えつつある。

ディスポーザ排水は，そのまま下水に流すと汚濁負荷が大きいため，下水道配管のつまりや下水処理場に悪影響を与えるので，必ず排水処理浄化槽を設置することが大切である。そのため認定機関では，ディスポーザ，排水配管，排水処理浄化槽を組み合わせたシステムを評価されたものに使用を許可している。浄化槽から放流される処理水は，一般家庭でBOD濃度300 mg/l 未満，SS 300 mg/l 未満，ノルマルヘキサン物質 30 mg/l 以下でなければならない。

一般には，台所流し系統は専用配管とし，破砕厨芥（特に卵の殻など）が管内に付着，堆積しつまりの原因となるため，適切な位置に掃除口を設け定期的に清掃を行うこと，排水横枝管・排水横主管には，表2・20を参考に規定する適正な勾配を確保することが大切である。また，使用に当たっては，各自治体の指導による。

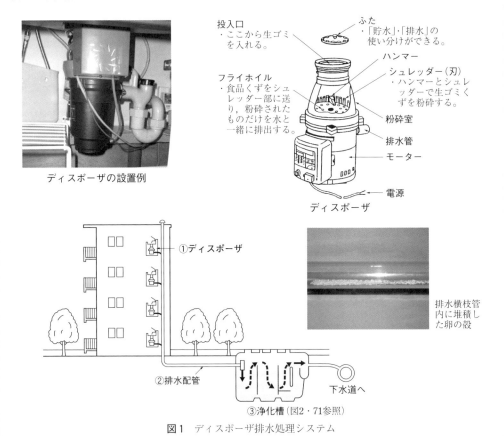

ディスポーザの設置例

投入口
・ここから生ゴミを入れる。

ふた
・「貯水」・「排水」の使い分けができる。

フライホイル
・食品くずをシュレッダー部に送り，粉砕されたものだけを水と一緒に排出する。

ハンマー

シュレッダー（刃）
・ハンマーとシュレッダーで生ゴミくずを粉砕する。

粉砕室

排水管

モーター

電源

ディスポーザ

①ディスポーザ

②排水配管

③浄化槽（図2・71参照）

下水道へ

排水横枝管内に堆積した卵の殻

図1　ディスポーザ排水処理システム

2・7　衛生器具設備

2・7・1　衛生器具の概要

衛生器具とは，給水・給湯および排水など水まわりに必要な器具および付属品の総称であり，以下（1）〜（4）のように分類される。

(1) 水受け容器（大便器，小便器，洗面器，手洗器，台所流し，掃除流し，浴槽など）

(2) 給水器具（給水栓，洗浄弁，ボールタップなど）

(3) 排水器具（排水金具，トラップ，床排水口など）

(4) 付属品（化粧棚，石けん入れ，紙巻き器など）

衛生器具は，衛生的で快適な生活を維持するための器具であり，衛生性・快適性・耐久性・耐水性に優れ，施工および維持管理が容易でなければならない。特に，給水栓などの給水器具や大小便器などの衛生陶器は，居住者の目に直接触れ，毎日使用するものなので，デザイン性に優れ，機能上も安全なものでなければならない。

また，環境共生，省エネルギー，省資源の観点から，節水・節湯やリサイクルに対する配慮も必要である。さらに，高齢者や身体障害者に対する配慮はもちろん，誰にも使いやすいように配慮された設計（**ユニバーサルデザイン**）が求められる。

2・7・2　水受け容器
（1）　大　便　器

好ましい大便器の構造と要求性能は，図2・76のように便ばち内にたまった水面（以下，**溜水面**と呼ぶ）が広く，使用時に汚物が付着しにくいこと，臭気の発生が少ないこと，汚物や

〈好ましい大便器の条件〉
(1) 乾燥面が少なく，溜水面が広いこと。
(2) 洗浄時の騒音が小さいこと。
(3) 洗浄水量ができるだけ少ないこと。
(4) 排水路内径が大きいこと。
(5) 排水トラップの深さ（封水深）ができるだけ深いこと。
(6) 座面が広いこと。

排水路内径　　溜水面　　排水トラップの深さ（封水深）

大便器断面図

図2・76　大便器の構造と要求性能

トイレットペーパーが円滑に排出・搬送できること，洗浄騒音の少ないことなどである。

形式的には洋風便器と和風便器に区分でき，洗浄機能による分類では，洗出し式，洗落し式，サイホン式，サイホンゼット式，ブローアウト式，サイホンボルテックス式の6つに分けられる。一般に洗い出し式が和風便器である。それぞれの構造と特徴を表2・33に示す。

大便器の洗浄方式には，図2・77の洗浄弁を用いた洗浄弁式（フラッシュ弁式）と，図2・78のロータンクに一旦給水し，貯水してから排水するロータンク式がある。

洗浄水量については，JIS A 5207：2019（衛生器機）で節水Ⅰ形は8.5ℓ以下，節水Ⅱ形は6.5ℓ以下と定められている[注1]。世界的な節水化の動向として，現在，洗浄水量を6〜5ℓ程度まで削減した節水形大便器も普及している。

（a）　洗浄弁式（フラッシュ弁式）

学校，事務所，工場，駅舎，競技場，大型店舗など連続利用機能が必要なトイレで

注1）　洗浄水量8.5ℓを超える大便器を，本書では一般形大便器という。

表2・33　大便器の洗浄方式と主な機種

種類	洗出し式	洗落し式	サイホン式
平面図 断面図		溜水面（小） 排水時非満流	排水時満流
特徴	・汚物を一次便ばちにためておき、洗浄時の水の勢いによってトラップ側に運び、器外に排出する方法である。 ・水たまり部が他の便器と比べて浅いため、水の跳ね返りはないが、使用中に汚物が便はちの上に盛り上がるので臭気の発散が多い。主に和風便器に使われる方法である。	・洗浄時に便器トラップ部の溜水面が上昇し、その落差によって汚物を器外に排出する方法である。 ・十分な落差を得るために、溜水面はあまり広くできず、比較的乾燥面が広いため、サイホン系の便器に比べ臭気、汚物の付着は多い。	・構造的には洗落し式と似ているが、洗浄の際、排水路内を屈曲させて排水路内を満水にし、サイホンを起こすことによって汚物を吸引して器外に排出する方式である。 ・排出力が強く、洗落し式に比べると溜水面は広く、水封も深いため汚物は水中に投入され、臭気の発散、汚物の付着が少ない。

種類	サイホンゼット式	ブローアウト式	サイホンボルテックス式
平面図 断面図	溜水面（大） 排水時満流 ゼット穴	溜水面	渦巻作用 リム穴 排水時満流
特徴	・ゼット穴（噴出穴）により強制的に排水路内を満水にし、サイホンを起こしやすくした方式である。 ・サイホン作用は強く、排出能力も強力である。このため、溜水面はほとんど便ばち全面を覆うほど広くとれ、水封も深い。	・排水路内に設けた噴出穴から洗浄水を強く噴出させ、溜水とともに汚物を器外に排出する方式である。 ・排水路内径を相当大きくできるので、詰まりのおそれはないが、反面、洗浄音が他の便器より若干大きいのが難点である。	・サイホン作用に渦巻作用を加え、強力な吸引・排出能力をもたせた方式である。 ・洗浄時に空気が混入しない構造になっているので、洗浄音が非常に小さい。 ・タンクが便器と一体で作られており、一般にワンピース便器とも呼ばれ高級感のある便器である。

注 1)　最近では、直結方式と呼ばれる水圧だけで便器が洗浄できる方式も市販されている。ロータンクへの給水が不用な方式である。その際には、汚物を排出・搬送させるため十分な流水時の給水圧力（70 kPa 以上：表2・6）を確保することに留意する。（写真提供：LIXIL（株））

注 2)　可動式のトラップを有し、その中へ給水し貯水した洗浄水が、トラップが反転することで流し出され洗浄できる大便器も市販されている。

注 3)　サイホンゼット式、ブローアウト式、サイホンボルテックス式は、現在市販されていない。

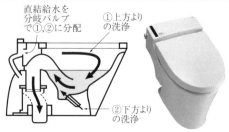

直結給水を分岐バルブで①,②に分配　①上方よりの洗浄　②下方よりの洗浄

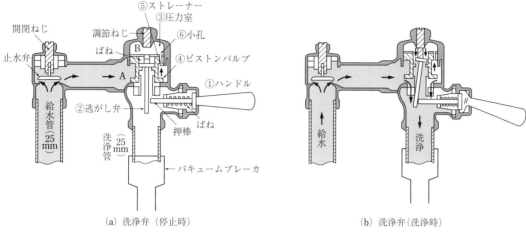

図2・77　大便器洗浄弁の構造と作動原理

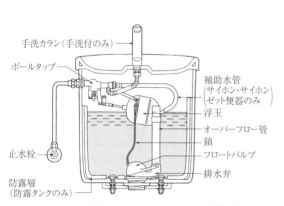

図2・78　ロータンクの内部構造

図2・79　温水洗浄便座の例
（写真提供：TOTO（株））

広く使用される。排出に対し70kPa以上
の給水圧力を必要とする。

　この方式では，便器のトラップが詰まり
汚水が便ばち内に満水になっているときに
給水管が負圧になり，汚水が給水管内に逆
流する危険性が生ずる。この現象を防止す
るために，図2・19で示したように，洗浄
弁の二次側で大便器のあふれ縁より
150mm以上上方に，逆流防止器（バキュー
ムブレーカ）を取り付ける必要がある。

（b）　ロータンク式

　タンク内に一定の水を貯水し便器へ給水
するもので，洗浄弁式に比べ給水管径が小

さくてすみ，給水圧も一般水栓と同じ程度
（30kPa以上）ですむ。ただし，一定量の
貯水を行うのに時間がかかるので，連続使
用が困難である。住宅，ホテルの客室など
比較的特定の人が使う便器で使用される。

（c）　便　　　座

　洋風便器には便座をセットして使用する。
便座には普通便座，局部洗浄機能を有する
温水洗浄便座，使用中に汚臭をとる脱臭便
座，座面を暖める暖房便座およびこれらを
組み合わせたものがある。中でも，図2・
79に示す温水洗浄便座は，温水による肛
門洗浄，ビデ機能，温風乾燥機能，脱臭機

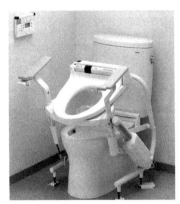

図2・80　昇降便座（写真提供：TOTO（株））

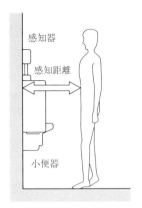

図2・82　個別感知洗浄装置

能などを備えたものが市販されており普及率はめざましい[注1]。また，図2・80のような，高齢者の昇降を助ける昇降便座も使用されている。

(2)　小　便　器

　小便器の種類には，図2・81に示すように，壁掛け型と自立型（ストール型）があり，トラップは内蔵型と着脱型がある。一般に床ふき掃除が便利な壁掛け型が好まれる傾向にあるが，学校，公園，駅舎，劇場，商業施設など小児も多く使用する建物では自立型も採用されている。

　小便器の洗浄水量は，4 l/回であったが，最近では2 l/回へと節水化が図られており，節水型

の小便器個別感知洗浄装置（図2・82）も採用されている。鉄道の駅舎など一部で，洗浄水を流さなくてもすむ無水小便器も使用されている。

　また，トラップや排水管内に尿石が付着しやすいのでファジー制御[注2]などを用いて，適当な洗浄水が流れるように工夫した方式も採用されている。

　最近の小便器では，図2・83のように，トラップ部の清掃が行いやすいトラップ着脱式のものや子供の使用も考え，リップ部の高さを35 cm程度に抑えた低リップ壁掛けストール型のものもある。

(a)　壁掛け型

リップ

(b)　自立型（ストール型）

(c)　無水小便器

図2・81　小便器の種類（写真提供：TOTO（株），LIXIL（株））

注1）　温水洗浄便座への給水は，上水を用いなければならない。再利用水を大便器の洗浄水として使用する場合には，上水系統と再利用水系統の2系統の配管を準備する。

注2）　fuzzy control：経験者によるあいまいなルールを数量化して実施する制御で，洗浄もそれにならって行う方法である。

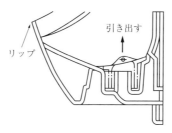

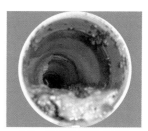

トラップ付近に付着した尿石
（写真提供：TOTO（株））

図2・83 小便器トラップ着脱式

（3） 洗面器・手洗い器

　設置の仕方によって，表2・34のように，壁面に取り付ける壁付け型，化粧台に器をはめ込んだカウンタ型などがある。カウンタ型には，洗面器のつばをカウンタ上面に引っ掛けて設置するセルフリミング型，カウンタ下面のブラケットなどで支持・固定するアンダカウンタ型，洗面器の周縁とカウンタ間にステンレスなどのフレ

表2・34 洗面器の種類

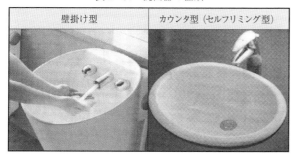

図2・84 多機能洗面器
（写真提供：TOTO（株））

表2・35 浴槽の種類

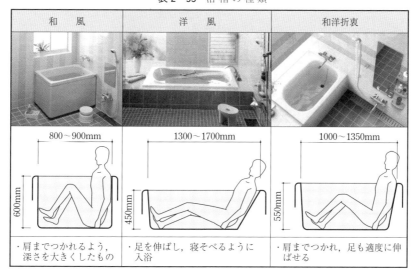

ーム金属を用いて取り付けるフレーム型がある。

　最近では，図2・84のように，洗髪や小物洗いができるように洗面ボールを大きくした多機能洗面器も使用されてきている。

(4)　台所流し，掃除流し

　流し類には，食生活で用いる台所流しや事務所ビルのトイレなどに設置する掃除流し，住宅のベランダなどに設置するスロップシンクなどがある。

　台所流しは，収納・調理・洗浄設備，作業台などを組合せ，一体化したシステムキッチンが多い。

(5)　浴　　　槽

　浴槽には，表2・35のような和風，洋風，和洋折衷型がある。

　素材は，樹脂製・ほうろう製・ステンレス製がほとんどである。特に，樹脂製のFRP注1)（ガラス繊維プラスチック）の浴槽は，着色・形状が自由にでき強度に優れ，熱伝導率も小さく，軽量のため多く用いられてきた。住宅などでは浴室ユニットとして一体施工されることが多い。

2・7・3　給水器具（給水栓・シャワー）

　給水栓・シャワーは，表2・36(1)，(2)，(3)のように，洗面器用と台所用・浴槽用などに分類できる。温度調節ができるサーモスタット付混合水栓などは節水・節湯化を考慮したもので最近普及しつつある。

　節湯型には，図2・85のように，一次止水機能付きのもの（節湯A1），小流量吐水機能のもの（節湯B1），水優先吐水のもの（節湯C1：表2・36(2)台所用）がある。

(a)　スイッチ付（節湯A1）　　(b)　エアーイン（節湯B1）

図2・85　一次止水機能付き（節湯A1）と小流量吐水機能付き（節湯B1）　（写真提供：IBEC）

表2・36　給水栓の種類

(1) 洗 面 器 用		
立水栓	2バルブ	シングルレバー*
(2) 台所シンク用	(3) 浴 室 用	
シングルレバー水栓*	サーモスタット付き混合水栓	定量止水栓

＊操作レバーを中央位置で動かしても，水のみの吐水となる節湯型シングルレバー水栓も市販されている。
　これを水優先吐水のもの（節湯C1）という。エアを混入させて節水化を図るものなどを（節水B1）という。

（写真提供：TOTO（株））

注1)　Fiber Glass Reinforced Plastic

例題 13

従業員数男子 120 名，女子 60 名の事務所ビルに設置する大便器と小便器の数を算定せよ。

【解説】

　　法令(労働安全衛生規則) の基準によれば，作業場（事業場）で最小器具数〔個〕は，大便器の場合，男子：労働者数/60，女子：労働者数/20，小便器の場合，男子：労働者数/30 であるので，次のようになる。

$$男子大便器 = \frac{120}{60} = 2〔個〕 \qquad 女子大便器 = \frac{60}{20} = 3〔個〕$$

$$男子小便器 = \frac{120}{30} = 4〔個〕$$

2・7・4　衛生器具の設置計画

(1)　所用器具数

　建物内に設置する衛生器具数は，例題 13 に示すように，労働安全衛生規則などの法規によって決定される。また，建物の特性，器具の使われ方，サービスレベル[注1]，経済性などを考慮して決定する必要があるので，サービスレベルに応じた算定法を空気調和・衛生工学会 SHASE-S 206 では提案している。

(2)　設置スペース

　トイレブースのドア面から便器の先端までのスペースは 500 mm 以上確保し，和風便器では使用後立ち上がる際に頭部が壁に当たらないように 200 mm 以上の空間を確保する。

(b)　大便器のユニット

2・7・5　設備ユニット

　建築設備のユニット化は，図 2・86 にトイレまわりの例を示すように，建築工事による複雑な設備工事をとりまとめ，工場で一つのユニッ

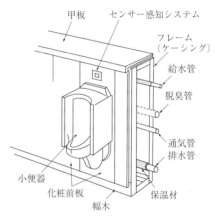

(a)　小便器のユニット例

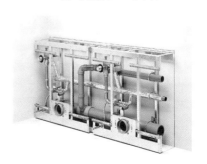

(c)　大便器のユニットの構造

図 2・86　トイレのユニット例（写真提供：TOTO（株））

注1)　サービスレベルとは，上限値Ⅰ（使用時にゆとりのある器具数），平均値Ⅱ（標準的な器具数），下限値Ⅲ（最低限度の器具数）と衛生器具の設定レベルを考えて計画すること。高い順にレベルⅠ，Ⅱ，Ⅲとする。

トとして完成し，現場に搬入して組み立てることにより現場で大幅に作業工程を短縮することができる。JIS A 1702によれば，キッチンユニット，サニタリーユニット，冷暖房ユニットおよび配管ユニットの総称をいう。

サニタリーユニットは，浴室ユニット，便所ユニット，洗面所ユニット，複合ユニットに分類する。オフィスなどの非住宅では，配管ユニットや水まわり機器と配管を一体化したシステムトイレの採用が増加している。

| コラム9 | 便器の節水化の動向 |

図1に世界の便器の節水便器の使用状況（試行中も含む）を，表1にわが国の便器の洗浄水量の基準を示す。

アメリカでは1992年にエナジーアクト法を制定し，大便器の使用水量を6ℓに規定した。その後，排水管でのつまりや，便ばちから排出ができなかったことなどのトラブルも報告されている。砂漠の多いオーストラリアでは節水は重要であり，ブラジル，中国などでも洗浄水量6ℓの大便器が採用されつつある。

わが国でも，節水化が進み，2007年以降は，洗浄水量が6.0〜5.0ℓ程度の節水形大便器も普及してきており，JIS規格も改定された。

節水化は，水資源の保護，使用水量の削減にはつながるが，排水配管での汚物やトイレットペーパーの詰まりを生じさせないように搬送性能を確保することが大切である。

表1　わが国の便器の洗浄水量の基準

便器の種類	洗浄水量	
	JIS[※1]	BL基準[※2]
節水I形	8.5ℓ以下	−
節水II形	6.5ℓ以下	−
超節水形 （洗い落し式）	−	大：6.0ℓ以下 小：4.5ℓ以下
節水形 （洗い出し式，洗い落し式）	−	10ℓ以下

※1　JIS A 5207　2019
※2　優良住宅部品評価基準 BLE WC：2010 2011.3改訂　大：大洗浄　小：小洗浄

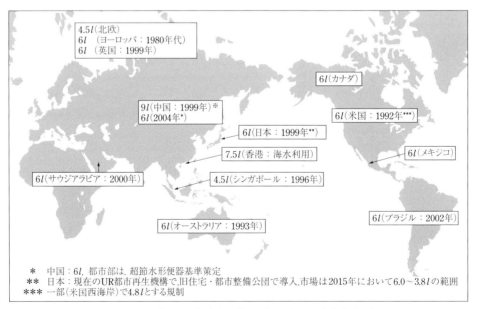

4.5ℓ（北欧）
6ℓ（ヨーロッパ：1980年代）
6ℓ（英国：1999年）

6ℓ（カナダ）

9ℓ（中国：1999年）[※]
6ℓ（2004年[*]）

6ℓ（米国：1992年[***]）

6ℓ（日本：1999年[**]）

7.5ℓ（香港：海水利用）

6ℓ（メキシコ）

6ℓ（サウジアラビア：2000年）

4.5ℓ（シンガポール：1996年）

6ℓ（ブラジル：2002年）

6ℓ（オーストラリア：1993年）

＊　中国：6ℓ，都市部は，超節水形便器基準策定
＊＊　日本：現在のUR都市再生機構で，旧住宅・都市整備公団で導入，市場は2015年において6.0〜3.8ℓの範囲
＊＊＊　一部（米国西海岸）で4.8ℓとする規制

図1　世界の大便器の節水化の状況（※一部その他規制あり）

2・8 消火設備

2・8・1 消火設備の基本事項

消火設備は，建築物で火災が発生した場合，水や消火剤を利用して初期消火を行い，火災の延焼を防ぎ，被害を最小限に抑えるために設置される設備である。消防法により防火対象物に応じて消火設備の設置が義務づけられている。

(1) 火災の種類

火災は燃焼物の種類により，A火災（普通火災），B火災（油火災），C火災（電気火災），D火災（金属火災）に区分される。詳細を表2・37に示す。

火災は可燃物が燃焼することで発生する。燃焼が起こるためには，**燃焼の3要素**と呼ばれる可燃物，酸素，点火エネルギーが必要となる。この燃焼を取り除く要素として以下の方法がある。

① 可燃物を除去する除去消火

② 酸素の供給を断つ窒息消火

③ 熱を奪う冷却消火

④ 可燃物や酸素を希釈する希釈消火

⑤ 酸化を抑制する負触媒消火

消火防災設備は，表2・38に示すように，消防の用に供する設備，消防用水，消防活動上必要な設備，必要とされる防火安全性能を有する消防の用に供する設備などに分けられる。図2・87に火災の進行と防災対策を示す。特に火災発生時に

表2・37 火災の種類

A火災（普通火災）	一般住宅やビルの内部での，木材，紙，布などの燃焼火災
B火災（油火災）	駐車場や危険物施設での石油，可燃性液，油脂類などの火災
C火災（電気火災）	電気機器設備，受変電設備，変圧器や配電盤からの火災で，感電の危険を伴う
D火災（金属火災）	マグネシウム，ナトリウム，カリウムなどの金属の火災
ガス火災	可燃性ガスの火災

室内温度が急上昇する時期（最盛期）は，**フラッシュオーバ**と呼ばれるが，それに至るまでの消火を行う初期消火設備として，屋内消火栓設備，スプリンクラ設備が重要である。

2・8・2 消火器

消火器は，初期発見段階での消火を目的としたものである。消火器には，水消火器，強化液

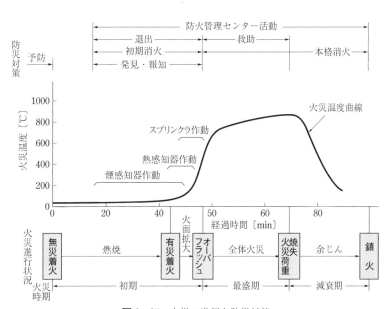

図2・87 火災の進行と防災対策

消火器，泡消火器，粉末消火器，ハロゲン化物消火器，二酸化炭素消火器などがある。設置基準としては以下のとおりである。

① 各階ごとに歩行距離20m以内1個設置する。

② 床面からの高さが1.5m以下で，凍結・変質の恐れのない箇所とする。

③ 消火器の表示は見やすい位置に設ける。

図2・88に泡消火器の構造例を示す。

2・8・3　屋内消火栓設備

屋内消火栓設備は，火災が発生して公設消防隊が現地に到着するまでに，建物の関係者や自衛消防隊が初期消火を目的に使用する。屋内消火栓設備の構成例を図2・89に示す。消火ポンプは，図2・90のような，消火ポンプユニットとして搬入し設置される。図2・91の屋上に設置する消火用高置水槽は，常時消火配管の中を充水させるためのものである。

屋内消火栓には，図2・92に示す1号消火栓，図2・93に示す2号消火栓がある。1号消火栓は，工場・倉庫などに用いられる。2号消火栓は，一人でも容易に操作ができるように開発されたもので，夜間勤務人員が少ない旅館，ホテル，社会福祉施設，病院などに用いられる。屋内消火栓設備の配置は，図2・94のように，消火栓を中心とした半径（1号消火栓25m，2号消火栓15m）ですべての床面が覆われるように設置する。易操作性1号消火栓は，1号消火栓と同等の性能でかつ1人で操作できるようにするため，2号消火栓と同様に保形ホースを採用している消火栓である。

広範囲型2号消火栓は，1人で操作が可能であって，1号消火栓と同等の警戒区域半径（25m以下）を有し，2号消火栓より放水量を高めた消火栓である。

屋内消火栓のノズル先端での放水圧力と放水

表2・38　消防用設備等の種類

区　　分		種　　類
消防の用に供する設備	消火設備	・消火器，簡易消火用具（水バケツ・水槽・乾燥砂など） ・屋内消火栓設備 ・スプリンクラー設備 ・水噴霧消火設備 ・泡消火設備 ・不活性ガス消火設備 ・ハロゲン化物消火設備 ・粉末消火設備 ・屋外消火栓設備 ・動力消防ポンプ設備
	警報設備	・自動火災報知設備 ・ガス漏れ警報火災警報設備 ・漏電火災警報器 ・消防機関へ通報する火災報知設備 ・警鐘，携帯用拡声器，手動式サイレンその他の非常警報設備
	避難設備	・すべり台，避難はしご，救助袋，緩降機，避難橋 ・誘導灯および誘導標識
消防用水		・防火水槽，貯水池その他の用水
消火活動上必要な施設		・排煙設備 ・連結散水設備 ・連結送水管 ・非常コンセント設備 ・無線通信補助設備
必要とされる防火安全性能を有する消防の用に供する設備等		・パッケージ型消火設備 ・パッケージ型自動消火設備 ・共同住宅用スプリンクラー設備 ・共同住宅用連結送水管 ・共同住宅用非常コンセント設備 ・共同住宅用自動火災報知設備 ・住戸用火災報知設備 ・共同住宅用非常警報設備

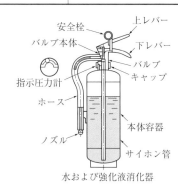

図2・88　泡消火器の構造例

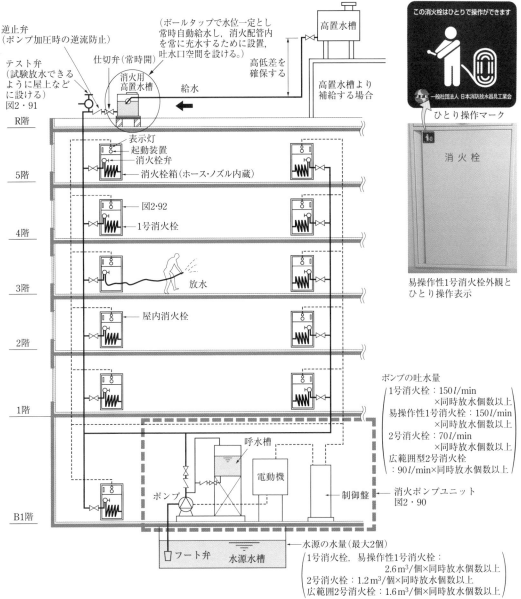

逆止弁
(ポンプ加圧時の逆流防止)

テスト弁
(試験放水できる
ように屋上など
に設ける)
図2・91

仕切弁(常時開)

(ボールタップで水位一定とし
常時自動給水し, 消火配管内
を常に充水するために設置,
吐水口空間を設ける。)

消火用
高置水槽

給水

高置水槽

高低差を
確保する

高置水槽より
補給する場合

表示灯
起動装置
消火栓弁
消火栓箱(ホース・ノズル内蔵)

図2・92
1号消火栓

放水

屋内消火栓

R階
5階
4階
3階
2階
1階
B1階

ポンプの吐水量
1号消火栓：150 l/min
×同時放水個数以上
易操作性1号消火栓：150 l/min
×同時放水個数以上
2号消火栓：70 l/min
×同時放水個数以上
広範囲型2号消火栓
：90 l/min×同時放水個数以上

呼水槽

電動機

制御盤

消火ポンプユニット
図2・90

ポンプ

フート弁   水源水槽

水源の水量(最大2個)
1号消火栓, 易操作性1号消火栓：
2.6 m³/個×同時放水個数以上
2号消火栓：1.2 m³/個×同時放水個数以上
広範囲2号消火栓：1.6 m³/個×同時放水個数以上

図2・89 屋内消火栓設備の構成例

この消火栓はひとりで操作ができます

一般社団法人 日本防炎放水器具工業会

ひとり操作マーク

1号

消火栓

易操作性1号消火栓外観と
ひとり操作表示

図2・90 消火ポンプユニットの例

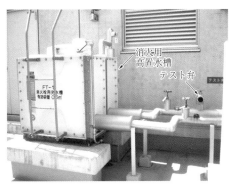

消火用
高置水槽

テスト弁

図2・91 消火用高置水槽の例

図 2・92　1 号消火栓

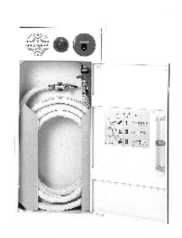

図 2・93　2 号消火栓

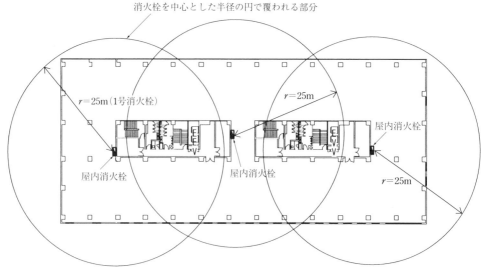

消火栓を中心とした半径の円で覆われる部分

注．円の範囲で消火範囲をカバーする。（r＝25mが1号消火栓，易操作性1号消火栓，広範囲型2号消火栓，r＝15mが2号消火栓）

図 2・94　屋内消火栓の配置

量は，1 号消火栓，易操作性 1 号消火栓で 0.17 MPa 以上 0.7 MPa 以下，130 l/min 以上，2 号消火栓で 0.25 MPa 以上 0.7 MPa 以下，60 l/min 以上の性能でなければならない。広範囲型 2 号消火栓で 0.17 MPa 以上 0.7 MPa 以下，80 l/min 以上の性能とする。

2・8・4　屋外消火栓設備

屋外消火栓設備は，比較的大きな建物の 1 階および 2 階部分の火災消火を目的とする。

図 2・95 に屋外消火栓設備の構成例を示す。屋外消火栓設備には，ホース，ノズルをまとめて収納する屋外消火栓箱，地上スタンドなどから構成される。消火栓を屋外に設置して，建物の消火や隣接建物からの延焼を防止する。消火栓を中心に，半径 40 m の円で建物全体が覆われるように配置する。放水圧力は 0.25 MPa 以上 0.6 MPa 以下とし，放水量は 350 l/min 以上の性能を必要とする。

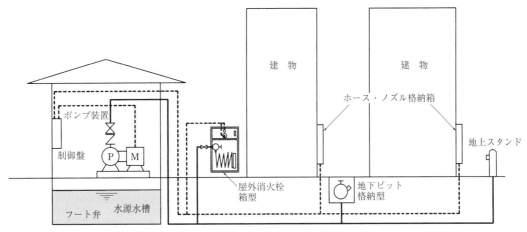

図2・95 屋外消火栓設備の構成例

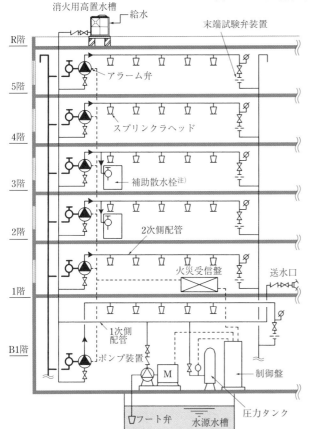

図2・96 閉鎖型湿式スプリンクラ設備の構成

図2・97 スプリンクラヘッドの種類

2・8・5 スプリンクラ設備

スプリンクラ設備は，火災が発生した際に天井面などに設置したスプリンクラヘッドから自動的に散水して初期消火するものである。スプリンクラ設備の構成例を図2・96に示す。

スプリンクラヘッドは，感熱体を有する閉鎖型ヘッドと，感熱体をもたない開放型ヘッドがあり，その外観を図2・97に示す。

閉鎖型スプリンクラヘッドを用いる閉鎖型（湿式，乾式，予作動式），**開放型スプリンクラヘッド**を用いる開放型・放水型がある。閉鎖型は，熱を感じて自動的に放水し，開放型は，放水準備はできていて，バルブを開いて放水する。それぞれの構造と特徴を図2・98に示す。

注） 補助散水栓は，屋内消火栓設備の2号消火栓と同じ機能を有し，スプリンクラーのある建物で屋内消火栓のない場合（機械室，階段室，便所など），その部分を補うものである。

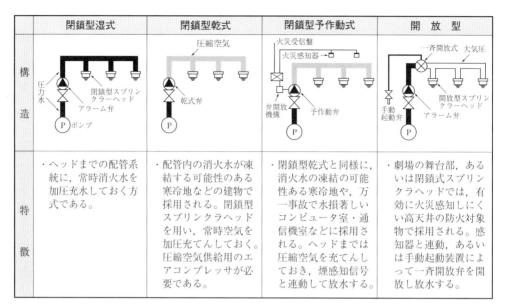

	閉鎖型湿式	閉鎖型乾式	閉鎖型予作動式	開　放　型
構造				
特徴	・ヘッドまでの配管系統に，常時消火水を加圧充水しておく方式である。	・配管内の消火水が凍結する可能性のある寒冷地などの建物で採用される。閉鎖型スプリンクラヘッドを用い，常時空気を加圧充てんしておく。圧縮空気供給用のエアコンプレッサが必要である。	・閉鎖型乾式と同様に，消火水の凍結の可能性ある寒冷地や，万一事故で水損著しいコンピュータ室・通信機室などに採用される。ヘッドまでは圧縮空気を充てんしておき，煙感知信号と連動して放水する。	・劇場の舞台部，あるいは閉鎖式スプリンクラヘッドでは，有効に火災感知しにくい高天井の防火対象物で採用される。感知器と連動，あるいは手動起動装置によって一斉開放弁を開放し放水する。

注.　図中の4種以外に消火効率の悪いアトリウムや大空間に設置する「放水型」，火災時に自力で避難することが困難な者が入院・入所する病院，社会福祉施設など（基準面積 1000 m² 未満）に設置する「水道連結型」がある。

図2・98　スプリンクラ設備の構造と特徴

2・8・6　連結送水設備と連結散水設備

　連結送水設備・連結散水設備は，消防隊の消火活動上必要な施設の一つである。

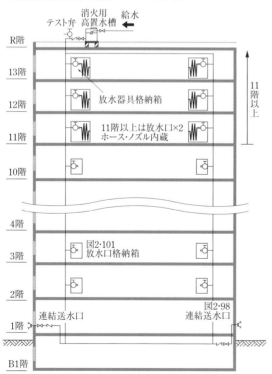

図2・99　連結送水管の構成例

(1)　連結送水管

　連結送水管は，公設消防隊が使用するものである。図2・99に連結送水管の構成例を示す。

　火災の際には消防ポンプ車が，図2・100のように1階外壁，または，外部に設置された送水口より送水し，公設消防隊がホース・ノズルを持ち込み，建物各階の放水口（図2・101）に接続し消火活動を行う。

　11階以上の階の送水口は双口として，ホース・ノズルを設置する。また，70 mを超える建物の場合は加圧ポンプを途中階に設ける。

図2・100　連結送水口

とびら閉　　　　　　　　　　　　とびら開

図2・101　各階放水口

(2)　連結散水設備

　連結散水設備は，消火活動の困難な地下街に設置するもので，開放型散水ヘッドを使用する開放型と閉鎖型スプリンクラヘッドを使用する閉鎖型がある。

2・8・7　その他の消火設備

　不活性ガス消火設備,ハロゲン化物消火設備,粉末消火設備は,主として電気室や通信機器室,ボイラ室などに設置される。ドレンチャ設備は,建物外部の火災から延焼の恐れのある外壁,屋根,開口部に水の幕を作って延焼を防止する。

(1)　不活性ガス消火設備

　消火剤として二酸化炭素のほかに，窒素・アルゴンなどとの混合物を使用する。消火剤を放出することにより,酸素濃度の希釈効果（窒息）とガスが気化するときの熱吸収による冷却作用によって消火する。常時，人が在室しない受変電室，発電機室，電算室などに設置される（図2・102）。

(2)　ハロゲン化物消火設備

　ハロン消火剤を噴射して燃焼物を覆い，窒息効果と負触媒効果による抑制作用によって消火する設備である。消火剤としては新たに開発されたオゾン層を破壊しない HFC-23（トリフルオロメタン）および HFC-227ea（ヘプタフルオロプロパン）が用いられている[注1]。適用する建物の用途は，不活性ガス消火設備と同様である。

(3)　粉末消火設備

　消火薬剤として重炭酸ナトリウムなどの粉末を使用するもので，負触媒作用による消火方法で，構成や作動方法は不活性ガス消火設備やハロゲン化物消火設備と同様である。

(4)　泡消火設備

　水による消火が適さない油類の消火を目的とし，泡が火面を覆うことによる窒息効果と泡を構成する水による冷却効果により消火する設備である（図2・103）。

(5)　水噴霧消火設備

　水噴霧ヘッドにより水を噴霧し，その冷却効果と火炎に触れて発生する水蒸気による窒息作用で消火する（図2・104）。

　地下駐車場，道路，指定可燃物の取扱所・貯蔵所の消火設備に適用する。

注1)　ハロン消火剤のハロン 1301，1211，2402 は，「オゾン層保護のためのウィーン条約」に基づく「オゾン層を破壊する物質に関するモントリオール議定書」において，オゾン層を破壊する特定物質に指定され，わが国でも 1994 年 1 月 1 日以降，その生産が中止された。HFC-23，HFC-227ea は，それらに変わる**代替フロン**と呼ばれる。

（6）　ドレンチャ設備

図2・105のように，ドレンチャ設備は，建物外部の火災から延焼の恐れのある外壁・屋根・開口部に水幕をつくり，延焼を防止する設備である。この設備の方式は，開放形スプリンクラ設備と同様である。

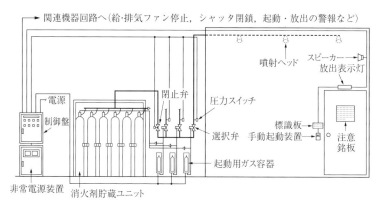

図2・102　不活性ガス消火設備の例（二酸化炭素消火設備）

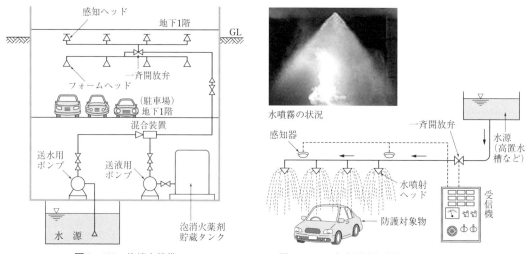

図2・103　泡消火設備

図2・104　水噴霧消火設備（写真提供：能美防災（株））

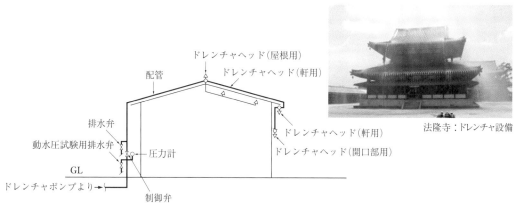

図2・105　ドレンチャ設備の系統（写真提供：能美防災（株））
（空気調和・衛生工学会「給排水衛生設備　計画設計の実務の知識」2001（オーム社）より作成）

(7)　パッケージ型消火設備

　屋内消火栓設備の代替設備として設置される。貯水槽，ポンプ，配管などが不要で，ノズル，ホース，消火薬剤貯蔵庫，起動装置，加圧容器などの格納庫を設置する。消火薬剤を放出し消火する。

(8)　パッケージ型自動消火設備

　スプリンクラ設備の代替設備として設置することができ，延べ床面積 10000 m² 以下の旅館，ホテル，病院，社会福祉施設などの居室・廊下などに設置される。パッケージ消火設備と同様に消火薬剤を用いて消火する。

(9)　共同住宅用スプリンクラー設備

　寄宿舎や共同住宅などを対象とするもので，一般のスプリンクラ設備と同様であるが，ポンプ吐出量，水源水量，配管管径は小規模である。設置対象は共同住宅などの 11 階以上，住戸ごとに水量調整が可能なアラーム弁を設置する。

例題 14

　図 2・106 のような屋外消火栓設備において，消火栓ポンプの吐出量（l/min），消火栓ポンプの全揚程（m）を求めよ。

　（条件）・屋内消火栓は 2 号消火栓　　　・消火栓 1 個当たりの吐出量 70（l/min）

　　　　　・配管，継手，弁類の摩擦損失は実揚程の 30%

　　　　　・消防用ホースの摩擦損失水頭は 3.5（m）

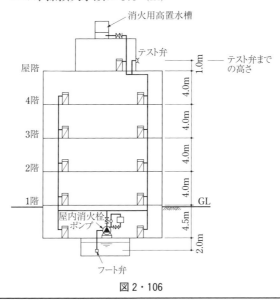

図 2・106

【解説】

(1)　図 2・89 の記載より，屋内消火栓の同時放水個数 2（個），吐水量 70（l/min）

　　　　ポンプの吐出量＝70（l/min）×2（個）＝140（l/min）

(2)　消火ポンプの全揚程 H（m）＝$h_1+h_2+h_3+h_4$＝3.5＋23.5＋7.1＋25＝59.1（m）

　　　　h_1：ホースの摩擦損失水頭 3.5（m）

　　　　h_2：落差（実高）＝2.0＋4.5＋（4.0×4）＋1.0＝23.5（m）

　　　　h_3：配管の摩擦損失水頭＝23.5×0.3＝7.1（m）

　　　　h_4：ノズルの先端放水圧力に相当する水頭（1 号消火栓 17 m，2 号消火栓 25 m）＊

＊ 1 号消火栓 0.17 MPa 以上 0.7 MPa 以下，2 号消火栓 0.25 MPa 以上 0.7 MPa 以下より 25 m を採用。

【問題1】　給排水衛生設備に関する用語の組合せとして不適当なものはどれか。

(1)　排水設備──クロスコネクション　　(2)　給水設備──6面点検

(3)　給湯設備──住戸セントラル方式　　(4)　排水処理設備──BOD

(5)　消火設備──連結送水管

【問題2】　給水設備に関する記述のうち，最も不適当なものはどれか答えない。

(1)　集合住宅において，1日の居住者1人当たりの単位給水量を600 l 程度とした。

(2)　一般水栓の必要給水圧を 30 kPa とした。

(3)　大便器の洗浄弁，その他吐水口空間を確保することができない器具にはバキュームブレーカを設けた。

(4)　飲料用の水槽を建物内に設置する場合，周囲および下部に 60 cm 以上，上部に 100 cm 以上の保守・点検スペースを設けた。

(5)　ウォータハンマ防止のため，給水管内の流速を 1.5〜2.0 m/s 以内とした。

【問題3】　給湯・ガス設備に関する記述のうち，最も不適当なものはどれか答えなさい。

(1)　循環型浴槽でレジオネラ属菌の繁殖を防止するため給湯温度を 55° C 以上とした。

(2)　ガス事業法では，0.1 MPa 未満を低圧ガスという。

(3)　密閉式ガス機器は，外気を給気し燃焼後，外気に排出する方式である。

(4)　給湯機の能力を表す1号とは，流量 1 l/min の水の温度を 20° C 上昇させる能力をいう。

(5)　中央式給湯方式では，循環ポンプは貯湯槽の直前の返湯管部に設置する。

【問題4】　排水設備に関する記述のうち，最も不適当なものはどれか答えなさい。

(1)　排水トラップの深さ（封水深）は 50 mm 以上 100 mm 以下とする。

(2)　ループ通気管は，衛生器具のあふれ縁より 15 cm 以上立ち上げなければならない。

(3)　敷地内の汚水排水ますには，汚物を停滞させてから流すように泥だまりを設ける。

(4)　飲料水を扱う機器からの排水は，一旦，排水系統とは縁を切った間接排水とする。

(5)　伸頂通気管は，原則として排水立て管からまっすぐに縮径することなく立ち上げ大気に開放する。

【問題5】　排水処理設備・衛生器具設備に関する記述のうち，最も不適当なものはどれか答えなさい。

(1)　BOD は，汚れの程度を示す指標で好気性微生物によって消費される酸素量で示す。

(2)　浄化槽の処理方法や構造方法は建築基準法で定められている。

(3)　雑用水とは，台所流しや浴槽などからの排水をいう。

(4)　サイホン式大便器は，洗落し大便器より溜水面が広い。

(5)　サイホンボルテックス式大便器は，洗浄音が他の洗浄方式に比べ小さい。

第3章

空気調和設備

（マブチモーター本社ビル，日本設計より）

空調負荷熱の削減（ダブルスキン）
空調設備で消費するエネルギーの削減のために，建物をガラスで覆い，夏期には日射熱を外壁との間の空気層を用いて自然換気で逃がし，冬期には空気層が断熱効果を高めるガラスの外皮（ダブルスキン）が用いられています。美観にも配慮し，建築との調和を考えた空調設備技術が大切です。様々な環境設備技術を導入し，年間をとおして使用する一次エネルギー消費量を正味（ネット）ゼロまたは，おおむねゼロになる建物（ZEB：Zero Enengy Building）の計画が必要とされています。

3・1　空気調和設備とは

3・1・1　空気調和設備の目的としくみ

(1)　空気調和設備の目的と分類

空気調和設備（以下，空調設備と呼ぶ）の目的は，室内や特定の場所の空気の温度や湿度，さらに，空気の汚れの程度を表す清浄度（粉塵・臭気・炭酸ガスなど）や流れ状況を表す気流をコントロールし，人間が快適な状態で過ごせるようにすることである。一般に，図3・1に示す**温度**，**湿度**，**清浄度**，**気流分布**を空気調和（以下，空調と呼ぶ）の**4要素**という。

空調の大きな役割は，図3・2に示すように，夏期には低温の空気を送って室内や屋外からの熱を除去すること，冬期には外気より高温の空気を送って，室内を暖かく保つことである。そのための基本が4要素である。

しかし，実際には，3・2で述べるように，快適な環境を創るには，対象とする人間の服装の状態を表す**着衣量**や運動の程度を示す**代謝量**，周辺の壁や天井などから発せられる熱の影響を表す**平均放射温度**などを含めて評価する必要がある[注1]。

また空調は，その目的により2つに分類される。一つは人間の快適環境を維持することを目的とした**保健用空気調和（一般空調，快適空調**とも呼ぶ）で，住宅，事務所，ホテル，デパート，病院などの空調がこれにあたる。もう一つは各種産業における製品の品質および生産性の向上，ならびに貯蔵物の品質劣化を防止するための環境保全を目的とした**産業用空気調和（工場空調**）で，工場，倉庫，コンピュータセンターなどの空調がこれにあたる。

(2)　空調設備の構成

代表的な空調設備の装置構成を，図3・3の単一ダクト方式を例に説明する。

空調設備では，まず空気を暖めたり冷やしたりする蒸気，温水，冷水などの熱の媒体（熱媒）を作る必要がある。その装置がボイラや冷凍機と呼ばれる**熱源設備**である。温熱源となるボイラで蒸気，温水を，冷熱源となる冷凍機で冷水，冷媒ガスが作り出されている。その熱媒を使って冷風や温風を作ったり，湿度調節を行うのが**空気調和機**（以下，**空調機**と呼ぶ）である。

図3・1　空調の4要素

(a)　夏　　　　　　　　(b)　冬

図3・2　空調の概要

注1)　最近では，4要素よりも温度，湿度，気流速度，平均放射温度，着衣量，代謝量の温熱環境6要素を考慮した空調設備が要求されてきている。

(6) 換気・排煙設備	
機器	ダクト・ダンパーなど
機能	空調スペース，非空調スペースへの給気・排気，火災時の煙の排煙など

ダクト

(5) 室内ユニット	
機器	吹出口・吸込口・ファンコイルユニットなど
機能	室内へ空調空気を供給する装置，室内空気を加熱・冷却・減湿・加湿する装置

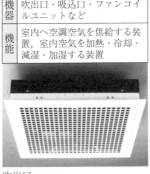

吹出口

(4) 自動制御設備	
機器	自動制御用機器（サーモスタット・ヒューミディスタッド）を監視，遠方操作盤など
機能	温度・湿度・流量などの自動制御，監視・記録，機器の遠隔操作など

サーモスタット

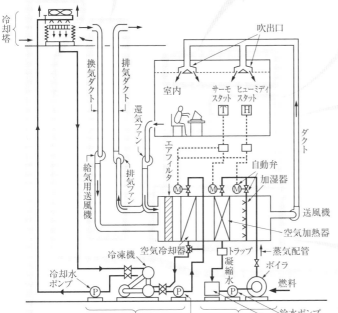

(3) 熱搬送設備	
機器	送風機・ダクト・ポンプ・配管など
機能	空調スペースへ熱媒（空気・冷温水）を送るための設備

送風機

(2) 空気調和機	
機器	加湿器・空気加熱器・空気冷却器・エアフィルタ
機能	空調スペースに送る，空気の温度・湿度や，冷温水の温度を調節する。

エアハンドリングユニット

(1) 熱源設備	
機器	ボイラ・冷凍機・冷却器など
機能	建物内の空調負荷に応じた加熱・冷却を行うために，蒸気・温水・冷水・冷媒を作る。

冷凍機

図3・3 空調設備の構成と機器

空調機から冷風や温風を送るダクトや送風機，熱源装置から空調機に熱媒を搬送する配管やポンプなどを**熱搬送設備**と呼ぶ。さらに，新鮮な外気を取り入れたり，汚れた空気（火災時の煙も含む）を排気するための**換気・排煙設備**，室内の温湿度を一定に調節したり，空調設備の監視や経済的な運転を行うための制御を行う**自動制御設備**がある。そのほかに，室内に調和空気を供給する部位に設置する吹出口，吸込口などの**室内ユニット**もある。

3・2　空気調和と室内環境

3・2・1　室内環境基準

　空気調和設備の設けられている建物の居室における温度，湿度，気流速度などの基準値は建築基準法，建築物における衛生的環境の確保に関する法律（建築物管理衛生法；平成15年4月改正）では，表3・1のように定められている。表中の一酸化炭素（CO）は燃料の不完全燃焼により発生し，吸入すると中毒症状を起こす。温度の17℃以上は冬期の最低値を，28℃以下は夏期の最高値を表す。相対湿度の40%以上は冬期の最低を，70%以下は夏期の最高値を示す。気流の0.5 m/s以下は，これ以上の気流を直接受けると人は**ドラフト**（不快な強い気流）を感じることから定められた。ホルムアルデヒドは，建材や壁紙などの接着剤から室内に拡散することがあり，化学物質過敏症などの原因物質ともなる。

3・2・2　温熱感覚と評価指標

　人が建築空間において，暑く感じたり寒く感じたりすることを温熱感（温冷感・寒暑感）と

いい，それにはさまざまな環境要素が影響する。
　特に人体に作用する温熱環境には，図3・4に示す① 空気温度，② 湿度，③ 平均放射温度（MRT[注1]），④ 気流速度，⑤ 着衣量，⑥ 代謝量の6要素が影響を与える。これらを**温熱環境の6要素**と呼んでいる。① 空気温度，② 湿度，③ 平均放射温度，④ 気流速度を「**環境側4要素または温熱4要素**」といい，⑤ 着衣量，⑥ 代謝量を温熱感の「**人間側2要素**」という。ここでは，③，⑤，⑥について述べる。

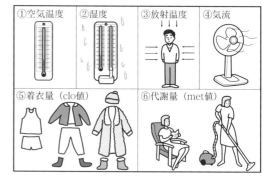

図3・4　温熱感の主要6要素

表3・1　法規に定められている室内環境基準
（建築基準法，建築物管理衛生法）

浮遊粉じんの量	空気 $1\,m^3$ につき $0.15\,mg$ 以下
CO 含有率	$10\,ppm$ 以下　（$0.001%$ 以下）
CO_2 含有率	$1000\,ppm$ 以下　（$0.1%$ 以下）
温　　　度	① 17℃以上，28℃以下 ② 居室における温度を外気の温度より低くする場合には，その差を著しくしないこと。
相 対 湿 度	$40%$ 以上，$70%$ 以下
気　　　流	$0.5\,m/s$ 以下
ホルムアルデヒド	$0.1\,mg/m^3$ 以下

注.　ppm：百万分の一

注1)　Mean Radiant Temperature

（1） 平均放射温度

平均放射温度 **MRT** は，対象者の周辺の壁・床・窓などの表面温度に支配される。簡易的には，室内各壁面（床・天井・ガラス面などを含む）について，表面温度と面積を乗じた値の和を全壁面表面積で除した値である。

図3・5のように，外表面をつや消しの黒色で塗った銅板製中空の中心部に温度計を挿入したものを**グローブ温度計**といい，この温度計で，グローブ温度 t_g を測定し，実用上は，式（3・1）より求める。

$$\text{MRT} = t_g + 2.37\sqrt{v}\ (t_g - t_a) \cdots\cdots (3・1)$$

t_g；グローブ温度〔℃〕

v；風速〔m/s〕

t_a；室内空気温度〔℃〕

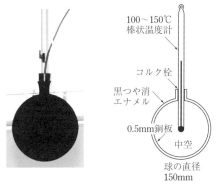

図3・5 グローブ温度計

（2） 代 謝 量

人体の活動量や作業強度を表すもので，図3・6に示すように，いす座安静状態を1met（代謝量58.3 W/m²）と定義している。睡眠時で0.8met，オフィスでの仕事1.2met，平坦歩行

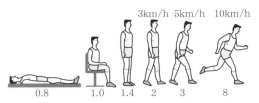

図3・6 作業状態別の代謝量（単位；met）

時で2.6met，テニスなどの運動時で4metである。また，日本人成年男子の体表面積は，おおよそ1.4～1.9 m² であることから，1met の代謝量の場合，1時間当たり100 Wの電球1個分の発熱量に相当する。

（3） 着 衣 量

衣服の熱抵抗を表すもので，気温21℃，相対湿度50%，気流0.1 m/s の室内において，着席休憩状態にある人が快適であるための着衣の熱抵抗（断熱力）0.155（m²・℃）/W を **1 clo** とする。これは，成人男子がいす座安静状態で暑くもなく寒くもない着衣状態である。図3・7に示すように，男性であれば冬物スーツの上下を着ている状態がほぼ1 clo，裸体が0 clo，軽い夏服が0.5 cloである。

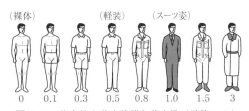

図3・7 代表的な着衣状態と着衣量（単位；clo）

3・2・3 温冷感指標

室内環境における，暑さや寒さの感じを**温冷感**と呼んでいる。それを温熱環境の6要素の中より，適宜，各要素を組み合わせて評価する指標には表3・2のようなものがある。

（1） 不快指数[注1]

DI と略され，気温（乾球温度）と湿球温度から式（3・2）より求める[注2]。

DI＝0.72（乾球温度〔℃〕＋湿球温度〔℃〕）
　　　　　　　　　　　　　　＋40.6…（3・2）

DI値が75以上で「やや暑さを感じる」，80以上で「暑くて汗が出る」，85以上で全員「不快」となる。

注1） DI：Discomfort Index　　2） 乾球温度，湿球温度は3・3・1（1）を参照。

表3・2　温熱環境評価指標と考慮されている要素（○印は考慮を示す）

評 価 指 標	温 度	湿 度	風 速	放 射	代 謝	着衣量
不快指数（DI）	○	○				
作用温度（OT）	○		○	○		
有効温度（ET）	○	○	○			
新有効温度（ET*）	○	○	○	○	○	○
標準有効温度（SET*）	○	○	○	○	○	○
PMV	○	○	○	○	○	○

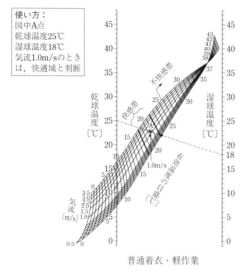

図3・8　有効温度 ET 線図

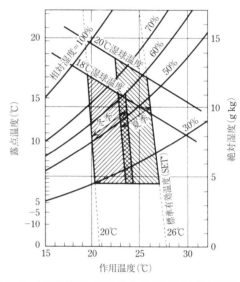

図3・9　ASHRAE55-92による SET*線図と快適温度範囲

（2）　作用温度[注1]

　OT 効果ともいい，人体周辺の室温，気流，平均周壁温度が，人体に与える影響を評価する温度指標である。乾球温度と式(3・1)より算出した平均放射温度（MRT）の重み平均として，実用上は式(3・3)で表される。作用温度は，空気温度 t_a と放射の影響を考慮した評価指標である。低風速では，グローブ温度 t_g に近いといわれている。OT＝18.3〜24℃ が快適範囲とされている。

$$OT=(t_a+MRT)/2 \cdots\cdots\cdots\cdots (3・3)$$

（3）　有効温度[注2]**，新有効温度（ET*）**

　ET はヤグローとホフトンにより提案され，温度，湿度，気流速度の影響を総合的に考慮し

た指標である。図3・8に，普通着衣・軽作業状態の線図を示す。

　また，ET では相対湿度100％を基準としていたが，**ET***（イーティースターと呼ぶ）はそれを50％に変更し，温熱環境の6要素より計算された環境を評価した温度とした。

（4）　標準有効温度（SET*）

　ET* に風速0.1 m/s，代謝量を1.0 met，着衣量0.6 clo，MRT＝室温 t_a とし，周囲からの放射の影響を受けない標準状態と等価な温度を相対湿度50％で示したものが標準有効温度 SET* である。図3・9に ASHRAE[注3]（米国暖房冷凍空調学会）の SET*線図と夏・冬の快適温度範囲（斜線部）を示す。

注1）　OT: Operative Temperature　　　注2）　ET: Effective Temperature
注3）　American Society of Heating Refrigerating and Air-conditioing Engineers

(5) PMV（予測温冷感申告）

デンマーク工科大学のP. O. Fanger が発表した温熱環境指標で，温熱環境の6要素を含めた総合的快適評価指標である。**PMV**[注1] 値は寒さや暑さを−3から+3までの数値によって評価し，−0.5から+0.5にある場合が快適域とされている。

また，図3・10のように，PMVに対応してその温熱環境に不満足（不快さを感じる）な人の割合（予測不満足率，**PPD**[注2]）がどれだけかを示したPMV−PPDチャートも提示されている。PPD値を10%未満とすることを

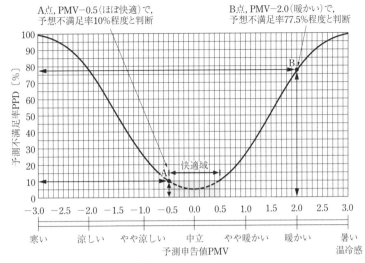

図3・10 PMV と PPD

推奨している。PMV，PPDは，国際規格ISO 7730で標準的温熱指標として採択され，ET*，SET*と並んで，現在最も多く使用されている。

コラム 10　サーマルマネキン

　熱的な快適性は，人体からの熱損失の状態を把握することによって，ある程度予測ができるといわれている。しかし，人間の体の形状はさまざまで，簡単にそれは測定できない。そこで，人間の体と温熱環境との熱収支を模擬するために，実際の人間でなく，専用のマネキンを用いることがある。これがサーマルマネキンである。サーマルマネキンは，体の部位ごとに，周辺の

温熱環境に応じて発熱量を制御でき，熱交換の状態から快適性を評価できる。

　また，従来の空調制御は室温と湿度を指標に制御してきたが，最近では，PMVを制御指標とする空気調和システムが採用されはじめてきた。PMVも図2のようなアメニティ（PMV）メータのような計測機器で測定できるほか，ソフトウェアも研究者により公開されていたり，市販もされている。

図1　サーマルマネキンの例（写真提供：田辺新一）

図2　アメニティメータと実測風景

注1) Predict Mean Vote　　2) Predicted Percentage of Dissatisfied

3・3 空気の状態を知る

　室内の空気を快適な温湿度状態に調整することが空気調和の目的である。実際の空気には少量の水蒸気が含まれている。この水蒸気が空気の性質を考えるのに重要な要素になる。

　まったく水蒸気を含まない空気を**乾き空気**，水蒸気を含む空気を**湿り空気**という。その空気がこれ以上水蒸気を含むことができない状態を**飽和空気**という。

　空気の状態を一目でわかるようにした図を**湿り空気線図**（空気線図）という。

　付録によく使用される湿り空気線図の一つを示す。この線図である空気の状態を表す点を**状態点**という。湿り空気の状態は，以下に述べる温度（乾球温度 t，湿球温度 t'），湿度（絶対湿度 x，相対湿度 φ），比エンタルピー h[注1]，比容積 v などで表され，このうち 2 つの要素が決まれば，そのときの空気の状態がわかる。

3・3・1　空気線図で用いられる用語

　図 3・11 に示す空気線図は，h–x 線図と呼ばれ，最もよく使用されている。比エンタルピー h と絶対湿度 x を斜交座標にとったものである。図中の A 点をある室内の状態とし，各要素を以下で説明する。

(1)　乾球温度 t と湿球温度 t'

　図 3・12 (a) に示すように，普通の温度計の感熱部を乾いた状態で測った温度を**乾球温度**という。これに対し，感熱部を湿った布で包んで測った温度を**湿球温度**という。湿球温度は感熱部における水の蒸発潜熱[注2]と周囲空気からの熱伝達による顕熱[注2]がつりあった状態の温度を示し，一般に水の蒸発量があるため乾球温度より低くなる。測定は，周囲空気の流速に影響されるので，一定の風速で行う。

　その測定に用いられるのが，図 3・12 (b)

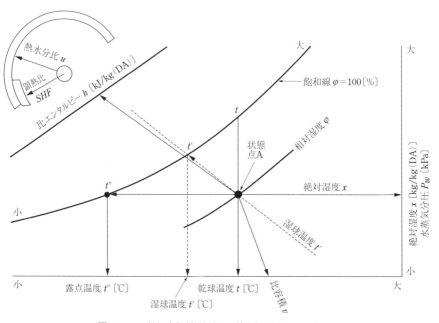

図 3・11　湿り空気線図（h–x 線図）（付録 p.200 参照）

注1)　比エンタルピーは記号 h，時間は h で示す。
注2)　コラム 11（p.106）を参照。

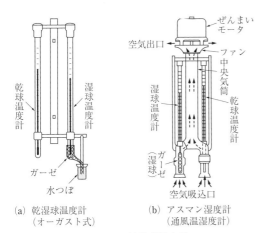

(a) 乾湿球温度計　　　　(b) アスマン湿度計
（オーガスト式）　　　（通風温湿度計）

図3・12　乾湿球温度計

に示すアスマン温湿度計である。乾球温度だけでは，空気の湿り具合はわからないこと，人間が感じる快適さが判断しにくいことなどの理由から両方の温度を表示する。

(2)　湿り空気全圧 P_o と水蒸気分圧 P_w

湿り空気の組成を図3・13に示す。湿り空気の全圧 P_o は，乾き空気分圧 P_a と水蒸気分圧 P_w の和として，式（3・4）で表せる。

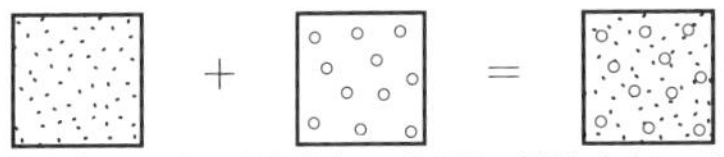

（乾き空気分圧）	（水蒸気の分圧）	（湿り空気の全圧）

圧力　　P_a　　＋　　P_w　　＝　　P_o ……（3・4）
体積　　V　　＋　　V　　＝　　V
質量　　1kg　　＋　　x　　＝　　$x+1$

図3・13　湿り空気の組成

(3)　絶対湿度 x と相対湿度 φ

乾き空気1kgに対して x〔kg〕の水蒸気量が含まれるとき，x〔kg/kg（DA）〕を**絶対湿度** x という。（DA）は乾き空気（dry air）の意味である。

また，湿り空気中の水蒸気分圧とその温度における飽和空気の水蒸気分圧の比を**相対湿度 φ**〔%〕といい，式（3・5）で表す。

$$\varphi = (P_w/P_s) \times 100 \quad\cdots\cdots\cdots\cdots\cdots (3 \cdot 5)$$

　　P_w：湿り空気中の水蒸気分圧〔kPa〕

　　P_s：同じ温度での飽和空気の水蒸気分圧〔kPa〕

(4)　露点温度 t''

湿り空気は，温度が高いほど多くの水蒸気を含むことができる。もし，温度を下げて行くとある温度で飽和空気になり，これ以上水蒸気を含みきれなくなり，その水蒸気が水滴となって結露する。その温度を**露点温度** t''〔℃〕という。

(5)　比エンタルピー h

比エンタルピーとは，空気が有する内部エネルギーとその仕事を熱量に換算した値である。

(6)　比容積 v

乾き空気1kgを含む湿り空気の体積を比容積 v〔m³/kg（DA）〕という。比容積は密度の逆数である。

(7)　顕熱比 SHF [注1]

図3・14のA点をB点の状態にしたときの全熱変化（顕熱変化 q_S＋潜熱変化 q_L）に対する顕熱変化 q_S で，式（3・6）で表される。

$$\mathrm{SHF} = \frac{q_S}{q_S + q_L} \quad\cdots\cdots\cdots\cdots\cdots (3 \cdot 6)$$

湿り空気線図上では，図3・14のようになる。

(8)　熱水分比 u

湿り空気の状態変化で，空気の温度・湿度が変化するとき，絶対湿度の変化 Δx に対する比エンタルピーの変化量 $u = \Delta h / \Delta x$〔kJ/kg〕を表す。

(7)の顕熱比と熱水分比は，空気線図上では，図3・14のように，変化前後の空気の状態点間の傾きを示す。

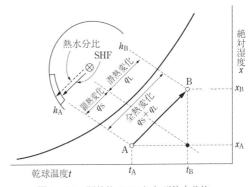

図3・14　顕熱比 SHF および熱水分比 u

コラム11	顕熱と潜熱

　空調設備での空気の状態コントロールや，空調機器の能力を決定する上で，「顕熱」と「潜熱」という2つの概念が大切である。

　顕熱は，温度変化に使われる熱である。概念としては例えば，図1(a)のように，ヒーターをつけ加熱すると室温は上昇する。しかし，空気中の水蒸気は増加しないので湿度変化はない。この変化を顕熱変化といい，湿り空気線図上は横軸の変化を示す。

　これに対し潜熱は，状態や様相の変化に使われる熱である。図1(b)のように，図1(a)と同じようにヒーターの代わりにお湯の入った容器を電気コンロに置いた場合，室の温度変化よりも空気中の水分が増え，絶対湿度は増加する。この変化を潜熱変化といい，湿り空気線

図上は，縦軸方向の変化を示す。潜熱変化は，湿度の変化を伴うもの，例えば図2のように，夏の暑い地面や屋根に散水や打ち水をして表面や周辺を冷やすのも潜熱の変化である。

　この2つの熱の変化を全熱変化といい，図3・14の状態点 A → B への変化には，図1のように A → A′（顕熱変化）と A′→ B（潜熱変化）の2つの熱の変化があったことがわかる。

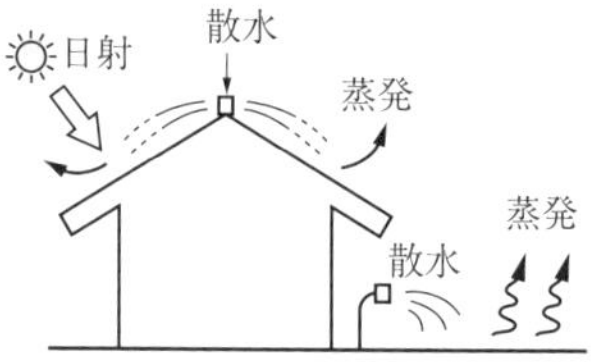

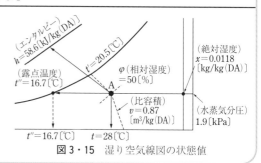

図2　屋根，地面への散水
（潜熱の例）

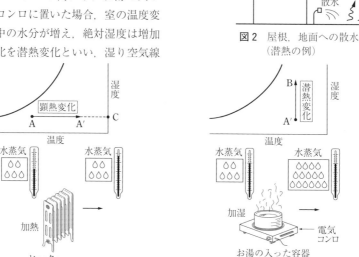

（a）顕熱変化（加熱）（水平方向）　　（b）潜熱変化（加湿）（垂直方向）

図1　顕熱変化と潜熱変化

3・3・2　空気線図の使い方

例題1

　乾球温度 $t＝28℃$，相対湿度 $\varphi＝50\%$ のときの空気の湿球温度 $t′$，露点温度 $t″$，絶対湿度 x，比容積 v，比エンタルピー h を空気線図から求めよ。

【解説】

　$t＝28〔℃〕$，$\varphi＝50〔\%〕$ の点を図3・15に示す。これより湿球温度 $t′＝20.5〔℃〕$，露点温度 $t″＝16.7〔℃〕$，絶対湿度 $x＝0.0118$〔kg/kg（DA）〕，比容積 $v＝0.87$〔m³/kg（DA）〕，比エンタルピー $h＝58.6$〔kJ/kg（DA）〕，水蒸気分圧 $P_w＝1.9$〔kPa〕と読み取れる。

図3・15　湿り空気線図の状態値

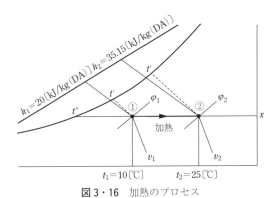

図3・16 加熱のプロセス

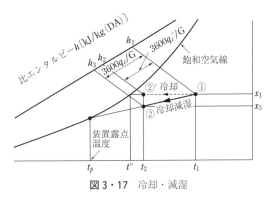

図3・17 冷却・減湿

3・3・3 空調への応用

以下に，実際に空気を加熱・冷却・混合した場合の状態点の動きについて述べる。

(1) 加熱と冷却

空気は，加熱器などにより加熱される。例えば，$t_1 = 10$〔℃〕，$h_1 = 20.0$〔kJ/kg(DA)〕の空気 100 kg(DA)/h を加熱して $t_2 = 25$〔℃〕，$h_2 = 35.15$〔kJ/kg(DA)〕とするときに熱量 q_h〔kJ/h〕は，空気比熱 C_p を 1.01 kJ/〔kg(DA)・K〕として式 (3・7)，(3・8) で求められる。

$$q_h = 1.01\,G\,(t_2 - t_1) \cdots\cdots\cdots\cdots (3・7)$$
$$= G\,(h_2 - h_1) \cdots\cdots\cdots\cdots (3・8)$$
$$G：乾き空気流量〔kg(DA)/h〕$$

この2式から，

$$q_h = 1.01 \times 100 \times (25 - 10) = 1515 〔kJ〕$$

または，

$$q_h = 100 \times (35.15 - 20) = 1515 〔kJ〕$$

そのときの空気の状態の変化は，図3・16のように動く。

冷却時の変化は図3・17の①→②′となり，熱量 q_c〔kJ/h〕は式 (3・9)，(3・10) より求まる。

$$q_c = 1.01\,G\,(t_1 - t_2) \cdots\cdots\cdots\cdots (3・9)$$
$$= G\,(h_1 - h_2) \cdots\cdots\cdots\cdots (3・10)$$

しかしコイルで冷却する場合，コイル表面温度が湿り空気の露点温度以下のときは，水蒸気の一部が凝縮し結露水となり除去されるため，絶対湿度は低下する。すなわち冷却減湿となるの

で，状態は図3・17の①→②のように動く。そのときの熱量 $q_c′$ と除去される湿分 L〔kg/h〕は式 (3・10)′，(3・11) で求める。

$$q_c′ = G\,(h_1 - h_3) \cdots\cdots\cdots\cdots (3・10)′$$
$$L = G\,(x_1 - x_2) \cdots\cdots\cdots\cdots (3・11)$$

(2) 加 湿

冬期の暖房時には，一般に外気の絶対湿度が低下するため，空調時に外気を入れると室内の湿度が低下する。それを防ぐために加湿する。加湿の方法には，水を霧状に空気に吹き込み蒸発させて加湿する**水噴霧加湿**と，水蒸気を吹き込んで加湿する**蒸気噴霧加湿**などがある[注1]。

加湿時の空気線図上の動きは，図3・18のようになる。そのほかに，加湿パン内の水を電気ヒーターで加熱して，水表面から蒸気を発生させる**パン型加湿**などの方法がある。

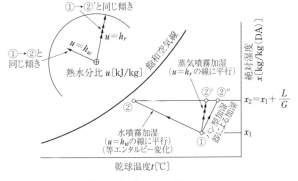

図3・18 加 湿

注1) 各種加湿の方法は，3・6・4 (1)(c) を参照。

　加湿前の空気の状態点①から各加湿方式による加湿後の状態②, ②′, ②″に至る空気状態の傾きは, 熱水分比 u と同じ傾き方向となり, 式 (3・12) より求める等絶対湿度線の交点となる。

$$x_2 = x_1 + \frac{L}{G} \quad\cdots\cdots\cdots\cdots\cdots (3 \cdot 12)$$

　　L：加湿量〔kg/h〕

　　G：室内への供給風量〔kg(DA)/h〕

(3) 混　　合

　図3・19の①と②の2つの状態の空気をそれぞれ G_1, G_2〔kg(DA)/h〕で断熱混合すると, 状態③の乾球温度 t_3, 絶対湿度 x_3, 比エンタルピー h_3 は, 式 (3・13)〜式 (3・15) で表せる。空気線図上は, 図3・19のようになる。①, ②の空気の状態をそれぞれ乾球温度 (t_1), (t_2), 絶対温度 (x_1), (x_2), 比エンタルピー (h_1), (h_2),

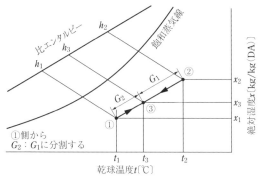

図3・19　断熱混合のプロセス

乾き空気質量 (G_1), (G_2) とする。

$$t_3 = (G_1 t_1 + G_2 t_2)/G \quad\cdots\cdots\cdots (3 \cdot 13)$$
$$x_3 = (G_1 x_1 + G_2 x_2)/G \quad\cdots\cdots\cdots (3 \cdot 14)$$
$$h_3 = (G_1 h_1 + G_2 h_2)/G \quad\cdots\cdots\cdots (3 \cdot 15)$$

ただし, $G = G_1 + G_2$

例題 2

　①の乾球温度 $t_1 = 28$〔℃〕, 相対湿度 $\varphi = 50$〔%〕の空気 80 kg(DA) と, ②の乾球温度 $t_1 = 32$〔℃〕, 相対湿度 $\varphi = 65$〔%〕の空気 20 kg(DA) を断熱して混合したときの③混合空気の乾球温度 t_3, 絶対湿度 x_3, 比エンタルピー h_3 を求めよ。

【解説】

　　　湿り空気線図上は図3・20のようになる。計算は式 (3・13)〜(3・15) より $G_1 = 80$ kg(DA), $G_2 = 20$ kg(DA) として求めるが, 線図上は, ①の空気量 80 kg(DA), ②は 20 kg(DA) のため, $G_2 : G_1 = 1 : 4$ に内分する点が③の混合点となる。

$$t_3 = (4 \times 28 + 1 \times 32)/5$$
$$= 28.8 \,〔℃〕$$
$$x_3 = (4 \times 0.0118 + 1 \times 0.0196)/5$$
$$= 0.0134 \,〔kg/kg(DA)〕$$
$$h_3 = (4 \times 58.6 + 1 \times 82.2)/5$$
$$= 63.3 \,〔kJ/kg(DA)〕$$

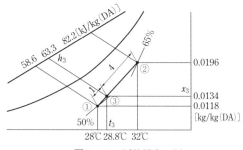

図3・20　断熱混合の例

3・3・4 冷房・暖房時の湿り空気線図上の動き

実際の空調負荷がかかった状態での空気線図上の動きを以下に示す。

(1) 冷　房

図3・21に冷房時の空気の流れを順番に示す。

①；外気取入れ，②；室内よりの還気取入れ，③；①と②を空調機で混合させ，冷却機入口空気の状態，④；冷却器出口空気の状態(これが冷房対象室入口空気) とする。それぞれの状態点変化を空気線図上で示すと図3・22になる。

(2) 暖　房

図3・23に暖房時の空気の流れを示す。

①；外気取入れ，②；室内よりの還気取入れ，③；①と②を空調機で混合（加熱機入口），④；加湿器入口の状態，⑤；加湿冷却の状態(これが暖房対象室入口空気) とする。それぞれの状態点変化を空気線図上で示すと図3・24になる。

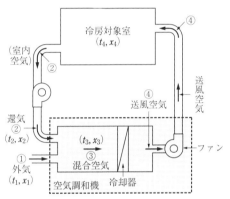

図3・21 冷房時運転（混合・冷却・減湿）

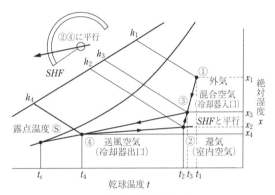

図3・22 冷房の空気線図プロセス

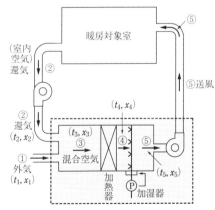

図3・23 暖房時運転（混合・加熱・断熱・加湿）

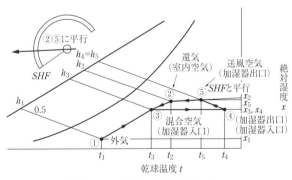

図3・24 暖房の空気線図プロセス

3・4 空調負荷の考え方

3・4・1 空調負荷の概要と条件

（1）空調負荷とその種類

　夏期には，外気から室内に熱や湿気が入ってきたり，室内の照明や人間から熱や水蒸気が放出され室内の温湿度が高くなる。一方，冬期には室内から熱が寒い屋外に流出したり，低温で乾燥した外気が入ってきて室内の温湿度が低くなる。また，在室する人間の活動や室内放熱機器などにより室内空気が乾燥する。

　このような現象に対し，室内の空気の温湿度や空気清浄度を適切な状態に維持させるために，空調設備を用いて熱を除去または供給しなければならない。図3・25（a）のように，熱が流入するため冷房時に除去すべき熱量を**冷房負荷**，図3・25（b）のように，暖房時に熱が流出するため補給すべき熱量を**暖房負荷**という。

　室内空気の温度を一定に保つには，その室が取得する熱量を除去したり，損失する熱量を補給しなければならない。その温度を上昇・下降させる取得・損失の熱量を**顕熱負荷**[注1]という。それに対し，室内空気の湿度を一定に保つためには，必要に応じて水蒸気を除去したり，補給したりしなければならない。この湿度を上昇・降下させる取得・損失の水蒸気量を熱量に換算したものを**潜熱負荷**[注1]という。

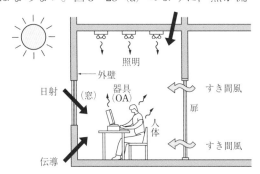

（a）冷房負荷（熱の流入）

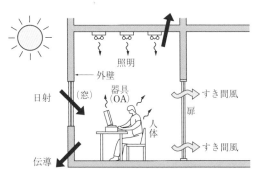

（b）暖房負荷（熱の流出）

図3・25 空調の室内負荷の概念

表3・3 設計用外気温度

冷房設計用				地域	暖房設計用			
0〜24時		8〜17時			0〜24時		8〜17時	
乾球温度 t_0'〔℃〕	露点温度 t_0''〔℃〕	乾球温度 t_0'〔℃〕	露点温度 t_0''〔℃〕		乾球温度 t_0'〔℃〕	相対湿度 φ_0〔％〕	乾球温度 t_0'〔℃〕	相対湿度 φ_0〔％〕
27.4	21.5	29.0	22.0	札　幌	−12.0	71	−9.4	62
29.0	23.8	30.4	24.2	仙　台	−4.4	68	−2.3	56
31.5	24.8	32.6	24.9	東　京	−1.7	43	0.6	34
32.9	24.6	34.3	24.9	名古屋	−2.1	59	0.3	45
32.8	24.5	33.6	24.5	大　阪	−0.6	56	1.1	49
32.8	25.3	33.0	25.5	鹿児島	−0.5	68	1.7	57

注1）　コラム11を参照。

(2)　空調負荷条件

　冷房負荷，暖房負荷の計算に用いる外気の乾球温度 t_o'，露点温度 t_o''，相対湿度 φ_o を表3・3に示す。これは，冷房負荷用に夏期6～9月，暖房負荷用に冬期12～3月の各4か月間の外気観測値を用い，ある設計用温度より高い外気の時間数を全時間数の2.5%未満に保つようにした場合の温度である。

　空気調和が必要な時間帯は建物用途により異なるが，連続使用される建物では0～24時，使用時間が昼間の建物では8～17時が用いられる。設定目標とする室内の環境基準は表3・1に示したとおりである。

3・4・2　冷房負荷

　冷房負荷は，冷凍機・送風機などの機器容量を決定するための基礎となる。冷房負荷の要因を表3・4に，要因の関係図を図3・26に示す。各負荷は，顕熱負荷と潜熱負荷に分けて考え，冷房負荷はそれらの合計値である。

　以下，冷房負荷の各因子について述べる。

(1)　壁体からの取得負荷（顕熱）

① 外壁・屋根面からの取得負荷 q_{WO}〔W〕

　　　日射の影響を受ける外壁，屋根面より浸

入する熱量で式(3・16)より求める。

$$q_{WO} = A \cdot K \cdot ETD \quad \cdots\cdots\cdots\cdots (3 \cdot 16)$$

　　A；外壁または屋根の面積〔m²〕
　　　　外壁面積の算定に当たっては，壁面の高さとして階高を用いる。

　　K；外壁または屋根の熱貫流率〔W/(m²・K)〕

　　$ETD^{注1)}$；実効温度差〔K〕
　　　　日射の影響を受け，外壁，壁体の蓄熱による熱的遅れを考慮した温度差をいう。表3・6に東京の例を示す。

$$K = \cfrac{1}{\left(\dfrac{1}{\alpha_o}\right) + \Sigma\left(\dfrac{l}{\lambda}\right) + \left(\dfrac{1}{C}\right) + \left(\dfrac{1}{\alpha_i}\right)}$$
$$\cdots\cdots\cdots\cdots (3 \cdot 17)$$

　　α_o，α_i；壁面外側，内側の表面熱伝達率〔W/(m²・K)〕（実用上 α_o＝23，α_i＝9 を使用）

　　C；空気層の熱伝達率〔W/(m²・K)〕（6.5～7.3〔W/(m²・K)〕）

　　l；壁の厚さ〔m〕

　　λ；壁体の熱伝導率〔W/(m・K)〕（表3・5）

＊温度〔℃〕より〔K〕への換算は，p.44注1)に記述。温度差では，〔℃〕も〔K〕も同じ値となる。

表3・4　冷房負荷の構成要素

種　類	内　　容		顕熱	潜熱
室内取得負荷	(1)壁　　体	外壁・屋根	q_{WO}	—
		内壁・床・建具	q_{WI}	—
	(2)窓ガラス	伝　導	q_{GC}	—
		日　射	q_{GR}	—
	(3) すき間風		q_{IS}	q_{IL}
	(4) 人　　体		q_{HS}	q_{HL}
	(5) 機器（照明など）		q_{ES}	q_{EL}
外 気 負 荷	(6) 取入れ外気		q_{OS}	q_{OL}

注. そのほかに，送風機やダクトなどからの発熱などによる装置負荷がある。

注1)　Effective Temperature Difference。

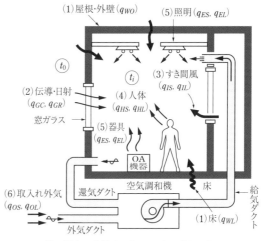

注. 図中の番号は，表3・4と一致させた。

図3・26　冷房負荷の主な構成要因

表3・5 建築材料の熱伝導率 λ〔W/(m·K)〕

材　料	λ	材　料	λ
銅（純）	386	石こう板・ラスボード	0.17
アルミニウム（純）	228	パーライトボード	0.20
鉄（鋼）	52	木毛セメント板	0.15
大理石	1.57	タイル	1.28
花こう岩	2.17	普通れんが	0.62
大谷石	1.34	耐火れんが	1.16
土	0.62	ガラス	0.78
砂（乾）	0.49	アスファルト防水層	0.28
砂利	0.62	アスファルトタイル	0.33
普通コンクリート	1.40	リノリウム	0.19
軽量コンクリート	0.78	ゴムタイル	0.40
気泡コンクリート（ALC）	0.17	繊維強化（FRP）プラスチック	0.26
シンダコンクリート	0.80	畳	0.15
PCコンクリート	1.51	毛織布	0.13
モルタル	1.08	岩綿成形板	0.06
しっくい	0.73	ガラス綿成形板	0.03
プラスタ	0.62	発泡ポリスチレン	0.06
杉	0.09	発泡硬質ポリウレタン	0.02
ひのき	0.10	けいそう土	0.09
ラワン	0.16	炭酸マグネシウム	0.08
合板	0.13		
テックス（軟質繊維板）	0.06		
ハードテックス（硬質繊維板）	0.22		

印の数字は，例題4で使用。

表3・6 外壁・屋根の実効温度差 ETD〔K〕 $t_{ic}=26$℃, $t_{oc}=29.5$℃（東京）

外壁・屋根	方位／時刻	水平	N・日陰	NE	E	SE	S	SW	W	NW
普通コンクリート 厚さ70〜110 mm 軽量コンクリート 厚さ60〜80 mm	10	17.5	4.8	13.8	18.3	14.5	5.4	4.1	4.1	4.1
	12	27.6	6.8	11.4	16.6	16.4	10.8	7.1	6.6	6.6
	14	32.3	8.1	9.7	11.8	12.9	13.6	13.1	11.1	8.5
	16	30.3	8.6	9.1	9.8	10.2	12.5	18.5	19.1	13.9
普通コンクリート 厚さ110〜160 mm 軽量コンクリート 厚さ80〜150 mm	10	12.8	3.9	10.9	14.2	11.0	4.0	3.2	3.3	3.2
	12	21.4	5.6	10.6	14.9	13.8	8.1	5.6	5.3	5.2
	14	27.2	7.0	9.8	12.4	12.6	11.2	10.2	8.7	7.0
	16	28.2	7.8	9.4	10.9	11.0	11.6	15.0	15.0	11.2

注. 時刻は太陽時。中央標準時＝太陽時−〔地方の経度（°）−135〕/15−均時差
印の数字は，例題3で使用。

表3・6は地域が東京であるので，室内温度 $t_{ic}=26$℃，夏期日平均外気温度 $t_{oc}=29.5$℃ のときであり，それ以外は式(3・18)で求めた ETD_c を式(3・16)の ETD のかわりに用いる。

$$ETD_c = ETD + (26 - t_{ic}) + (t_{oc} - 29.5) \quad (3・18)$$

t_{ic}；室内温度〔℃〕

t_{oc}；夏期日平均外気温度〔℃〕（表3・7）

表3・7 夏期日平均外気温度 t_{oc}〔℃〕

地名	t_{OC}	地名	t_{OC}	地名	t_{OC}
札幌	25.4	東京	29.5	大阪	30.3
仙台	27.4	名古屋	29.6	鹿児島	30.0

（改訂第二版「空気調和設備」彰国社）

例題 3

厚さ 150 mm 普通コンクリート外壁の大阪地域における 14 時の実効温度差 ETD_c を室内温度 27 ℃ として求めよ。

【解説】

　表 3・6 より 14 時の N 面の ETD は 7.0 K であり，表 3・7 より大阪の t_{oc} は 30.3 ℃ であるから，式（3・18）より

$$ETD_c = 7.0 + (26-27) + (30.3-29.5) = 6.8 〔K〕$$

同様に計算を行い，E 面 12.2 K，S 面 11.0 K，W 面 8.5 K となる。

---

②　内壁・床面からの取得負荷 q_{WI}〔W〕

　室内の内壁，床面，建具などから受ける熱量で，式（3・19）より求める。

$$q_{WI} = A \cdot K \cdot \varDelta t \quad \cdots\cdots\cdots\cdots （3・19）$$

　A：内壁，床面の面積〔m²〕，内壁の面

積を求める際の壁面の高さは天井高を用いる。

　K：内壁，床面の熱貫流率〔W/(m²・K)〕

　$\varDelta t$：内外温度差〔K〕

例題 4

図 3・27 の断面構造をもつ外壁の熱貫流率 K〔W/(m²・K)〕，この壁（面積 10 m²）の実効温度差 ETD が 10 K あったときの取得負荷 q_{WO} を求めよ。

【解説】

　式（3・17）より実用上 $\alpha_i = 9$，$\alpha_o = 23$ とし，各部材の熱伝導率 λ は，表 3・5 より選択する。よって，同式より

$$K = \cfrac{1}{\left(\cfrac{1}{23}\right)+\left(\cfrac{0.01}{1.28}\right)+\left(\cfrac{0.015}{1.08}\right)+\left(\cfrac{0.15}{1.40}\right)+\left(\cfrac{0.015}{1.08}\right)+\left(\cfrac{0.003}{0.62}\right)+\left(\cfrac{1}{9}\right)}$$

$$= 3.31 〔W/(m²・K)〕$$

$$q_{WO} = 10 \times 3.31 \times 10 = 331 〔W〕$$

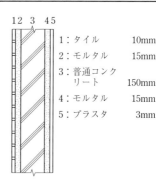

1：タイル	10mm
2：モルタル	15mm
3：普通コンクリート	150mm
4：モルタル	15mm
5：プラスタ	3mm

図 3・27

（2）　窓ガラスからの取得負荷（顕熱）

　窓ガラスからの取得負荷には，図 3・28 のように，温度差による伝導熱負荷①と日射の透過，吸収，放熱による日射熱負荷② があり，式（3・20），式（3・21）より求める。

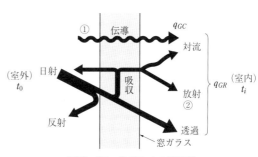

図 3・28　窓ガラスの熱取得

① **伝導による取得負荷** q_{GC}〔W〕

$q_{GC}=A_G\cdot K\cdot(t_o-t_i)$ ……………（3・20）

　　A_G；ガラスの面積〔m²〕

　　K；ガラスの熱貫流率〔W/(m²・K)〕

　　　（表3・8）

　　t_o；外気温度〔K〕　　t_i；室内温度〔K〕

② **日射による取得負荷** q_{GR}〔W〕

$q_{GR}=A_G\cdot S\cdot SC$ ……………（3・21）

　　A_G；ガラス面積〔m²〕

　　S；窓ガラスからの標準日射熱取得
　　　〔W/m²〕（表3・9）

　　SC；遮へい係数（表3・8）

表3・8　代表的な窓ガラスの性能値

窓ガラスの種類	厚　さ〔mm〕	熱貫流率 K〔W/m²・K〕	遮へい係数 SC	日射熱取得率
透　　明	3	6.2	1.0	0.90
透　　明	6	6.2	0.95	0.88
熱線吸収・ブロンズ系	6	6.2	0.72	0.53
熱線反射・ブロンズ系	6	5.6	0.29	0.10
透明＋ベネシアンブラインド	3	5.3	0.58	0.23
Low-E 複層（日射取得型）*	透明3＋空気層12＋Low-E3	1.7	0.70	0.62
Low-E 複層（日射遮蔽型）*	Low-E3＋空気層12＋透明3	1.6	0.46	0.40

＿＿印の数字は，例題5で使用。　　＊：ガラスメーカーカタログ値

表3・9　窓ガラスからの日射熱量 S（透明ガラスおよび熱線吸収ガラス用）

時刻 ＼ 方位	水　平	日　影	N	NE	E	SE	S	SW	W	NW
10	765	43	43	92	319	341	131	43	43	43
12	843	43	43	43	43	93	180	147	50	43
14	723	43	43	43	43	43	108	377	400	152
16	419	38	38	36	36	36	36	402	609	441

注 1）単位は〔W/m²〕　　2）東京：夏期（7月23日）の値　　　　　＿＿印の数字は，例題5で使用。

（3）　すき間風による取得負荷（顕熱・潜熱）

　窓やサッシのすき間やドアから外気が室内に侵入する場合の負荷で，顕熱負荷と潜熱負荷がある。

① **顕熱負荷** q_{IS}〔W〕

$q_{IS}=0.34\cdot\varDelta t\cdot Q_i$ ……………（3・22）

② **潜熱負荷** q_{IL}〔W〕

$q_{IL}=834\cdot\varDelta x\cdot Q_i$ ……………（3・23）

　　Q_i；すき間風量〔m³/h〕

　　$\varDelta t$；室内外空気の乾球温度差〔K〕

　　$\varDelta x$；室内外空気の絶対湿度差
　　　〔kg/kg（DA）〕

　Q_i は，換気回数 n を式（3・24）より求める。

$Q_i=n\cdot V$ ……………………（3・24）

　　n：換気回数〔回/h〕

　　　通常の事務所ビルで 0.5〜1.0 回/h

　　V：室の容積〔m³〕

（4）　人体からの取得負荷（顕熱・潜熱）

　人体からの負荷には，人体表面からの対流および放射による顕熱と発汗・呼吸による潜熱がある。在室者1人当たりの放熱量は，表3・10であり，表3・11の単位面積当たり人員 N〔人/m²〕，床面積 A〔m²〕をこれに乗じて求める。

〔補足〕　式（3・22），（3・23）の説明

$q_{IS}=\dfrac{C_p\cdot\rho\cdot\varDelta t\cdot Q_i}{3600}=\left(\dfrac{C_p\cdot\rho}{3600}\right)\cdot\varDelta t\cdot Q_i=0.34\cdot\varDelta t\cdot Q_i$ ……（3・22）

$q_{IL}=\dfrac{r\cdot\rho\cdot\varDelta x\cdot Q_i}{3600}=\left(\dfrac{r\cdot\rho}{3600}\right)\cdot\varDelta x\cdot Q_i=834\cdot\varDelta x\cdot Q_i$ ……（3・23）

ρ：空気密度＝1.2〔kg（DA）/m³〕

C_p：乾き空気の定圧比熱＝1.0×10³〔J/kg（DA）・K〕

1/3600：〔J/h〕を〔J/s〕＝〔W〕に換算するための係数

r：水の蒸発潜熱＝2.5×10⁶〔J/kg〕

表 3・10　人体からの発熱量の設計値　〔W/ 人〕

作業状態		室　温		28℃		26℃	
	例	全発熱量 (H_S+H_L)	顕熱 H_S	潜熱 H_L	顕熱 H_S	潜熱 H_L
静　　座	劇　　場	92	44	48	51	41
軽　作　業	学　　校	106	48	58	55	51
事務所義務 軽 い 歩 行	事務所・ホテ ル・デパート	119	47	72	55	64
立位・座位 歩　　　行	銀　　行	131	48	84	56	76
座　　業	レストラン	145	51	94	59	86
着席作業	工場の軽作業	198	50	148	63	135

表 3・11　室内用途別の人員密度 N〔人 /m²〕

		一般的面積	設　計　値	
		m²/ 人	m²/ 人	人 /m²
事　務　所 建　　　築	事　務　室 会　議　室	5〜8 2〜5	5.0 2.0	0.2 0.5
デパート・商店 （売り場）	一　　　般	1〜4	2.5	0.4
レ ス ト ラ ン		1〜2	1.7	0.7
劇　　　場	観　客　席	0.4〜0.7	0.5	2.0
学　　　校	教　　　室	1.3〜1.6	1.4	0.7

① **顕熱負荷** q_{HS}〔W〕

$$q_{HS}=N \cdot A \cdot H_s \cdots (3 \cdot 25)$$

② **潜熱負荷** q_{HL}〔W〕

$$q_{HL}=N \cdot A \cdot H_L \cdots (3 \cdot 26)$$

N；在室人員密度〔人 /m²〕

H_S；在室者 1 人当たりの顕熱量〔W/人〕

H_L；在室者 1 人当たりの潜熱量〔W/人〕

（5）照明および動力機器からの取得負荷（顕熱）

照明器具や電動機などからの対流および放射による顕熱が放熱される。

① **照明からの取得負荷** q_{ES}〔W〕

蛍光灯　$q_{ES}=1.16W \cdot A^{**}$ ……… (3・27)

白熱灯　$q_{ES}=W \cdot A$ ………… (3・28)

W：照明器具の 1 m² 当たりの発熱量〔W/m²〕

表 3・12　単位床面積当たりの照明用電力 W〔W/m²〕と室内照度〔lx〕

建物種類	用　途	照明用電力		室　内　照　度	
		一　般	高　級	一　般	高　級
事務所ビル	事　務　室	20 〜 30	50 〜 55	300 〜 350	700 〜 800
	銀行営業室	60 〜 70	70 〜 100	750 〜 850	1000 〜 1500
劇　　場	客　　室	10 〜 15	15 〜 20	100 〜 150	150 〜 200
	ロ ビ ー	10 〜 15	20 〜 25	150 〜 200	200 〜 250
商　　店	店　　内	25 〜 35	55 〜 70	300 〜 400	800 〜 1000
学　　校	教　　室	10 〜 15	25 〜 35	150 〜 200	250 〜 350

注. ホテルのみ白熱灯間接照明で，他は蛍光灯。一般は半直接照明，高級は半間接照明。

A：室面積〔m²〕

② **動力機器からの取得負荷** q_{ES}〔W〕

$$q_{ES}=W_A \cdot n \cdot f \cdots\cdots\cdots\cdots (3 \cdot 29)$$

W_A：事務機器の発熱量〔W/台〕（表3・13）

n：〔台〕

f：使用率

---

*　表 3・10〜3・12 中の　　印の数字は，例題 5 で使用。

**　照明 1〔W〕当たりの発熱量〔W/W〕は，白熱灯，省エネ型蛍光灯は 1.0，一般的な蛍光灯の場合は安定器の発熱が加わるため 1.16（≒ 1.2）である。

表3・13 OA機器からの発生顕熱量 W_A〔W/台〕

機器・器具名	発生熱量
ワープロ	100
パソコン・オフコン端末	200
CAD端末	500〜800
複写機	300程度

注. 顕熱負荷のみを表示。

（6） 外気負荷

（3）のすき間風と同様に求める。

① **顕熱負荷** q_{OS}〔W〕

$$q_{OS} = 0.34 \cdot \Delta t \cdot Q_o \quad \cdots\cdots\cdots\cdots (3 \cdot 30)$$

② **潜熱負荷** q_{OL}〔W〕

$$q_{OL} = 834 \cdot \Delta x \cdot Q_o \quad \cdots\cdots\cdots\cdots (3 \cdot 31)$$

Q_o：取入れ外気量〔m³/h〕

（7） 冷房負荷の集計

（1）〜（6）までの取得負荷の計算で求めた顕熱負荷の合計 q_{CS} と，潜熱負荷の合計 q_{CL} を加算した全冷房負荷 q_C は，式（3・32）で求まる。

$$q_{CS} = (q_{WO} + q_{WI} + q_{GC} + q_{GR} + q_{IS} + q_{HS} + q_{ES})$$
$$\times (1.1 \sim 1.2)^* + q_{OS}$$

$$q_{CL} = (q_{IL} + q_{HL} + q_{EL}) \times 1.05^{**} + q_{OL}$$

$$q_C = (q_{CS} + q_{CL}) \quad \cdots\cdots\cdots\cdots (3 \cdot 32)$$

＊$(1.1 \sim 1.2)$ は，送風機，ダクトなどからの熱取得を考慮した安全率である。壁体や窓ガラスからの取得負荷は，2つ以上の時刻（例えば12時，14時，16時）の中から集計値として，最も大きい負荷を求める。＊＊は，安全率とする。

例題5

事務室Aを空調するときの冷房負荷を求めよ。設計条件は次のとおりとする。

1) 地域；東京地方

2) 最上階の部屋で隣室，廊下，下階室（図中アミ印）は空調されている。

3) 冷房条件

夏　期	乾球温度〔℃〕	湿球温度〔℃〕	相対湿度〔％〕	絶対湿度〔kg/kg(DA)〕
外気条件	32.6	26.8	64.0	0.0200
室内条件	28.0	20.5	50.0	0.0118

4) 熱貫流率

部　材	仕　　　様	熱貫流率 K〔W/(m²・K)〕
外　　壁	普通コンクリート厚さ 150mm	3.31
屋　　根	普通コンクリート厚さ 100mm	1.46
窓ガラス	厚さ 3mm	5.30

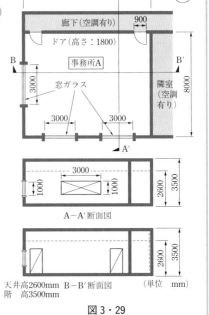

天井高2600mm B−B'断面図
階　高3500mm

図3・29

5) 窓ガラス内側にクリーム色のベネシアンブラインドを設置（遮へい係数0.58：表3・8）

6) 照明は蛍光灯として終日点灯している（照明用電力 20W/m²：表3・12）

7) 室内にはすべてで1.2kWの顕熱量を発生する事務機器があり，使用率0.5とする。

8) 外気取入れ量は30m³/(h・人)とする。　9) 在室者は0.2人/m²とする（表3・11）。

【解説】

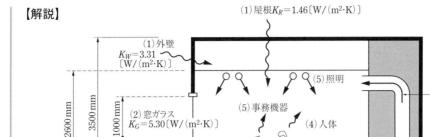

図3・30

の範囲は空調部分のため負荷の出入はなしとみなす。

(1) 壁体からの取得負荷 q_{WO}

屋根，外壁（S，E面）の面積 A，熱貫流率 K，補正実効温度差 ETD_c（表3・6，表3・7，式(3・18)使用）より，式(3・16) から求めた各壁体の q_{WO} を表1に示す。

表1 壁体からの取得負荷算出結果

方位	構造種別	面積 A〔m²〕	熱貫流率 K〔W/(m²·K)〕	12時 ETD〔K〕	ETD_c〔K〕	q_{WO}〔W〕	14時 ETD〔K〕	ETD_c〔K〕	q_{WO}〔W〕	16時 ETD〔K〕	ETD_c〔K〕	q_{WO}〔W〕
S	外 壁	25.00	3.31	8.1	6.1	505	11.2	9.2	762	11.6	9.6	795
E	外 壁	29.00	3.31	14.9	12.9	1239	12.4	10.4	999	10.9	8.9	855
水平	屋 根	80.00	1.46	27.6	25.6	2991	32.3	30.3	3540	30.3	28.3	3306
① 小 計						4735			5301			4956

注）ETD_c の計算において，t_{oc} は表3・7の夏期日平均外気温度（℃）（東京）を用いる。

(2) 窓ガラスからの熱取得負荷（伝導 q_{GC}，放射 q_{GR}）

窓ガラス(S，W面)の面積 A，熱貫流率 K，室内外温度差 Δt（32.6℃−28.0℃＝4.6℃）より，式(3・20)から q_{GC} を，表3・8より遮へい係数 SC を0.58とし，表3・9から日射熱取得量を求め，表2，3に示す。

表2 窓ガラスからの熱取得負荷（伝導 q_{GC}）算出結果

方位	構造種別	面積 A〔m²〕	熱貫流率 K〔W/(m²·K)〕	12時 温度差 Δt〔K〕	q_{GC}〔W〕	14時 温度差 Δt〔K〕	q_{GC}〔W〕	16時 温度差 Δt〔K〕	q_{GC}〔W〕
S	窓ガラス	3.00	5.3	4.6	74	4.6	74	4.6	74
E	窓ガラス	6.00	5.3	4.6	147	4.6	147	4.6	147
② 小 計					221		221		221

表 3 窓ガラスからの熱取得負荷（放射 q_{GR}）算出結果

方位	構造種別	面積 A 〔m²〕	遮へい係数 SC	時　刻					
				12 時		14 時		16 時	
				日射熱取得 S 〔W/m²〕	q_{GR} 〔W〕	日射熱取得 S 〔W/m²〕	q_{GR} 〔W〕	日射熱取得 S 〔W/m²〕	q_{GR} 〔W〕
S	窓ガラス	3	0.58	180	314	108	188	36	63
E	窓ガラス	6	0.58	43	148	43	150	36	126
③　小　計					464		338		189

	12 時	14 時	16 時
（①小計＋②小計＋③小計）の合計	5420	5860	5366

・最も大きい負荷として，5860 W を選定。

(3)　**すき間風からの取得負荷** q_{IS}, q_{IH}

　　・すき間風通気流量 Q_i の算定

　　　　室容積＝8 m×10 m×2.6 m＝208〔m³〕

　　　　人員＝80 m²×0.2 人/m²＝16〔人〕

　　　　換気回数 1 回/h とすると，　　Q_i＝208 m³×1 回/h＝208〔m³/h〕

　　・q_{IS} の算定（顕熱）：式(3・22)より

　　　　0.34 W·h/(m³·K)×(32.6−28.0) K×208 m³/h＝326〔W〕―――④

　　・q_{IH} の算定（潜熱）：式(3・23)より

　　　　834 W·kg(DA)·h/(m³·kg)×208 m³/h×(0.020−0.0118)＝1423〔W〕―――⑤

(4)　**人体からの取得負荷** q_{HS}, q_{HL}

　　人体からの発熱量は表 3・10 による。

　　　　q_{HS}＝16 人×47 W/人＝752〔W〕―――⑥

　　　　q_{HL}＝16 人×72 W/人＝1152〔W〕―――⑦

(5)　**照明，事務機器からの取得負荷** q_{ES}

　　式(3・27)および式(3・29)より

　　　　q_{ES}＝1.16×20 W/m²×80 m²＋1200 W×0.5＝2456〔W〕―――⑧

(6)　**外気負荷からの取得負荷** q_{OS}, q_{OL}

　　式(3・30)および式(3・31)より

　　　　q_{OS}＝0.34×30 m³/(人·h)×16 人×(32.6−28.0)＝751〔W〕―――⑨

　　　　q_{OL}＝834×30 m³/(人·h)×16 人×(0.020−0.0118)＝3283〔W〕―――⑩

(7)　**冷房負荷の集計**

　　　　q_{CS}＝(①＋②＋③＋④＋⑥＋⑧)×1.1＋⑨

　　　　　　＝(5860＋326＋752＋2456)×1.1＋751＝11085〔W〕

　　　　q_{CL}＝(⑤＋⑦)×1.05＋⑩＝(1423＋1152)×1.05＋3283＝5987〔W〕

　　　　q_{CS}＋q_{CL}＝17072〔W〕

　　　　よって，面積当たりの負荷は　　17072 W÷80 m²≒214 W/m²

コラム 12	日射遮へい

　空調負荷を削減し，省エネルギーな空調設備システムを計画するには，窓ガラスよりの日射取得負荷を抑えることが有効である。

　日射量を100％として，窓に透明単層ガラスを用いた場合（①），①の状態で内側にブラインドを設置した場合（②），同様に，外側にブラインドを設置した場合（③）での日射遮へい効果の比較を図1に示す。

　①の単層ガラスでは約80％が透過するのに対し，内側ブラインドで約50％まで遮へいする。一番効果のあるのは外ブラインドで，20％近くまで抑えることができる。

　窓面ガラスの外側で日射を断つという考え方は，われわれの身近でも夏の日差しを避けるために用いるすだれやよしず（図2），壁面の緑化（図3），ヨーロッパではオーニング（図4）と呼ばれる日よけをよく目にする。また，オフィスビルなどでも外ブラインドや水平・垂直ルーバー（図5）も用いられている。しかし，ほこりや汚れに対する清掃方法などの維持管理にも留意しておかなければならない。

　最近は，Low-E（Low Emissivty）(低放射）複層ガラスという特殊金属膜を複層ガラスの中空層の室内側にコーティングして断熱性を高めた高断熱複層ガラス（日射取得型）と，室外側にコーティングして遮熱断熱性能を高めた遮熱断熱複層ガラス（日射遮へい型）がある。日射遮へい型は，室内への流入熱量を約40％に抑えることができる。

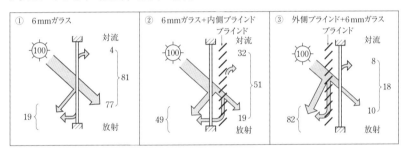

図1　日射遮へい効果の比較

図2　すだれ(写真提供：SKK 佐々木工業（株）)

図3　壁面緑化の例（関東学院大学）

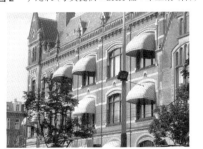

図4　オーニングの例（オランダ・アムステルダム）

図5　水平ルーバーの例（北海道科学大学）

3・4・3　暖 房 負 荷

暖房負荷は，ボイラ，空調加熱機器などの容量を決定する基礎になるものである。暖房負荷の要因を表3・14に，要因の関係図を図3・31に示す。暖房負荷では，冷房負荷の計算と以下の点が異なることに留意する。

① 冬期には一般に室温が外気温より高くなるため，夏期には冷房負荷では室内に向かっていた熱の流れ（室内にとっては熱取得）が，室外に向かって放出（室内にとっては熱損失）するものと考える。

② 冷房負荷の大きな要因となっていた窓ガラスからの日射による負荷 q_{GC}, q_{GR} は，暖房負荷としては安全側に働く。しかし，天候の悪い日は期待できないので0として扱う。

③ 照明器具 q_{ES}, q_{EL}, 在室者 q_{HS}, q_{HL} など

表 3・14　暖房負荷の構成要素

種　　類	内　　容		顕熱	潜熱
室内損失負荷	(1)	外壁・屋根・窓ガラス	q_{WO}	—
		床	q_{WL}	—
	(3) すき間風		q_{IS}	q_{IL}
外 気 負 荷	(6) 換気による損失		q_{OS}	q_{OL}

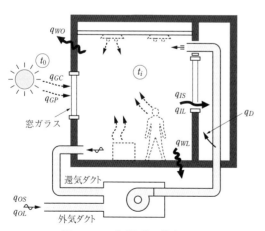

図 3・31　暖房負荷の構成要因
（図中の破線部の負荷は表3・4の(2)，(4)，(5)となり，暖房負荷では安全側に考え，無視する）

から発生する発熱量は，安全側にカウントできるため無視する。ただし，発熱量が多い場合（パーソナルコンピュータやOA機器などからの発熱が多い場合）には，これを差し引かないと機器容量が過大となるので注意を要する。

(1)　壁体などからの損失負荷（顕熱）

① 外壁・屋根・窓ガラスからの損失負荷 q_{WO}〔W〕

$$q_{WO} = A \cdot K \cdot \varDelta t \quad \cdots\cdots\cdots\cdots\cdots (3 \cdot 33)$$

A：外壁の面積〔m²〕

K：外壁などの熱貫流率〔W/(m²・K)〕

$\varDelta t$：室内外の温度差〔K〕

② 内壁・床面からの損失負荷 q_{WI}〔W〕

$$q_{WI} = A \cdot K \cdot \varDelta t \quad \cdots\cdots\cdots\cdots\cdots (3 \cdot 34)$$

A：内壁，床面の面積〔m²〕

K：内壁,床面の熱貫流率〔W/(m²・K)〕

$\varDelta t$：室内外の温度差〔K〕

$\varDelta t$ は隣室，上階，下階が暖房している場合は熱の出入りがないので，負荷計算は不要である。暖房している場合 $\varDelta t$ は室内温度 t_i と外気温度 t_o の平均値を考えて式（3・35）により算出する。

$$\varDelta t = (t_i - t_o)/2 \quad \cdots\cdots\cdots\cdots (3 \cdot 35)$$

冷房時も同様である。

冷房負荷で地面に接する壁・床の場合は不要であるが，暖房負荷の場合は計算を必要とする。表3・15に示す地中温度を用い

表 3・15　暖房設計用地中温度

地　　名	地表面温度〔℃〕	地表面からの深さ〔m〕		
		1	2	3
鹿児島	1.4	7.6	11.3	13.5
大　阪	0.2	6.9	10.8	13.1
名古屋	−1.7	5.3	9.4	11.8
東　京	−1.5	5.4	9.0	11.3
札　幌	−10.9	−3.1	1.5	4.1

て，式（3・36）により求める。

$$K=\cfrac{1}{\left(\cfrac{1}{\alpha_i}\right)+\Sigma\cfrac{l}{\lambda}+\cfrac{l_e}{\lambda_e}}\ \cdots\cdots\ (3\cdot36)$$

α_i：内壁の表面熱伝達率〔W/(m²・K)〕

λ：壁体の熱伝導率〔W/(m・K)〕

λ_e：土の熱伝導率〔W/(m・K)〕

（表3・5）

l_e：土の厚さ（一般に1mとする）

（2）　すき間風による損失負荷（顕熱・潜熱）

窓サッシのすき間やドアから冷気が浸入して暖房負荷となる。算定式は，式(3・22)，式(3・23) による。

（3）　外気負荷

算定式は（2）のすき間風と同様，式(3・22)，式(3・23) より算定する。

（4）　暖房負荷の集計

(1)～(3) までの損失負荷の計算で求めた顕熱負荷の合計 q_{HS} と潜熱負荷の合計 q_{HL} を加算した暖房負荷 q_H は，式（3・37）で求まる。安全率の考え方は冷房負荷と同じである。

$$q_{HS}=(q_{WO}+q_{WI}+q_{IS})\times(1.05\sim1.1)+q_{OS}$$

$$q_{HL}=q_{IL}\times1.02+q_{OL}$$

$$q_H=q_{HS}+q_{HL}\ \cdots\cdots\cdots\cdots\cdots\ (3\cdot37)$$

3・4・4　熱負荷の概算値

3・4・2～3・4・3では，冷房負荷，暖房負荷の計算方法について述べた。

空調設備計画を行う際の目安として，建物用途別に単位床面積当たりの負荷を把握しておくことは大切である。表3・16に建物種類・用途別の冷房負荷，暖房負荷の概算値を示す。

最近では，さまざまなコンピュータソフトが開発され，空調負荷計算が可能となってきている。ソフトの使用者によってさまざまな目的・用途(オブジェクト)，ニーズがあるので，今後はそれに合ったオブジェクト指向型の空調負荷シミュレーションソフトの開発が必要とされる。

表3・16　冷暖房負荷の概算値〔W/m²〕

建　物　種　類	用　途　な　ど	冷　房　負　荷	暖　房　負　荷
事 務 所 建 物	低　　　　層 高　　　　層	80 ～ 160 （延） 110 ～ 200 （延）	80 ～ 130 （延） 110 ～ 170 （延）
住宅・集合住宅	南　　向　　き 北　　向　　き	220 ～ 300 170 ～ 240	110 ～ 180 （一般） 160 ～ 210 （寒冷地）
劇 場 ・ 公 会 堂	客　　　　席 舞　　　　台	520 ～ 640 110 ～ 180	450 ～ 520 230 ～ 200
デ 　 パ 　 ー 　 ト	1 階 売 場 一 般 売 場	400 ～ 470 300 ～ 410	50 ～ 110 50 ～ 110
ホ 　 テ 　 ル	客室・ロビー	80 ～ 190 （延）	110 ～ 170 （延）
病　　　　　　院	病　　　　室 診　　療　　室 手　　術　　室 検　　査　　室	90 ～ 110 170 ～ 260 340 ～ 770 170 ～ 390	110 ～ 170 120 ～ 170 470 ～ 940 150 ～ 280

注. （延）は延べ床面積当たりを意味し，一般に空調面積は延べ面積の 60 ～ 65％である。

3・5　空気調和方式の種類・特徴と設備計画

3・5・1　空気調和方式の種類

（1）　空気調和方式の分類

　空気調和方式（以下，空調方式と呼ぶ）は，表3・17のように，空調機の設置方法，熱（冷）媒体の種類の違いにより大別され，さらに細かく分類される。

（a）　空調機の設置方法による分類

　　空調機や熱源機を図3・32(a)のように中央機械室に置き，一括して空調を行う**中央式空調方式**，図3・32(b)のように各階または各ゾーンごとに空調機を分散させて空調を行う**個別式空調方式**がある。前者は，中規模・大規模建物の空調に適しており，各室の温度設定や個人の快適性を実現するには，風量調節などのさまざまな制御が必要である。後者は，各室やゾーンごとの単独運転が可能であるため，空調の必要スペースを必要なときに運転でき，個別制御と経済性にすぐれているが，維持管理に手間がかかる。

　　大規模建物では，空間の用途に応じて，中央式・個別式を併用して用いる場合も多い。

表3・17　空調方式の分類

空調機の設置方法	熱(冷)媒	代表的な空調方式
中央式	全空気方式	定風量単一ダクト方式 変風量単一ダクト方式 二重ダクト方式 各階ユニット方式
	水―空気方式	ファンコイルユニット方式 （ダクト併用） 放射冷暖房方式 （ダクト併用）
	全水方式	ファンコイルユニット方式
個別式	冷媒方式	パッケージユニット方式 （水冷式・空冷式）

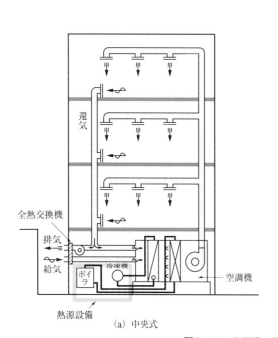

(a)　中央式

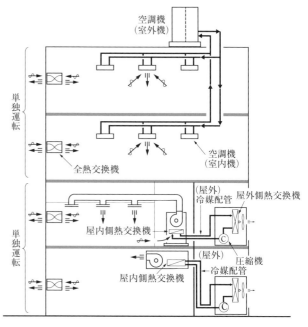

(b)　個別式

図3・32　空調機の設置方法による空調方式の分類

（b）　搬送する熱（冷）媒による分類

　空調設備は，搬送する熱（冷）媒体が，空気，水（空気と水の併用も含む），冷媒ガス[注1]であることの違いによって，図3・33のように分類できる。

　空気方式は熱媒体を空気とし，空調機からダクトを通して室内に送る方式であり，機器設置スペースやダクトスペースが大きくなることがある。

　水方式は，室内に冷温水を供給し，ファンコイルユニットなどで冷暖房を行う方式である。比較的容易に個別運転できるが，加湿不足や室内空気を循環させて使うので換気不足に陥るおそれがある。

　水―空気併用方式は，機械室の空調機で処理した空気を室内に送り込む経路と，冷水や温水を各室のファンコイルユニットなどに送り室温の調節を行う経路の2つを有する方式である。

　冷媒方式は，水や空気ではなく，冷凍サイクル[注2]を利用して，特殊な冷媒で外気と室内空気の間の熱搬送を行う方式である。

（2）　各種空調方式の特徴

　中央式空調方式と個別式空調方式は，以下のような各方式に分類できる。

（a）　中央式空調方式

①　定風量単一ダクト方式（CAV[注3]方式）

　空調機で作り出された空気をダクトを通して各室へ送風する方式で，空調方式の最も基本となるシステムである。図3・34のように，建物全体あるいは，空調を行う区域（ゾーン）ごとに1台の空調機を設けて送風する方式である。室内からの還気と室内空気の清浄性を保つための外気を空調機に取り入れ，空調機内で温度・湿度・清浄性を総合的に調節したのち，送風機により一定風量の空気を室内に送っている。各室

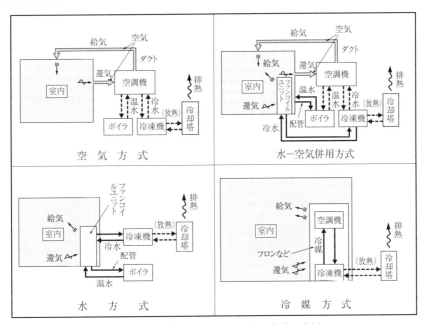

図3・33　熱媒体の違いによる空調方式の分類

注1）　冷凍機での熱交換に用いられる流体で，蒸発器で熱を奪い，凝縮器で熱を放出する。
　2）　3・6・1（1）（b）を参照。
　3）　CAV：Constant Air Volume の略。

に同一温湿度の空気を送風するため，建物の階別，室別の温度制御や部分的な運転や停止ができない。

　事務所ビルのインテリアゾーン[注1]，劇場などの大空間などに採用されることが多い。

② **変風量単一ダクト方式（VAV[注2]方式）**

　定風量単一ダクト方式に対し，各ゾーンや各室の負荷変動に応じて吹出し風量を変化させることができる方式である。図3・35に示すように，VAV装置ユニットを各ゾーンごとに設置し，そのゾーンの室温を測定し，冷房時に室温が高くなれば風量を多くしたり，低くなったら風量を減らすことができる。

　風量を空調負荷変動に応じて変化させることができるので，送風機（ファン）動力が節約できる。

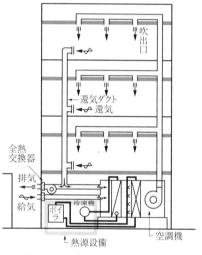

図3・34　定風量単一ダクト方式

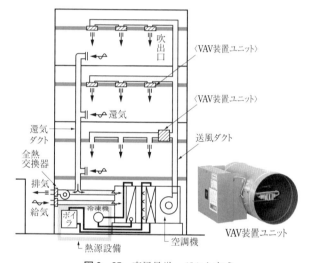

図3・35　変風量単一ダクト方式

表3・18　VAV装置ユニットの型式と特徴

	絞り型ユニット	誘引型ユニット	バイパス型ユニット
構造図			
機構	・負荷の減少に応じて絞り機構により風量を調節する。	・空調機で処理した一次空気の噴出により室内の二次空気を誘引し吹き出す。	・軽負荷時の余剰空気を天井内の還気ダクトにバイパスさせて風量調節する。
特徴	① ダクトの設計・施工が容易である。 ② 送風機動力の節減が可能である。 ③ ダクトの静圧変動に対応できる制圧制御が必要である。 ④ ユニットの発生騒音が大きい。	① 他の方式に比較して，ダクト寸法を小さくできる。 ② 一次空気の送風動力が大きい。 ③ 高圧の送風機が必要である。 ④ 室内の汚染除去の性能が劣る。	① ダクト系の増改設に対して柔軟性が少ない。 ② 送風機動力を節減できない。 ③ 天井内の照明発熱の除去に排気が利用できる。 ④ 送風空気量・ダクトの静圧の制御が不要である。

注1)　図3・38を参照。
　2)　VAV：Variable Air Volume System の略。

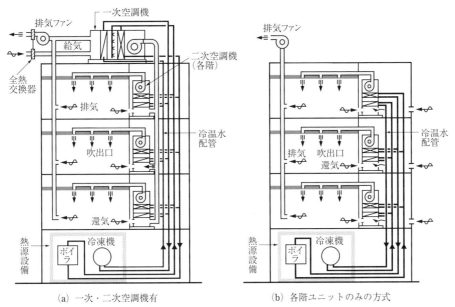

(a) 一次・二次空調機有　　　　(b) 各階ユニットのみの方式

図3・36　各階ユニット方式

　VAV装置ユニットには，構造上の特徴から表3・18のような種類のものがある。絞り型は，負荷の増減に対して，スプリング機構などにより給気風量を調節する。

　誘引型は，空調された空気を一次空気として噴出させ，その風量変化によって室内より誘引される空気風量を変化させる。

　バイパス型は，負荷の減少に対して，余剰空気をバイパスさせて天井裏スペースへ排出する。

③　**各階ユニット方式**　　単一ダクト方式の変形に各階ユニット方式がある。この方式は，空調機を各階に分散させて設置するので，各階やゾーンごとの使用状況や空調負荷の発生状況に応じた運転ができる。

　各階ユニット方式には，図3・36(a)のように，外気負荷を処理する一次空調機と，各階の空調負荷を処理する二次空調機を組み合わせた方式が基本となる。この場合には，外気給気用として，縦ダクトが必要である。

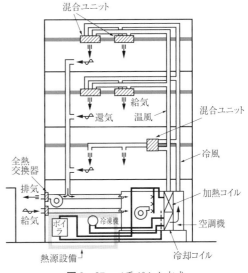

図3・37　二重ダクト方式

　図3・36(b)は，各階の空調機のみで処理する方式である。また，外気を取り入れる給気口，排気する排気口が必要になる。一般に，機械室の面積は他の空調方式より大きくなる。

④　**二重ダクト方式**　　図3・37のように，冷風と温風を2系統のダクトに設置し，室

内への吹出し部分に冷風と温風を適当な比率で混合する混合ユニットが設置され，混合ユニットで設定温度を一定に保ち室内に送風する。

　混合ユニットごとに個別制御が可能であるが，冷風と温風を混合する際の消費エネルギーが多いこと，ダクトが2系統必要となり，単一ダクト方式よりスペースも大きくなることが短所である。手術室や実験室などで使用されることが多く，一般事務所ビルでは使用されない。

⑤　**ファンコイルユニット方式**　冷却と加熱を兼ねたコイル，フィルタ，小型送風機（ファン）を内蔵したファンコイルユニット（FCU）[注1]と呼ばれる室内用小型空調機を各室に設置する。図3・38のように，中央機械室より冷水または温水を供給してそれを熱源に空調を行う方式である。事務所ビルなどでは，単一ダクト方式と併用される（ファンコイルユニット・ダクト併用方式という）ことが多く，単一ダクトでインテリア負荷および新鮮空気を空調機で処理し，ファンコイルユニットでペリメータゾーンの熱負荷を処理する。単一ダクト方

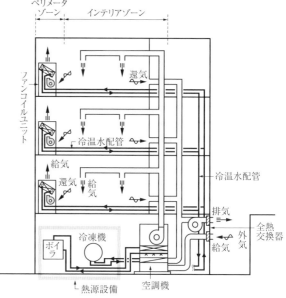

図3・38　ファンコイルユニット方式（ダクト併用）

式のみの場合より，併用することで個別制御がしやすい。

⑥　**放射冷暖房方式**　床・天井・壁などに埋設したパイプに，冷水や温水を通して冷却パネルまたは放射パネルとし，パネル表面からの放射熱を利用して冷暖房を行う方式である。人の快適感に与える影響が大きい天井・壁・床の各面からの放射熱を利用しているので，快適度のすぐれた方式とい

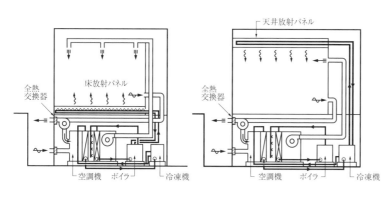

（a）放射暖房方式（単一ダクト方式併用）　（b）放射冷房方式（単一ダクト方式併用）

図3・39　放射冷暖房方式

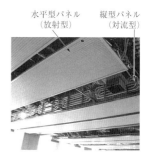

天井放射冷暖房パネルの例
（関東学院大）

注1）　FCU：Fan Coil Unit System の略。

える。その一つとして，特に床暖房方式は，他の方式に比べ小さく，送風によるドラフトの影響が少なく快適性は高い。わが国では，図3・39(a)のように，冬期を対象とした床暖房やパネルヒーティングが一般的であり，銀行などの営業室やアトリウム，天井の高いホールを対象に採用されている。また，図3・39(b)のように放射冷房を行う場合は，冷却パネル面の結露に留意しなければならない。

(b)　個別空調方式

　一般にパッケージ方式と呼ばれているもので，圧縮機・凝縮機・蒸発機などの冷凍サイクル系の機器および送風機・エアフィルタ・自動制御機器などをケーシングに収納したパッケージユニット型の空調機を用いた方式である。

　室内機と屋外機の納まり形態によって両者を一緒にした一体型と，両者を分けたスプリット型に区分される。スプリット型は室外機1台に対し，1台の室内機を組み合わせたものや，複数の室内機が組み合わさったマルチシステムと呼ばれるものがある。

　① **ルームエアコン**　図3・40のようにルームエアコンには，一体型とスプリット型がある。能力として最大でも，1.5 kW程度の圧縮機出力で，通常50 m² 以下の室に用いる。一体型（図3・40(a)）はすべての機器を1つのケーシングに収めたものであり，窓枠にはめ込むウィンド型や壁貫通型がある。スプリット型（図3・40(b)）は，一対の屋外機と屋内機で構成されるものや，マルチタイプと呼ばれる1台の屋外機と複数の屋内機を組み合わせたものがあるが，圧縮機出力は最大1.5 kW 程度と小さい。

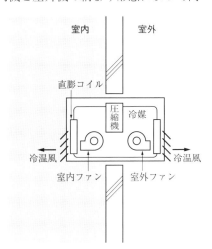

(a) 一体型ルームエアコン（ウインドタイプ）　　(b) スプリット型ルームエアコン

図3・40　ルームエアコン

　② **マルチシステム**　図3・41に示すとおり，マルチシステムには，空冷式と水冷式がある。パッケージユニットを設置し，1台ないし複数の屋内ユニットを設置するシステムが一般的であり，通常，中小事務所ビル，商業ビル等で使用されている。

パッケージシステムとも呼ばれる。

　図3・41(a)に空冷式の例を示すように，屋外機（空気熱源ヒートポンプユニット）を建物の屋上などに設置し，屋外機と屋内機は，冷媒を通す冷媒管で接続されている。ポンプ，空調機，ダクト設備が不要であり，

設備費も比較的安価で急速に普及している空調方式である。電力使用の空気熱源ヒートポンプユニットの部分に，ガスエンジンを用いたガスヒートポンプシステムもある。

図3・41(b)の水冷式の場合は，屋外機で熱交換する媒体が水であるため，水配管が必要となる。冷房用の放熱に冷却塔を，暖房用にボイラを設置するので，建築上，屋上などにスペースを用意する。

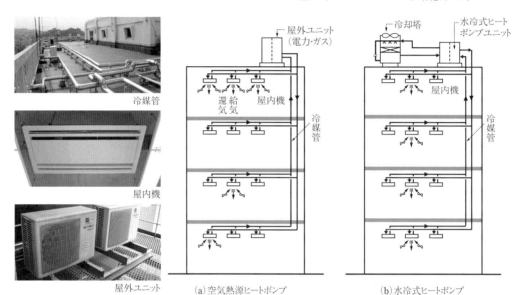

冷媒管

屋内機

屋外ユニット

(a)空気熱源ヒートポンプ

(b)水冷式ヒートポンプ

図3・41　パッケージユニット方式（マルチシステム）

表3・19　建物用途と空調方式

建物用途		空調方式と留意点
事務所ビル	小規模 2000〜5000 m²	個別方式空調方式の中でもマルチシステム
	大規模 10000 m²以上	インテリアゾーンは，中央方式空調方式の中で各階ユニット方式（VAV付）で，ペリメータゾーンはファンコイルユニット方式
ホテル	小規模 （客室30以下）	ファンコイルユニット方式かパッケージシステム（バスルーム近傍の天井内に設置）
	大規模 （客室100以上）	客室はファンコイルユニット・ダクト併用方式，公共部分（ロビー，食堂）はゾーニングし，VAV単一ダクト方式
商業施設		売場の模様替えに対応し，各階ユニット方式，マルチシステム
工場		単層建物では単一ダクト方式，多層建物では各階ユニット方式，二重ダクト方式 空気清浄度の高さを要求されるクリーンルームでは，専用の方式を用いる。
劇場・映画館		観客席，事務室は単一ダクト方式を用い，別系統とする。
病院	手術室	専用個別方式とし，室直前に再熱器，HEPAフィルタを設置する。
	病棟部	ペリメータ部分はファンコイルユニット方式，インテリア部分は各階ユニット方式
	外来部	ペリメータ部分はファンコイルユニット方式またはVAV方式，インテリア部分は単一ダクト定風量方式
住宅		専用部は各室にスプリット型のルームエアコンを，またはマルチタイプ

（3）　建物用途と空調方式

建物用途に適用したさまざまな空調方式が用いられるが，その一例を表3・19に示す。

（4）　空調負荷削減のための空調方式

（a）　エアフローウィンドウシステム

空調負荷計算でも述べたように，建物外周（ペリメータゾーン）のガラス面から受ける外気や日射の負荷（スキンロードという）を処理することは，空調負荷削減には有効である。そのために用いられるのが**ペリメータレス空調**と呼ばれ，代表的なものが**エアフローウインドウシステム**である。

図3・42のように二重ガラスとし，その中空層にブラインドを内蔵し，ブラインドの窓下部より室内空気を吸い込み，上部の天井内に排気することで窓面付近の熱負荷を低減させる方式である。

（b）　ダブルスキンシステム

ダブルスキンシステムは，建物の外壁の一部または全部をガラスで覆い，ペリメータゾーンでの熱負荷を低減させる方式である。図3・43のように，外壁とガラスの間にできた空間の開口部を夏期，中間期，冬

期に応じて制御し，熱負荷をコントロールするシステムである。

図3・44にダブルスキンを用いた建物の外観および内部を示す。

（c）　パッシブ蓄熱とナイトパージ

建物の躯体に蓄熱することを**パッシブ蓄熱**（一般に躯体蓄熱）という。これは躯体をそのまま使うことで，あとで述べる蓄熱槽のような機械システムによるアクティブな装置を設けることなく蓄熱することで，建物の有効利用スペースが拡大し，工事費も安価になる。パッシブ蓄熱により不足した分を，アクティブなシステムで補完する

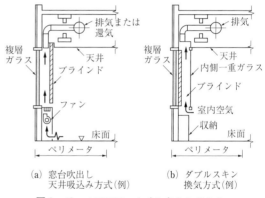

（a）　窓台吹出し　　　　（b）　ダブルスキン
　　天井吸込み方式（例）　　換気方式（例）

図3・42　エアフローウインドウシステム

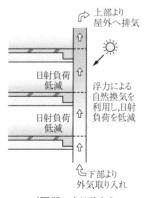

《夏期　自然換気》
日射により暖められたダブルスキン内の空気の温度差（浮力）を利用した自然換気により，冷房負荷を低減する。

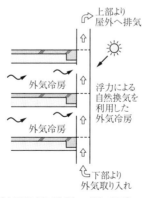

《中間期（春・秋期）外気冷房》
ダブルスキンの自然換気を利用して冷涼な外気を室内に取り入れる外気冷房を行う。

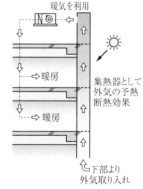

《冬期　断熱と熱回収》
ダブルスキン内に集熱し，その断熱効果を増加させ，空調機への温風還気を利用し暖房を行う。

図3・43　ダブルスキンシステムの概要（日比谷総合設備（株）ホームページを参考）

（a）外　観　　　　　　　　　　　　　　　　（b）内　部

夏期・中間
期はこの中
を自然換気

図3・44　ダブルスキンシステム外観と内部（関東学院大学環境共生技術フロンティアセンター）

 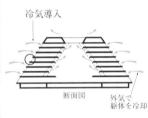 

冷気導入

断面図

外気で
躯体を冷却

（a）外　観　　　　　　　　（b）ナイトパージの概念　　　　　（c）アトリウムの上部トップライト

図3・45　ナイトパージの例（写真提供：（株）日建設計）

ことで合理的な計画が可能である。

　また，**ナイトパージ**とは，図3・45に建物
の例を示すが，建物内温度が22℃～26℃
であるとすれば，それ以下の外気温度のと
きには開口部から外気を室内に導入するこ
とにより，躯体冷却ができる。躯体が冷えて
いる分，夏期，中間期などに空調機により
冷房を開始する時間を延ばすことができ，

冷房負荷を低減でき省エネルギー化が図れ
るものである。

（d）　タスクアンビエント空調システム

　室全体を均一に快適な空間になるように
空調しようとするエネルギー消費量が大き
いが，適正な環境に維持すべき中間の範囲
が限定されれば，効率的で省エネルギーな
空間ができる。これがタスクアンビエント

 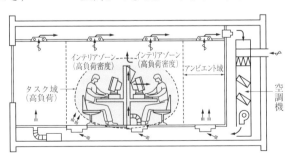

机
上
吹
出
口

（写真提供：秋元孝之）

インテリアゾーン
（高負荷密度）　インテリアゾーン
（高負荷密度）

アンビエント域

タスク域
（高負荷）

空調機

図3・46　タスクアンビエント空調システムと机上吹出しユニット（床ベース方式）

空調システムである。

オフィスビルを例に取れば，図3・46のように，居住者の作業域（デスクやOA機器回り）をタスク域に，廊下やオープンスペースなどの人の通過や，滞在時間の短い空間をアンビエント域に分けた空調を行う。

このシステムは，室内発熱負荷が偏在し，個人差が大きいタスク域で，周囲に影響を与えず局所環境を制御できることもメリットである。

コラム 13　各種暖房方式と快適性

暖房方式には，図1のように，室内の熱移動形式から対流暖房と放射(ふく射)暖房がある。対流暖房には，蒸気や温水が供給された放熱器表面の自然対流を用いた方式(自然対流方式)や，送風機により強制対流を起こさせ熱を室内に送る方式(強制対流方式)がある。また，放射暖房は，室内の天井，床，壁などに配管を埋設し温水を通したり，配線を通し電気による発熱を起こさせ放射熱で暖房する方式である。

特に，低温暖房は，図2のように，他の暖房方式より室内における上下温度変化が少なく，快適な暖房効果が得られる特徴がある。快適な環境を得るには，踝（くるぶし）（床上0.1 m）と頭（床上1.1 m）との温度差を3℃以内に収めることが望ましい。図3に，放射暖房の1つであるパネルヒーターの外観を示す。

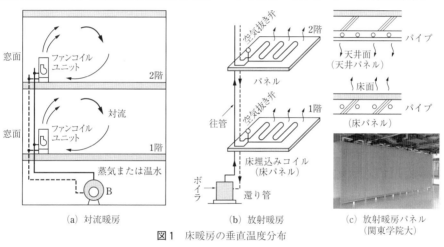

(a) 対流暖房　　　(b) 放射暖房　　　(c) 放射暖房パネル
（関東学院大）

図1　床暖房の垂直温度分布

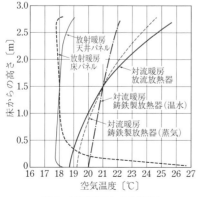

図2　対流暖房と放射暖房

図3　パネルヒーター
（写真提供：森永エンジニアリング(株)）

3・5・2　熱源方式の種類
(1)　熱源方式の種類と特徴

空調機に冷水・温水・蒸気・冷媒を供給する熱源方式の選定に関しては，設備費・運転費・環境負荷影響（大気・水質・騒音），熱源に設置される空調システムの整合性，運転保守管理の容易性，省エネルギー性，設置スペースの大きさなどさまざまな角度からの検討が必要である。これらの熱源を複数組み合わせて効率のよい熱源システムを構成することがある。これを熱源の**ベストミックス**という。

以下に，各種熱源方式における熱源エネルギー，熱源機器，温・冷熱を供給する媒体，用途の組合せについて述べる。

空調設備では，主な熱源エネルギーとして，電力・ガス・石油が使用されてきた。しかし近年，地球温暖化や大気汚染など地球環境に配慮した自然エネルギーとして，太陽熱，河川水や下水の水温，地下水温，地中熱，ごみ処理排熱などの有効利用の可能性の範囲も広がってきている。これらを**未利用エネルギー**と呼んでいる。

(a)　冷凍機（電動式）＋ボイラ方式

図3・47のように，冷熱源として電動式の冷凍機を，温熱源としてガスもしくは油だきのボイラを用いる方式である。特に，冷凍機ではレシプロ式冷凍機，ターボ式冷凍機が用いられ冷水を作り，ボイラでは温水または蒸気を作る[注1]。

(b)　冷凍機（吸収式）＋ボイラ方式

図3・48のように，ボイラの蒸気を利用して冷媒を蒸発・吸収し冷水を発生させる吸収式冷凍機と，蒸気を発生させる蒸気ボ

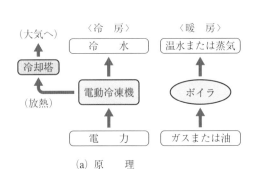

(a)　原　　理 / (b)　ボイラ（写真提供：日本ボイラ協会）

図3・47　冷凍機（電動式）＋ボイラ方式

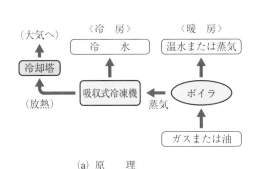

(a)　原　　理 / (b)　吸収式冷凍機（写真提供：大成建設（株））

図3・48　冷凍機（吸収式）＋ボイラ方式

注1）　レシプロ式・ターボ式・吸収式の各冷凍機の構造・原理は，3・6・1(1)(a)，(b)，(c)を参照。

イラを組み合わせた方式である。

（c）　吸収式冷温水発生機方式

　図3・49のように，吸収式冷凍機とボイラを一体とし，1台で冷房も暖房もできる熱源装置としてコンパクトにしたものであ

る。熱源としては，都市ガスまたは油が用いられる。フロン系の冷媒を使用しないので，地球環境問題にも配慮されており，現在，需要が拡大している。

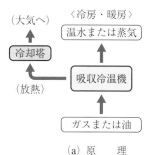

(a)　原　　理

(b)　冷温水発生機

図3・49　吸収式冷温水機方式と冷温水機の外観

（d）　ヒートポンプ方式

　図3・50のように，ヒートポンプのみで冷房・暖房を行う方式である。基本的には，冷凍サイクルの原理を用いるので冷凍機と

変らないが，蒸発器の吸熱作用を利用することで冷房を，凝縮器の放熱作用を利用することで暖房をすることができる。

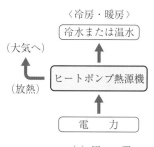

(a)　原　　理

(b)　ヒートポンプ熱源機外観

図3・50　ヒートポンプ方式とヒートポンプ熱源機の外観

（2）　その他の熱源方式

（a）　水・氷蓄熱方式

　熱源で作られた温・冷熱を，さらに効率よく熱源機器などを利用する方法に水・氷蓄熱方式，地域冷暖房方式，コージェネレーション方式などの設備がある。

　事務所ビルの冷房負荷は1日中一定では

なく，午後2〜4時頃に最大ピークを迎え，暖房時は朝の運転開始時が最大となる。この負荷に合わせて熱源機器を選ぶと，容量は大きくなる上に最大負荷以外の時間帯は低負荷運転となり，効率が低い運転となる。

　蓄熱方式では，図3・51のように，蓄熱の運転パターンは冷房時の場合，昼間の最

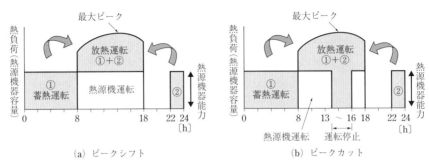

(a) ピークシフト   (b) ピークカット

図3・51 蓄熱・放熱運転パターン（夏期）

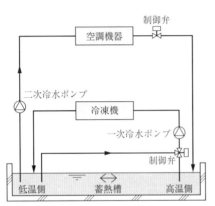

図3・52 水蓄熱方式の基本フロー

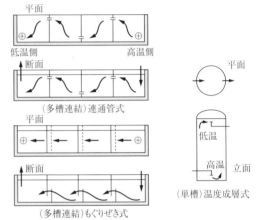

図3・53 蓄熱槽（水）の種類

大負荷を夜間に蓄熱した分で補うピークシフトと昼間の最大負荷時間帯に熱源機を停止して蓄熱分だけで補うピークカットがある。蓄熱運転には安価な深夜電力を使用する。蓄熱する媒体が水である場合は水蓄熱方式，媒体が氷である場合は氷蓄熱方式と呼ぶ。

① **水蓄熱方式**　水蓄熱方式の基本形を図3・52に示す。一次冷水ポンプで高温側の冷水を汲み上げ冷凍機で冷却して，低温側蓄熱槽にもどし，空調機に送水し，熱交換後に高温側にもどす方法である。蓄熱槽は図3・53のように開放式で，建物地下の二重スラブを利用する例が多い。

② **氷蓄熱方式**　水蓄熱方式は，水の温度差である顕熱差を利用しているが，氷蓄熱方式は水から氷へ移る際の潜熱を利用している。よって，氷蓄熱方式は，水蓄熱方式

に比べ，氷の状態で熱を蓄えているので蓄熱槽の容量が小さくてすむ。

氷蓄熱には製氷する方式によりスタテック型とダイナミック型がある。スタテック型の例を図3・54に，ダイナミック型の例を図3・55に示す。スタテック型は，製氷コイルの外側に氷を生成させる。ダイナミック型は，細い氷片や水溶液状（シャーベット状）で生成させる。

(b) 地域冷暖房

図3・56(a)のように，一般建物では建物ごとに熱源設備を設けている。これに対して，図3・56(b)のように，1つの都市，地域内にある多種多数の建物に，1箇所または数箇所に集中設置された熱源プラントから，配管を通じて蒸気・温水・冷水などの熱媒を供給し，冷暖房や給湯などを行う方式を**地域冷暖房**という。地域冷暖房の構

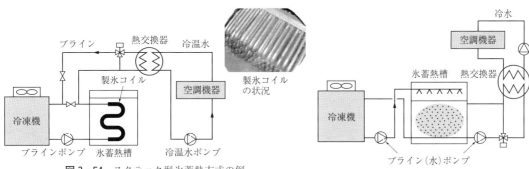

図 3・54 スタテック型氷蓄熱方式の例
（写真提供：東洋熱工業（株），東京電力（株））

図 3・55 ダイナミック型氷蓄熱方式の例

成は，図 3・56 のように，ボイラ，冷凍機
などの熱源を含む熱源プラント，熱源プラ
ントと各種建物を結ぶ熱媒往き還り配管，
共同溝などの地域配管からなる。地域冷暖
房は，省エネルギー，公害防止，省力化な
どを目的としたもので，都市のインフラス
トラクチャとしての価値もある。

（c）　コージェネレーションシステム

　石油やガスなどを一次エネルギーとしエ
ンジンやガスタービンなどの原動機を駆動
させて発電機を回転させ電気を発生させる。
しかし，図 3・57(a) のように，電気エネ
ルギーとして取り出せるのは約 40％で，
他のエネルギーは排熱などで捨てていた。
コージェネレーションシステムでは図(b)

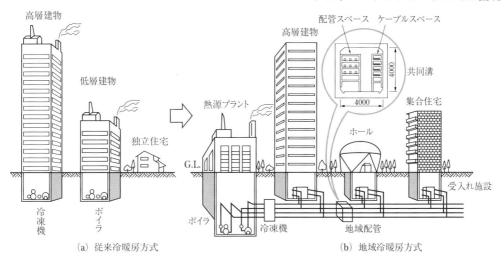

（a）従来冷暖房方式　　　　　　　　　　（b）地域冷暖房方式

図 3・56 従来冷暖房と地域冷暖房

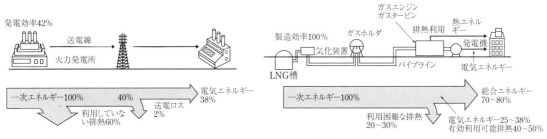

（a）従来方式による発電システム　　　　　（b）コージェネレーションシステム

図 3・57 コージェネレーションシステム

のように，排熱や冷却水からの熱を回収し空調や給湯などに利用し，さらに電気機器の電気動力などにも利用することで，一次エネルギーの70〜80％を有効活用することを考えたシステムである。

| コラム14 | 燃料電池 |

燃料電池は，図1のように水の電気分解とは逆の反応を起こさせ，水素と酸素を電解質を介して反応させ直流の電流を取り出す装置で，空調や給湯のエネルギーとして利用するものである。従来の発電機とは異なり，燃料から直接化学的反応により電気を取り出すので，小型で高い発電効率が得られ低騒音であることが特徴である。また，燃焼部分がないため，有害ガスの発生しないクリーンな発電機である。

家庭用燃料電池の構成は，図2のように，都市ガスなどの燃料から水素を取り出す燃料改質装置，水素と空気中の酸素で発電するセルスタック，発電した直流電力を交流電力に変換するインバータ，発電時や改質時に発生する熱を回収する排熱回収部からなる。

住宅でのエネルギー用途は，図3に示すように，電気エネルギー用途（冷蔵庫，照明，エア

コン，テレビなど），熱エネルギー用途（浴室・洗面所などへの給湯）である。このような，電気エネルギーと熱エネルギーの両方である程度まかなおうとするのが家庭用燃料電池である。図4に，実際の住宅へ設置された燃料電池の外観写真を示す。

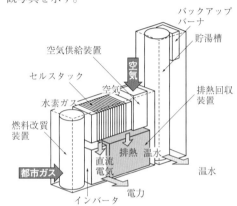

図2　家庭用燃料電池の構成

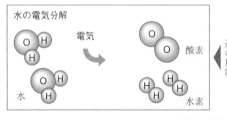

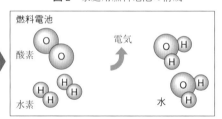

図1　燃料電池の原理

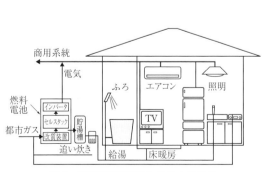

図3　家庭用燃料電池システムの用途

図4　住宅へ設置された燃料電池
（写真提供：東京ガス（株））

3・5・3　空調設備計画

(1)　空調計画の要点と作業フロー

空調計画の主な目的は，以下のとおりである。

① 対象とする建物に最も適した空調方式，熱源方式，機械スペースなどを選定すること。

② ダクト，配管の布設，装置などからの防音・防振など快適性を阻害する要因に対する対策を講ずること。

③ 省エネルギーに配慮し，維持管理も行いやすいシステムを作ること。

④ ライフサイクルコストに配慮した設備システムの計画を行うこと。

⑤ 建築計画との調整を図り，建築と調和を考えたシステムを計画すること。

具体的には，図3・58のフローに従い，基本計画，基本設計，実施設計の手順で作業を進める。

基本計画では，選定する空調方式の検討や機械室の位置の確認などを行う。空調方式を決定すると，空調負荷の計算により，その概算値などを決定し，基本計画書を作成する。

実施設計では詳細に負荷計算を行い，熱源機器や空調機器などを決定し，実施図面を作成する。

(2)　熱源方式と空調方式の選定

各種空調方式と各種熱源方式の種類や特徴について，3・5・2で述べた。

一般的な事務所ビルでの熱源方式を決定する際の熱源機器の設置位置と断面上のレイアウトを表3・20に示す。これより，例えば，地下機器室に設定する冷凍機と冷却塔などの熱源機器とその位置関係などが確認できる。また，各種空調方式についても同様に整理すると表3・21のようになる。各種空調方式で使用する空調機器（エアハンドリングユニット，ファンコイルユニット）の設置位置と，冷温水，冷媒配管やダクトのルートが確認できる。このように熱源機器と空調機器をレイアウトする場合には，空調機械室やダクト・配管スペースの大きさを把握しておく必要があり，1・1・3で述べた内容を参考に検討する。

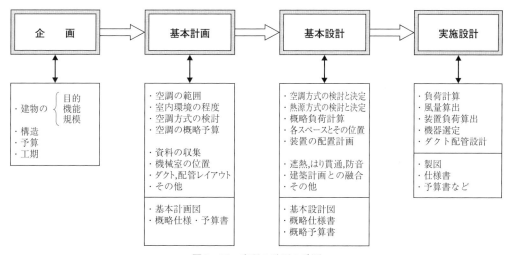

図3・58　空調の計画の手順

表3・20　熱源方式と熱源機器のレイアウト

	Ⅰ	Ⅱ	Ⅲ	Ⅳ
代表的な熱源の組合わせ	CT 電気または蒸気 ガスまたは油 OT　B　R 中央機械室	CT ガスまたは油 OT　BR　B* 中央機械室	電気　HP B* 中央機械室	電気　HP B* 蓄熱層
特徴	・蒸気が必要な建物に多い（病院・ホテル）。	・冷熱源と温熱源が一体となっているので省スペース ・運転管理は簡便 ・給湯用または蒸気が必要な場合は，別にボイラが必要である（病院・ホテル）。	・全電気方式 ・運転管理は最も簡単 ・屋上に機器を放置するので，地下室等が有効利用できる。 ・中小規模の建物に多い。 ・給湯用または蒸気が必要な場合は，別にボイラが必要である（病院・ホテル）。	・深夜電力利用の全電気方式 ・地下ピット利用 ・大規模建物に多い。 ・給湯用または蒸気が必要な場合は，別にボイラが必要である（病院・ホテル）。

OT：オイルタンク　　B：ボイラ　　R：冷凍機　　BR：冷温水発生機　　CT：冷却塔
HP：ヒートポンプ(空冷)　　B*：暖房不足用および給湯衛生用ボイラ

表3・21　各種空調方式と空調機器のレイアウト

	中央式空調方式				個別式空調方式（パッケージ方式）	
	A.単一ダクト方式	B.各階ユニット方式	C.(単一ダクト＋ファンコイル)方式	D.(各階ユニット＋ファンコイル)方式	E.各階ユニット方式	F.マルチ方式
空調方式の組合せ	外気給気ダクト 還気ダクト AHU AHU 中央機械室	AHU AHU AHU	FCU FCU AHU 中央機械室	AHU FCU AHU FCU AHU FCU	PACI PACI PACI	PACO HEX
特徴	・空調機は中央の機械室に設置される。 ・各階に機械室は必要ないが，ダクトスペースが大きくなる。	・空調機は各階1〜数台設置される。 ・各階に機械室が必要であるが，床貫通ダクトが少なくなる。	・Aの方式と同じであるが，ファンコイルを使用するので，空調機が小さくなる。	・Bの方式と同じであるが，ファンコイルを使用するので，空調機が小さくなる。	・熱源と一体化されているので，中央の熱源設備は不要である。 ・外部ユニットが屋上などに設置される。	・Eと基本的なシステムは同じであるが，室内ユニットが小型分散化される。 ・天井内にユニットが納まり，各階の機械室スペースが不要となる。

―― 印：ダクト配管　　---- 印：冷媒配管
AHU：エアハンドリングユニット(空調機)　　FCU：ファンコイルユニット(空調機)　　HEX：全熱交換機
PACI：パッケージ型空調機(室内機)　　PACO：パッケージ型空調機(室外機)

3・6 熱源・熱搬送設備と機器部材

3・6・1 熱源装置

(1) 冷凍機

冷凍機には,圧縮式と吸収式の2種類がある。

(a) 冷凍能力

冷凍機容量の大きさ（冷凍能力）の表示には,**冷凍トン**が用いられる。

冷凍トンには,製氷・冷凍冷蔵分野で用いられる日本冷凍トン(JRT[注1])と,空調分野で用いられるアメリカ冷凍トン(USRT[注1]) がある。1 JRT＝3.861 kW であり,1 USRT＝3.517 kW である。両者には約1割の差があり,一般に USRT が用いられる。

(b) 圧縮式冷凍機

冷凍機は,図3・59にその原理を示すように,圧縮機,凝縮器,膨張弁,蒸発器,配管から構成される。その内部で冷媒が圧力・温度の変化によって蒸発・凝縮を繰り返す。これを**冷凍サイクル**といい,その原理は,横軸に比エンタルピー[注2],縦軸に

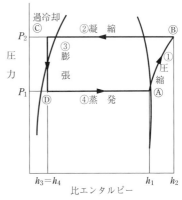

図3・60 冷凍サイクル

圧力をとり図3・60を用いると,以下のとおり説明できる。

① 圧縮過程（Ⓐ→Ⓑ）:低圧の蒸気冷媒を圧縮機で断熱圧縮して,高温高圧の蒸気冷媒にする。

② 凝縮過程（Ⓑ→Ⓒ）:蒸気冷媒を一定圧力のもとで冷却してゆくと飽和温度に達し,凝縮して液となり飽和温度より低下すると,凝縮潜熱を放出して液冷媒になる。

③ 膨張過程（Ⓒ→Ⓓ）:高圧で飽和状態にある液を膨張弁（小さな穴）を通して低圧側に流すと,低圧側で蒸発が起こり温度が低下する。

④ 蒸発過程（Ⓓ→Ⓐ）:膨張弁を出た低温の蒸気と液は蒸発器に入り,圧力一定で熱を吸収して液がすべて蒸発する。

圧縮機の構造の違いにより,図3・61のようにピストン式の往復動するレシプロ型圧縮機をもつものを**レシプロ式冷凍機**,図3・62のように遠心力式の回転運動によるものを**ターボ式冷凍機**と呼ぶ。

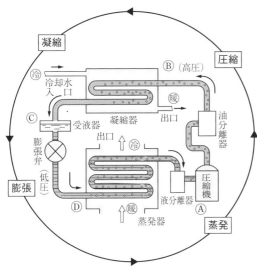

図3・59 圧縮式冷凍機の原理

注1) JRT：Japanese Ton of Refrigeration の略。USRT：US Ton of Refrigeration の略。
　2) 比エンタルピーとは,空気が有する内部エネルギーと仕事を熱量に換算したもの。3・3・1 (5) 参照。

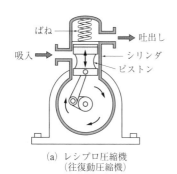

(a) レシプロ圧縮機
(往復動圧縮機)

(b) 外観

図 3・61　レシプロ式圧縮機と外観

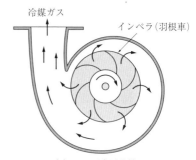

(a) ターボ式圧縮機
(遠心力式圧縮機)

(b) ターボ冷凍機外観

図 3・62　ターボ式圧縮機とターボ式冷凍機外観

（c）　吸収式冷凍機

　　吸収式冷凍機は，冷凍サイクルの中で，ガスの圧縮に相当する過程で，圧縮機という機械的なエネルギーを使わずに，図3・63のように，吸収器と再生器を用い，再生器での加熱にボイラからの蒸気や高温水

または燃焼ガスといった熱エネルギーを使う冷凍機である。冷媒には水と吸湿性の大きな**リチウムブロマイド**（LiBr；臭化リチウム）という吸収液を用い，化学反応による冷却作用を利用するため振動・騒音が少なく静かである。

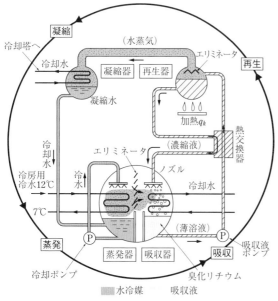

図 3・63　吸収式冷凍機の原理

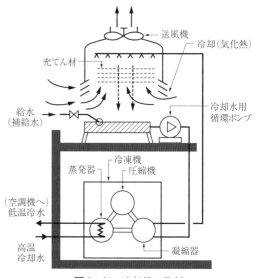

図 3・64　冷却塔の役割

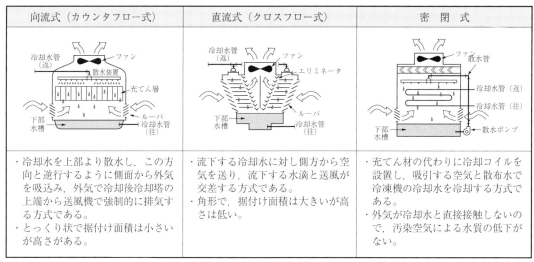

向流式（カウンタフロー式）	直流式（クロスフロー式）	密　閉　式
・冷却水を上部より散水し，この方向と逆行するように側面から外気を吸込み，外気で冷却後冷却塔の上端から送風機で強制的に排気する方式である。 ・とっくり状で据付け面積は小さいが高さがある。	・流下する冷却水に対し側方から空気を送り，流下する水滴と送風が交差する方式である。 ・角形で，据付け面積は大きいが高さは低い。	・充てん材の代わりに冷却コイルを設置し，吸引する空気と散布水で冷凍機の冷却水を冷却する方式である。 ・外気が冷却水と直接接触しないので，汚染空気による水質の低下がない。

図 3・65　冷却塔の種類と構造

(a) 向流式　　　　(b) 直流式

図 3・66　向流式と直流式冷却塔

吸収式の原理は吸収冷凍サイクルと呼ばれ，以下の過程を繰り返し冷水を供給する。

① **蒸発過程**　冷媒（水）は，蒸発器で冷房用の冷水から蒸発潜熱を奪って蒸発することで冷水を冷却する。

② **吸収過程**　蒸発した冷媒（水蒸気）は，吸収器で臭化リチウム溶液に吸収され，薄い吸収液となって再生器へ送られる。

③ **再生過程**　再生器で適当な加熱源で濃縮され，熱交換器で冷却され再び吸収器に戻る。この加熱源として都市ガスや油のほか，排熱や太陽などを利用することが有効である。

④ **凝縮過程**　蒸発した冷媒（水蒸気）は凝縮器へ送られ，冷却されて冷

媒液に戻る。

また，燃料を直だきする吸収式冷凍機で，冷水と温水を単独または同時に供給できる，図 3・48 のような直だき吸収冷温水機もビルの空調で用いられる。

（d）　冷却塔

図 3・64 に示すように，冷凍機やヒートポンプの凝縮器で冷媒から熱を奪った冷却水を大気中に散布し，冷却水の一部を蒸発させることで冷却水自身も冷やす装置である。冷却塔には，図 3・65 のように，向流式冷却塔，直流式冷却塔，密閉式冷却塔などがある。図 3・66 に向流式と直流式冷却塔の外観を示す。

（2）　ボ イ ラ

ボイラは，炉内で燃料を燃焼させ，蒸気または温水を作る装置である。ボイラは一般に加熱装置，ボイラ本体，通風装置，給水装置，安全装置，その他の付属品，制御装置からなる。本体の構成材料の違いから鋳鉄製ボイラ，鋼製ボイラ，熱媒により蒸気ボイラ，温水ボイラ，使用圧力により高圧ボイラ，低圧ボイラに分類される。

ボイラは高温高圧の蒸気を使用するため，「ボ

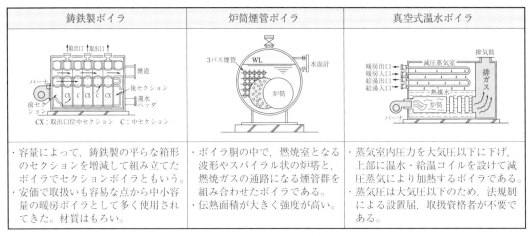

鋳鉄製ボイラ	炉筒煙管ボイラ	真空式温水ボイラ
・容量によって，鋳鉄製の平らな箱形のセクションを増減して組み立てたボイラでセクションボイラともいう。 ・安価で取扱いも容易な点から中小容量の暖房ボイラとして多く使用されてきた。材質はもろい。	・ボイラ胴の中で，燃焼室となる波形やスパイラル状の炉塔と，燃焼ガスの通路になる煙管群を組み合わせたボイラである。 ・伝熱面積が大きく強度が高い。	・蒸気室内圧力を大気圧以下に下げ，上部に温水・給温コイルを設けて減圧蒸気により加熱するボイラである。 ・蒸気圧は大気圧以下のため，法規制による設置届，取扱資格者が不要である。

図3・67　主な空調用ボイラの種類と特徴

イラ及び圧力容器安全規則」により資格者が扱う。

空調用に主に使われているのは，図3・67に示す鋳鉄製ボイラ，炉筒煙管ボイラ，真空式温水ボイラなどである。図3・68に鋳鉄製ボイラの外観写真を示す。

(3)　ヒートポンプ

圧縮式冷凍機の説明で述べたように，蒸発器

図3・68　鋳鉄製ボイラの例
（写真提供：日本ボイラ協会）

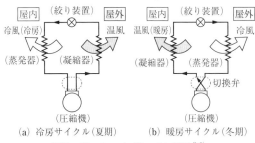

（a）冷房サイクル（夏期）　　（b）暖房サイクル（冬期）
図3・69　ヒートポンプの原理[3-9]

で水や空気から熱を奪い冷房を行っている。その一方，凝縮器では冷却水や空気に熱を放出している。この凝縮器での放熱を暖房用に用いたのがヒートポンプである。

図3・69のように，夏期は冷媒液の気化熱を冷却用（冷房）に利用し，冬期は冷媒回路を切り替え，凝縮器における放熱を加熱用（暖房）に利用する。一般に家庭用エアコンなどでは，外気より熱を奪い暖房するので，冬期の寒い日には外気温が低くなり効率が悪くなる。

この効率を**成績係数COP**（Coefficient of Performance）で表す。COPは，冷房時は圧縮仕事に対する冷媒の蒸発潜熱量（冷房熱量），暖房時は圧縮仕事に対する冷媒の凝縮潜熱量（暖房熱量）のそれぞれ仕事比を表す。COPが高いほど，少ない電力で多くの冷熱が得られる機器となる。ヒートポンプのCOPは一般に3～4程度である。最近では，さらに高効率のものも開発されている。

3・6・2　熱搬送設備・室内ユニット

(1)　送風機・ポンプ

送風機（ファン）は，空気をダクト内や室内へ強制的に送るための機器であり，その種類には遠心式と軸流式がある。

種類	遠心式送風機			軸流式送風機		
	多翼式送風機 （シロッコファン）	後向き送風機 （リミットロードファン）	翼式送風機 （ターボファン）	換気扇 （プロペラ）	軸流送風機	
①形状					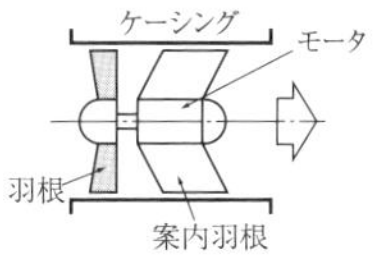 チューブ	ベーン
②要目 風量〔m³/min〕	10～2,000	30～2,500	30～2,500	20～500	500～5,000	40～2,000
静圧〔Pa〕	100～1,230	1,230～2,450	1,230～2,450	0～100	50～150	100～790
③効率〔%〕	35～70	65～80	70～85	10～50	55～65	75～85
④比騒音〔dB〕	40	40	35	40	45	45
⑤特性上の特徴	・風圧の変化による風量と動力の変化は，比較的大きい。 ・風量の増加とともに，軸動力が増加する。	・風圧の変化による風量の変化は比較的大きい。 ・軸力は，リミットロード特性がある。 		・最高効率点は，自由吐出し近辺にある。 ・圧力変化に谷はない。	・吐出し空気は，環状で回転成分を有する。	・圧力に谷があり，その左側での運転は不可。 ・吐出し空気の回転成分は少ない。
⑥用途	・低速ダクト空調用，各種空調用，給排気用	・高速ダクト空調用		・換気扇，小型冷却塔，ユニットヒーター，低圧，大風量	・局所通風，大型冷却塔，中圧，大風量	・局所通風，トンネル換気，一般空調（特例），高圧，低風量

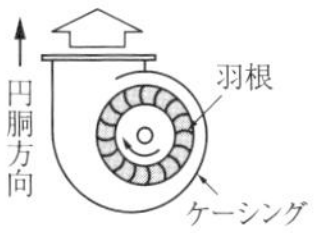

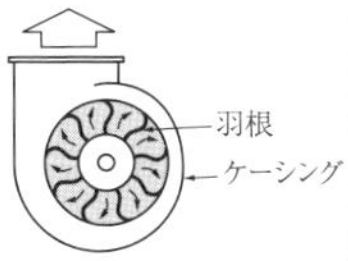

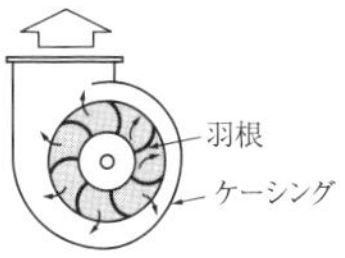

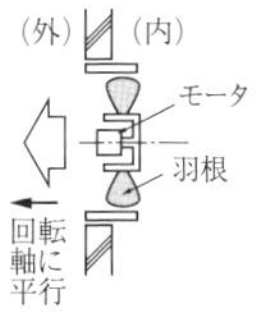

（ファン外観）

図3・70　送風機の種類と特徴

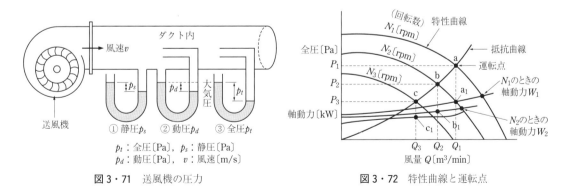

p_t：全圧〔Pa〕，p_s：静圧〔Pa〕
p_d：動圧〔Pa〕，v：風速〔m/s〕

図3・71　送風機の圧力

図3・72　特性曲線と運転点

　遠心式は，羽根車の回転軸より空気を吸い込み円周方向へ吹き出す形式である。また，軸流式は羽根車の回転軸と平行に空気が流れる形式である。図3・70に代表的な送風機の種類と特

徴を示す。特性曲線と運転点は，ポンプと同様である。送風機の特性は，送風時の圧力，風量，軸動力で表される。

1)　**圧力**：図3・71のように，送風機にダクトを設置して風を送る際には，管内の圧力状態は静圧，動圧，全圧の3つの圧力で表すことができる。

静圧は，ダクトの側面に穴を開け流れに直角に取り出しU字管マノメータで大気圧との差をとったものでp_sとする（①）。また，送風方向に向かって挿入したU字管マノメータに接続して得られる圧力を**動圧**p_d（②）といい，風速vと空気の密度ρを用いて，$p_d=(\rho/2)v^2$と表せる。静圧と動圧の和を全圧p_t（③）と呼び，式(3・38)で表す。

$$p_t=p_s+\frac{\rho}{2}v^2 \quad\cdots\cdots\cdots\cdots (3\cdot38)$$

　　v：風速〔m/s〕
　　ρ：空気の密度≒1.2 kg/m^3

2)　**風量**：

$$Q=60\cdot A\cdot v \quad\cdots\cdots\cdots\cdots (3\cdot39)$$

　　Q：風量〔m^3/min〕
　　A：ダクト断面積〔m^2〕

3)　**軸動力**：

$$L=\frac{Q\times p_t}{1000\times60} \quad\cdots\cdots\cdots (3\cdot40)$$

　　L：空気動力〔W〕

送風機の全圧効率ηを考慮すると，軸動力Wは式(3・41)で表される。

$$W=\frac{Q\times p_t}{1000\times60\eta} \quad\cdots\cdots\cdots (3\cdot41)$$

　　W：軸動力〔kW〕
　　η：全圧効率（図3・70③の数値）

図3・72に送風機の特性曲線と運転点の関係を示す。送風機の回転数に対する風量Q，圧力P，軸動力Wには，式(3・42)～(3・44)のような関係がなりたつ。

$$Q_2=(N_2/N_1)Q_1\cdots\cdots\cdots (3\cdot42)$$
$$P_2=(N_2/N_1)^2P_1\cdots\cdots\cdots (3\cdot43)$$
$$W_2=(N_2/N_1)^3W_1\cdots\cdots\cdots (3\cdot44)$$

　　Q_1，Q_2：変更前後の風量〔m^3/min〕
　　N_1，N_2：変更前後の回転数〔rpm[注1]〕
　　P_1，P_2：変更前後の圧力(全圧，静圧)〔Pa〕
　　W_1，W_2：変更前後の軸動力〔kW〕

例題6

送風量400 m^3/min で運転中の送風機の風量を550 m^3/min に変更した場合，回転数，全圧，軸動力は何倍になるか。

【解説】

式（3・42）～（3・44）より，
$N_2/N_1=Q_2/Q_1=550/400=1.375$倍（回転数）
$P_2/P_1=(N_2/N_1)^2=(Q_2/Q_1)^2=(550/400)^2=1.891$倍（全圧）
$W_2/W_1=(N_2/N_1)^3=(Q_2/Q_1)^3=(550/400)^3=2.600$倍（軸動力）

(2)　ダクト

ダクトは空調用に温度調節された空気を対象とする空間へ送るため，換気設備の給気・排気用，排煙設備の排煙用に用いる。ダクトシステムの基本構成を図3・73に示す。ダクトの材質は，一般に亜鉛めっき鋼板，ステンレス鋼板，塩化ビニルライニング鋼板，硬質塩化ビニル板，グラスウールなどで作られている。

また，ダクトの形状は，角ダクト，丸ダクト，グラスウールダクトなどがある。図3・74のよ

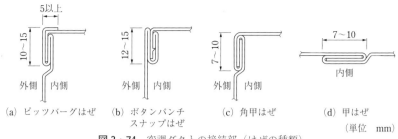

(a) ピッツバーグはぜ (b) ボタンパンチ (c) 角甲はぜ (d) 甲はぜ
　　　　　　　　　　スナップはぜ
　　　　　　　　　　　　　　　　　　　　　　　　　　　　　　　（単位　mm）

図3・74 空調ダクトの接続部（はぜの種類）

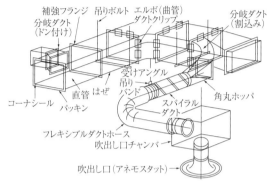

図3・73 空調ダクトの基本構成と外観（写真提供：鈴木孝彦）

うに，板の継ぎ目は**はぜ**と呼ばれる方法でつなぎ合わせる。丸ダクトは，鋼板を丸めて作る丸ダクトと帯状の鋼板をらせん状にまいたスパイラルダクトがある。

（3）配　　管

　配管工事に使用する管・継手および弁類などは，計画図書（設計図・仕様書など）に記述されている条件を十分に理解したうえで，材質・使用圧力・接合方法などを検討し，その設備に最適な材料および施工方法を選定しなければならない。

（a）管の種類と使用区分

　一般の空調設備に使用される管材は，**鋼管・ステンレス管・銅管**などの金属管のほか各種の**プラスチック管**がある。これらの管材のほとんどは，JIS規格で材質・寸法・使用圧力・使用温度などが決められている。

　鋼管（鉄管）が最も広く使用されているが，最近では，鋼管の腐食の問題がクローズアップされ，これまで高価であったり，施工方法の制約などで一般的にはあまり使用されなかったステンレス鋼管やプラスチック管類も使用されるようになってきた。

（b）配管付属品（弁類）

　弁は，管内の流体を止めたり，流量・圧力を調整したり，逆流を防止したりと，管内の流体を制御するのに使用される。空調設備で主に使用される弁類には，仕切り弁・玉形弁・バタフライ弁・ボール弁・逆止弁などがあり，JISの規格が中心となって材質・耐圧・寸法などが決められている。

① **仕切り弁**　ゲート弁とも呼ばれ，弁体が上下して管路を開閉するもので，原則として全開・全閉で使用流量調整には使用しない（図3・75(a)）。

② **玉形弁**　ストップ弁またグローブ弁とも呼ばれ，開閉は弁体と弁座とのすき間を変化させるため，中間閉度での流量調整に適している（図3・75(b)）。

③ **バタフライ弁**　弁内で弁棒を軸として円板状の弁体が回転して開閉する弁で，開閉時間が短い，構造が単純，小型軽量，全開時の圧力損失が小さいなど流量調整にも比

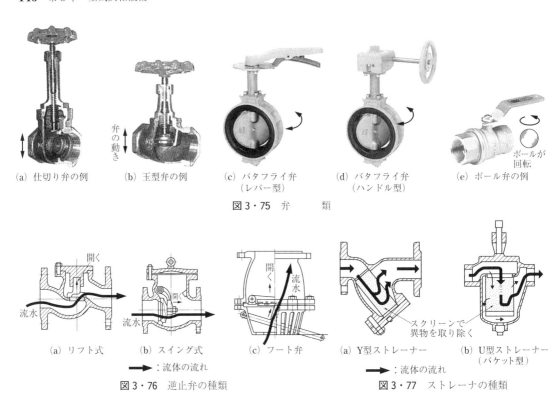

(a) 仕切り弁の例　　(b) 玉型弁の例　　(c) バタフライ弁（レバー型）　　(d) バタフライ弁（ハンドル型）　　(e) ボール弁の例

図3・75　弁　　類

(a) リフト式　　(b) スイング式　　(c) フート弁

➡：流体の流れ

図3・76　逆止弁の種類

(a) Y型ストレーナー　　(b) U型ストレーナー（バケット型）

➡：流体の流れ

図3・77　ストレーナの種類

較的適している。最近では, 大口径を中心に幅広く使用されている（図3・75(c), (d)）。

④　**ボール弁**　　穴の開いた球（ボール）状の弁体を90°回転することにより管路を開閉する弁で, 操作が容易で開閉時間が短く, 水密性にすぐれており, 開閉時の圧力損失も小さいため, 小口径の弁には広く使用されている（図3・75(e)）。

⑤　**逆止弁**　　チャッキ弁とも呼ばれ, 逆流を防ぐ弁である。図3・76に示すように, スイング式とリフト式とに大別される。流れ方向があるので, 逆向きに取り付けないように注意する。揚水ポンプの吸込み管の先端に取り付けるフート弁も逆止弁の一種である。

⑥　**ストレーナ**　　配管内の土砂・鉄くず・ごみなどの異物を内蔵の金網（スクリーン）で取り除く器具がストレーナであり, 形式としてY形・U形（バケット形）などが

ある（図3・77）。

3・6・3　吹出口・吸込口など

　吹出口・吸込口は, 空調用空気を必要な空間に吹き出したり, 返り空気を吸込むための器具である。室内で人の目に付く箇所に設置されることも多く, デザイン的にも工夫されたものも用いられている。表3・22に吹出口・吸込口の種類と概要を, 図3・78に室内での設置位置を示す。

　また, ダンパはダクト内の風量を制御したり, 防火区画に取り付けて防火用に延焼防止を行うものもある。表3・23にダンパの種類と概要を示す。図3・79に, 例として防火ダンパの仕組みを示す。火災が発生してダンパ内に侵入したとき, 火災の高温によりヒューズ（可溶片）が溶解して自動的に閉鎖し, 火災の侵入を防ぎ延焼を防止する。

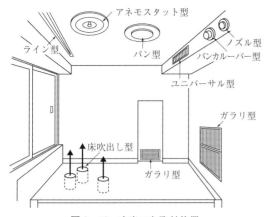

図3・78 吹出口と取付位置

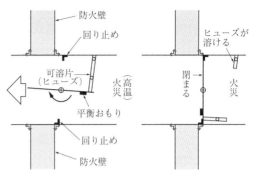

図3・79 防火ダンパの仕組み

表3・22 吹出口・吸込口の種類と概要

種　類	特　徴
アネモスタット型	・数層に分かれたコーンが放射状に吹き出す。 ・天井の一般的な吹出口で，優れた誘導拡散性能をもつ。 ・天井高さの低い場合に適する。
ユニバーサル型	・羽根の角度の変更が自由に調節できる。 ・一般的には，吹出し用に用いる。
ノズル型	・気流の到達距離が大きいので，ホール・劇場などの大空間に用いる。
パンカルーバ型	・吹出し気流の性状はノズルと同様であるが，首が振れるようになっていて，気流の方向を変えられる。 ・厨房，工場などのスポット空調に用いる。
ライン型	・ブリーズ型ともいい，ペリメータゾーンやシステム天井用吹出口・吸込口に用いる。 ・吹出口の位置が自由に変更できる。
多孔板型	・パンチング型ともいい，返りダクトの吸込口やクリーンルームの吹出口に用いる。
床置き型	・二重床を使った床吹出し空調では，床設置のものが用いられる。
ガラリ型	・外壁に取り付け，換気の吸気口・排気口に用いる。

表3・23 ダンパの種類と概要

ダンパの種類	主な使用目的	主な取付位置
風量調整ダンパ(VD)	・風量調整用，切換運転用，静圧調整用	・送風機，空調機の吐出し側および吸込み側 ・分岐ダクトで風量調整を必要とする箇所 ・ダクト系で切り替えて使用するような場所
モータダンパ(MD)	・風量の自動調整用，切換運転の自動化，逆流防止用	・外気量制限を行う空調機等の外気ダクト ・自動的に切り替えて使用するダクト
チャッキダンパ(CD)	・逆流防止用	・共通シャフト等で逆流防止をする必要のある箇所 ・大口径のときは圧力損失をチェックする
防火ダンパ(FD) 防火兼用風量調節ダンパ(FVD)	・火災がダクトを通して他の部屋に延焼するのを防ぐ	・防火区画を貫通するダクト ・延焼のおそれのある部分にある外壁開口部 ・厨房用排気ダクトで火を使用するもののフード近辺

VD：Volume Damper　　MD：Moter Damper
CD：Check Damper　　FD：Fire Damper
FVD：Fire Volume Damper

3・6・4　空　調　機

（1）　中央式空調機

1）　エアハンドリングユニット

　空調機は，エアフィルタ，空気加熱・冷却コイル，加湿・減湿器，送風機，電動機などをお

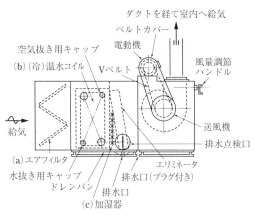

図3・80 エアハンドリングユニット

図3・81 エアハンドリングユニットの例

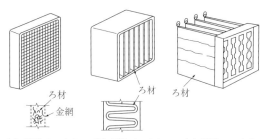

図3・82 乾式ユニット形フィルタ

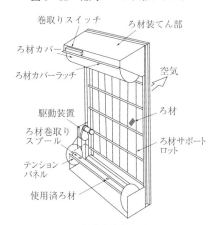

図3・83 自動式空気ろ過フィルタ

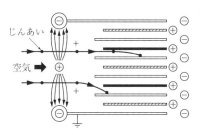

図3・84 2段階式電気集じん器の原理

さめるケーシングなどで構成されている。中央式空調機は，主に大規模空調用として設計製作され**エアハンドリングユニット**（図3・80，3・81）をダクトに接続して各室に送風される。

　個別式空調機は，主に小規模ビル，住宅用に設計製作され，ファンコイルユニット，パッケージ型空調機，ルームエアコンなどがある。

　主要部材について，以下に述べる。

（a） エアフィルタ

　エアフィルタは，綿・ガラス繊維・不織布・プラスチックスポンジなどのろ材によって，空気中の粉じんを捕集するものである。

　図3・82のように，枠内に収められるユニットフィルタ，図3・83のろ材を自動的に巻き上げる自動式空気ろ過フィルタ，図3・84の捕集率の高い電気集じんフィルタ，放射性物質を扱う施設やクリーンルームなどの微粒子を扱う**高性能微粒子フィルタ**（**HEPA**[注1]　**フィルタ**）などがある。

（b） 加熱・冷却コイル

　図3・85のように，加熱（温水）コイル内を温水や蒸気が，冷却（冷水）コイル内を冷水や冷媒が通り，それと空気が熱交換され室内に送られる。図3・86のように，フィンと呼ばれるひれ状の板がコイルに設置さ

注1）　HEPA：High Efficiency Partionlate Air Filter の略。

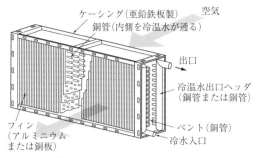

ケーシング(亜鉛鉄板製)
銅管(内側を冷温水が通る)
空気
出口
冷温水出口ヘッダ
(鋼管または銅管)
ベント(銅管)
冷水入口
フィン
(アルミニウム
または銅板)

図3・85　プレートフィンコイル

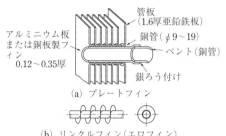

管板
(1.6厚亜鉛鉄板)
アルミニウム板
または銅板製フ
ィン
0.12〜0.35厚
銅管(φ9〜19)
ベント(銅管)
銀ろう付け

（a）プレートフィン

（b）リンクルフィン(エロフィン)

図3・86　フィンの形状

れているため伝熱面積が増し，空気の加熱・冷却が促進される。

（c）加湿器

　空気に水分を与え湿度を高めるための装置が加湿器で，図3・87のように，噴霧ノズルから微細な水滴を加熱コイルに吹き付けて蒸発させる水噴霧式，ボイラで発生した暖房蒸気を噴射する蒸気噴霧式，水の入った皿形容器（パン）に電気ヒータを入れて蒸発させるパン型加湿などがある。噴霧

した水滴が送風機や給気ダクトに運ばれるのを防ぐために，水滴に飛散防止装置となるエリミネータを設置する。

2）　中央式パッケージ形空調機

　図3・88のように，空調機の内部に空気熱源式ヒートポンプを内蔵しているもので，圧縮器・凝縮器（加熱用）・蒸発器（冷却用）などの冷凍用機器と，送風機・加湿器・エアフィルタ・自動制御機器を1つのケースに収納したものである。

（2）　個別分散型空調機

（a）　天井埋込み型・天井吊り型・床置き型

　屋外ユニットと屋内ユニットに分かれ，その間を冷媒管と電気配線で連結する方式である。図3・89のように，室内ユニットの設置の方法によって天井埋込み型，天井吊り型，床置き型に分類される。天井埋込み型は，インテリアを重視したタイプで天井内に収める。

（b）　ファンコイルユニット

　図3・90に示す送風機，冷温水コイル，フィルタをケーシングに入れたもので，床置き型，天井吊り型，天井埋込み型などがある。事務所ビルの負荷変動の激しいペリメータゾーンで用いられることが多い。

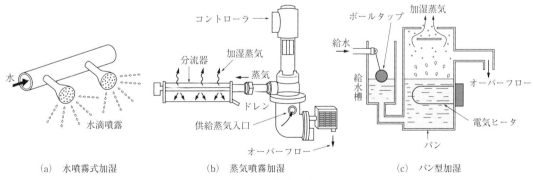

（a）　水噴霧式加湿　　（b）　蒸気噴霧加湿　　（c）　パン型加湿

図3・87　加湿方式

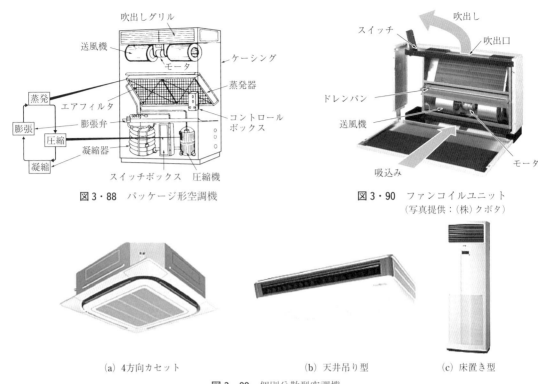

図3・88　パッケージ形空調機

図3・90　ファンコイルユニット
（写真提供：(株)クボタ）

(a) 4方向カセット　　　　(b) 天井吊り型　　　　(c) 床置き型

図3・89　個別分散型空調機

(3)　全熱交換機

　全熱交換機は，取入れ外気と室内空気との熱交換を行うことにより，換気による冷暖房負荷を削減させ，省エネルギーに有効な装置である。

　図3・91に示すように，全熱交換機には固定型と回転型がある。固定型は，給気と排気の流路を区切る特殊加工紙を通しての熱伝達と透湿を利用するもので，70% 程度の効率が得られる（図3・92）。

　回転型は，夏期は取入れ外気を冷却・減湿し，排気は加熱・加湿させることになる。効率は75% 程度である。

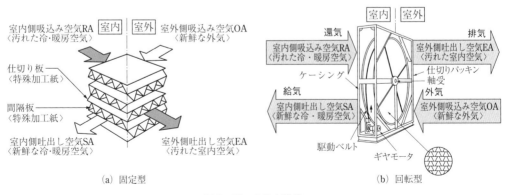

(a) 固定型　　　　　　　　　　　(b) 回転型

図3・91　全熱交換機

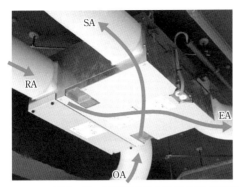

OA：屋外の新鮮空気　　　：Outdoor air
SA：OAが熱交換され室内へ：Supply air
RA：室内の汚れた空気　　：Return air
EA：RAが熱交換され屋外へ：Exhaust air

図3・92　固定型全熱交換機の例（関東学院大学環境共生技術フロンティアセンター）

コラム15　建築デザインと空調ダクト

空調用ダクトは鋼板性のものが一般的で，天井ふところ部に隠ぺいされて配置されていたため，建築のデザインとは縁遠い感があった。

しかし最近では，新築やリニューアルする建物でも空調のフレキシビリティが重視されてきており，天井を張らず設備配管や空調ダクトがむき出しの空間が増えている。その中では，ダクトは本来の冷暖房用の搬送設備の一つとしての役割だけでなく，居住空間のデザインや居住環境演出のための要素技術になりつつある。

図1(a)のフランス・シャルルドゴール空港内のダクトは，まるで“トナカイの角”のイメージである。図1(b)は軽量の発砲材で作られたダクトで，カッターで切断できクラフト感覚での加工ができること，固定用の吊りバンド，Uバンドも外面には出ないデザインなどが特徴である。図1(c)は，フランス・ポンピドーセン

ター内の展示室のダクトで，アネモスタット型，ライン型などの吹出口，吸込口も美しく露出されている。また，ソックダクトと呼ばれ，布製の素材で一方より送風して加圧され，繊維の小穴を微風が均一に吹き出すのでドラフトを感じず，クリーンな風も送り出せるものもある。

（a）シャルルドゴール空港（フランス：パリ）

（b）関東学院大学環境共生技術フロンティアセンター（クラフトダクト）

（c）ポンピドーセンター（フランス：パリ）

図1　各種空調ダクト

3・7　換気・排煙設備

3・7・1　換気設備の目的

　換気設備の目的は，新鮮な外気を導入し，汚染空気の排除により汚れた室内の空気質を改善することである。十分な換気が確保されていないと，室内空気は居住者の呼吸，機器の燃焼などによって二酸化炭素（CO_2）濃度が増加し，衣類から塵埃や喫煙，臭気あるいはCO，NO_xなどの有害ガス濃度が高まり不快になるばかりか健康上の障害も起こる。

　近年，新築住宅やリフォーム後の住宅に入居すると目のチカチカ，めまいや吐き気，頭痛を伴う症状が出て健康障害を引き起こす**シックハウス症候群**が大きな問題となった。その原因は，新建材や家具から発散するホルムアルデヒドなどの揮発性有機化合物**VOC**[注1]により引き起こされると考えられた。新たに改正された建築基準法（2003年7月施行）では，原則として建物には機械換気を設置することが義務づけられた。

3・7・2　必要換気量と換気回数

　換気によって入れ替わる空気の量を**換気量**という。ある汚染物質の濃度を許容値以下の良好な状態に保つための，必要量を**必要換気量**という。

（1）　設計基準濃度（許容濃度）による計算

　図3・93のような単室でCO_2などの汚染空気の発生がある場合に，室内を許容汚染物質濃度以下に保つための必要換気量は式（3・45）で示される。

$$Q \cdot C_0 + M = Q \cdot C \text{ より}$$
$$Q = M/(C - C_0) \quad\cdots\cdots\cdots\cdots (3 \cdot 45)$$

　　　Q；必要換気量〔m^3/h〕
　　　M；汚染物質の発生量〔m^3/h〕
　　　C；汚染物質の許容濃度〔mg/m^3〕
　　　C_0；外気の汚染物質濃度〔mg/m^3〕

　実際は，給気口周辺の空間には新鮮な空気が供給され，排気口付近は汚染物質が集まるなど換気状態は一様でない。

　室内の換気状況を実際の気流性状を考慮した指標として「換気効率」がある。その具体的指標に**空気齢**[注2]がある。空気齢とは，建築物に入った所定量の外気が，室内のある地点に到達するまでに経過する平均時間のことである。空気齢が大きいほど，その地点に供給される空気が汚染されている可能性が高い。

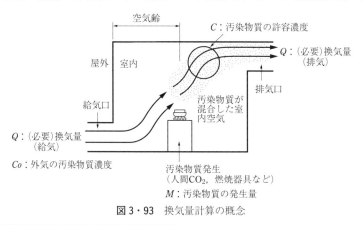

図3・93　換気量計算の概念

注1)　Volatile Organic Compounds　　2)　Age of Air

例題7

在室者 20 名の人間が，1 人当たり 0.02 m³/h の二酸化炭素を排出する室内の許容濃度を 1000 ppm，換気用外気の二酸化炭素濃度を 300 ppm とする場合，必要換気量を求めよ。

注. ppm：百万分の一

【解説】

式 (3・45) より，

$$Q = \frac{0.02\,\text{m}^3/\text{h} \times 20\,\text{人}}{\dfrac{1000}{1000000} - \dfrac{300}{1000000}} = \frac{0.02 \times 20}{0.001 - 0.0003} = \frac{0.4}{0.0007} \fallingdotseq 571.5\,[\text{m}^3/\text{h}]$$

よって，求める必要換気量は，　572 m³/h

---

(2)　換気回数による計算

許容濃度や汚染源の状態が把握できない場合や，概算値として必要換気量 Q を求める場合に式 (3・46) を用いて求める。

$$Q = n \cdot V \quad \cdots\cdots\cdots\cdots\cdots\cdots (3 \cdot 46)$$

　　n：換気回数〔回/h〕

　　V：室の容積〔m³〕

換気の効果は，室内の空気が 1 時間に何回外気と入れ替えるかで表されることが多く，この回数を**換気回数**〔回/h〕という。換気回数は，室の容積で換気量を割った値である。

表 3・24 に居室の必要換気量を，表 3・25 に居室以外の室の換気回数を示す。

表 3・24　居室の必要換気量

室　　名	在室密度〔m²／人〕	必要換気量〔m³／(h・人)〕
事務所（個室）	5.0	6.0
事務所（一般）	4.2	7.2
商店売場	3.3	9.1
デパート（一般売場）	1.5	20.0
デパート（特設売場）	0.5	60.0
宴会場	0.8	37.5
ホテル客室	10.0	3.0
小会議場	1.0	30.0
住宅・アパート	3.3	9.1
食堂（営業用）	1.0	30.0

表 3・25　付室および施設室の換気回数

No.	室　　　名	換気回数〔回/h〕
1	便所・洗面所	5 ～ 15
2	更衣室	5
3	浴室（入浴後）	30
4	書庫・倉庫	5
5	暗室	10
6	コピー室	10
7	浴室・シャワー室	3 ～ 7
8	ボイラ室	(10 ～)
9	冷凍機室	(5 ～)
10	電気室	(10 ～ 15)
11	発電機室	(30 ～ 50)[※1]
12	エレベータ機械室	(10 ～ 30)
13	駐車場	(10)[※2]

※1　非運転時 5 回/h 程度　　※2　法規制による。
（　）内の換気回数は概略設計時に使用し，実施設計時には発熱量，許容温度上昇や法規制などを必ず確認の上，給排気量を決定する。
（空気調和・衛生工学会「SHASE-S102-2003 換気規準・同解説」より作成）

(3) 建築基準法による計算

建築基準法では，必要換気量を換気対象とする室，換気設備の種類，その算定式などを表3・26の中に示したように規定している。

表3・26 換気に関する規定

	換気を要する室	換気設備の種類	機械換気設備による換気量
(1)	・無窓の居室（換気に有効な窓あるいは開口部の面積がその室の床面積の 1/20 未満の室）	・自然換気設備 ・機械換気設備 ・中央管理方式の空調	$Q \geqq 20A_f/N$ 〔m³/h〕 $\quad Q$：必要換気量〔m³/h〕 $\quad A_f$：床面積−換気上有効な開口面積〔m²〕×20 $\quad N$：1人当たりの占有面積 $\qquad \leqq 10$〔m²/人〕
(2)	・集会室などの居室，劇場 ・映画館・演芸場・観覧場・公会堂および集会場の居室	・機械換気設備 ・中央管理方式の空調設備	$Q \geqq 20A_f/N$ 〔m³/h〕 $\quad A_f$：床面積〔m²〕 $\quad N$：1人当たりの占有面積 $\qquad \leqq 3$〔m²/人〕
(3)	・調理室・浴室・湯沸室等でかまど・こんろ，その他火を使用する設備または器具を設ける室	・自然換気設備 ・機械換気設備	$Q \geqq Kq$ 〔m³/h〕 $\quad K$：単位燃焼量当たりの理論廃ガス量×40※ $\quad q$：燃料消費量 $\qquad$※排気フードを有する場合：20 $\qquad$煙突を設ける場合：2

例題 8

(1) 床面積 20 m²，天井高さ 2.3 m の便所を換気回数 10 回/h で換気する場合の必要換気量を求めよ。

(2) 事務所ビルの事務室で機械換気を行う場合，以下の条件での必要換気量を求めよ。事務室の床面積は 250 m²，換気のための開口部面積が 5 m²，在室人員は 50 人とする。

【解説】

(1) 便所の容積　$V = 20 \times 2.3 = 46$ 〔m³〕

　　必要換気量　$Q = 10 \times 46 = 460$ 〔m³/h〕

(2) 換気に有効な開口部面積が，室の床面積の 1/20 未満であるので，表3・26(1) の中の式より，

$$A_f = 250 - 5 \times 20 = 150 \text{〔m²〕}, \quad N = \frac{250}{50} = 5 \leqq 10 \text{〔m²/人〕}$$

となり，必要換気量 Q は，

$$Q = \frac{20 \times 150}{5} = 600 \text{〔m³/h〕}$$

よって，求める必要換気量は，　600 m³/h

3・7・3 換 気 方 法

換気の方法には，温度差や外部風速を利用した**自然換気方式**と，送風機や換気扇などを用い強制的に換気を行う**機械換気方式**がある。機械換気方式には，3つの方法がある。

(1) 自然換気方式

建築基準法でいう自然換気設備は，図3・94のように，給気口・排気口，およびこれに接続した排気筒によって室内の空気を室外に排出するものである。送風機が設置されていないため，気温・風の影響を受ける。シックハウス対策のための機械換気設備と併用される場合は，送風機によって給気され排気筒より空気が吸引され逆流の恐れがあることに留意すべきである。

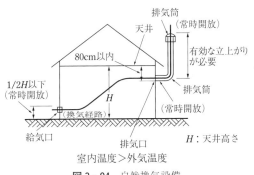

図3・94 自然換気設備

(2) 機械換気方式

(a) 第1種換気方式（図3・95）

給気も排気も送風機を用いて行う方式で，確実な換気効果が得られる。室内が外気より高い圧力（正圧）とするか，外気より低い圧力（負圧）とするかは，送風機の相互の能力バランスにより決定する。

窓のない空間や空調設備室，実験室などの確実な換気を必要とする室に適用する。室内発熱のむだな外部排出をなくすために，全熱交換器を設ける場合は，第1種換気方式となる。

(b) 第2種換気方式（図3・96）

給気のみを送風機を用いて行う方式で，室内は正圧に保たれる。外部からの汚染空気の侵入を嫌う清浄室，燃焼用空気が必要な機械室などに適する。

(c) 第3種換気方式（図3・97）

排気のみを排気ファン（送風機）を用いて行う方式で，室内は負圧に保たれる。室内の汚染空気や臭気を拡散することが目的であるので，トイレ・浴室・厨房などの換気に用いられる。

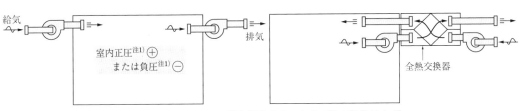

図3・95 給気機および排気機を有する方式（第1種換気方式）

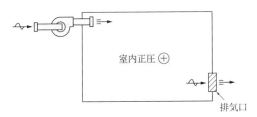

図3・96 給気機および排気口を有する方式
（第2種換気方式）

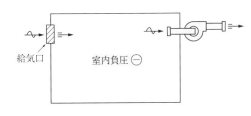

図3・97 給気口および排気機を有する方式
（第3種換気方式）

注1) 正圧：Positive Pressure，大気圧より大きな圧力。負圧：Negative Pressure，大気圧より小さな圧力。

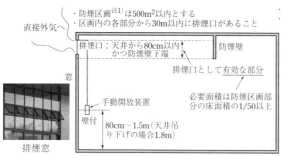

図3・98 自然排煙設備

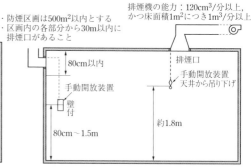

図3・99 機械排煙設備

3・7・4 排 煙 設 備

排煙設備は，火災時に発生した煙を速やかに排除し，在室者の避難経路を確保し，消防隊の消火活動を助けるための設備である。

(1) 排煙設備の種類と特徴

排煙設備には，**自然排煙方式**と**機械排煙方式**がある。

自然排煙方式は，図3・98のように，煙の浮力を利用して室の天井や外壁面に設けた開口部より煙を直接外部へ排出する方式である。

自然排煙設備は，大空間や低層建築で各階の階高が高い建物に適しているが，一般事務所ビルのように天井高も低く給気経路も明確でない場合には必ずしも有効でない。

機械排煙方式は，図3・99のように，発生した煙を排煙機の機力で強制的に排出する方式である。排煙機作動中は，その室内圧力が負圧

となるため，一定量の煙を確実に排出できる。

機械排煙設備は，排煙機・ダクト・排煙口・電源などから構成されており，火災時に火災報知器と連動して排煙機が運転される自動式と，排煙口と手動開閉装置のハンドルによって開き排煙機が起動する手動式とがある。

(2) 特殊な排煙設備

超高層ビルやアトリウムなどの大空間を有する大規模な建物が増えている。それらに用いられる排煙設備として以下のものがある。

(a) 加圧防煙方式

清浄な空気を機械力によって給気することで，特別階段などの付室などの防護すべき室と隣接する廊下や居室に圧力差をつけ，煙の侵入を防止する方式である（図3・100）。

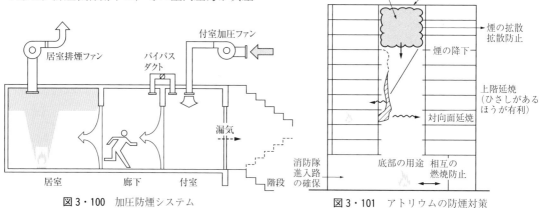

図3・100 加圧防煙システム

図3・101 アトリウムの防煙対策

注1) 防煙区画：火災初期における煙の拡散を防止し，避難・消火・救助活動を容易にするために，建築物を一定の面積ごとに区画したもの。

（b）　アトリウムの排煙

　アトリウムとは，建物内に設けられた吹抜けの大空間をいう。避難上，また消防活動上，アトリウム内の煙が隣接する部屋に拡散することがないようにする。

　東京ドームや埼玉スーパーアリーナのよ

うなアトリウム空間では，空間も広く天井高さが十分に高いので，吹抜け上部に煙を貯めることで，図3・101のように，避難が終了するまで居住域への煙の降下を防止する**蓄煙**もある。

コラム 16　シックハウスと住宅換気

　建築基準法では，シックハウス対策として，ホルムアルデヒド，有機リン系のシロアリ駆除剤に含まれる**クロルピリオス**などの化学物質への対策がとられている。

　ホルムアルデヒドは，以下の3つの対策が必要であり，夏季において，室内のホルムアルデヒド濃度を厚生労働省の指針値 0.008 ppm（0.1 mg/m³）以下とすることとされている。クロルピリオスの使用は居室のある建物では全面禁止とされている（図1）。

（1）　内装仕上げの制限

　木質建材，壁紙，接着剤などの規制となる建材には，等級により使用面積や使用が制限される。

等級は，F☆☆☆☆などの星の数で示され，星の数が多いほど化学物質の発散量が少ない。

（2）　換気設備設置の義務づけ

　ホルムアルデヒドを使用しない建材でも，家具からの発散があるため，原則として機械換気が義務づけられている。例えば，住宅の居室には換気回数 0.5 回/h 以上，それ以外の居室で0.3 回/h 以上の機械換気設備，いわゆる24時間換気システムなどの設置が必要である。

（3）　天井裏などの制限

　天井裏，床下，壁内，収納スペースなどから居室へホルムアルデヒドが流れ出ないようにするための措置を講ずる。

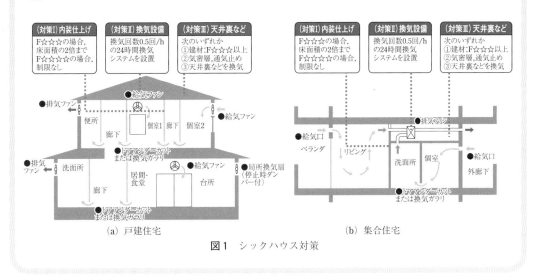

図1　シックハウス対策

3・8　自動制御設備

　空調を行う室の室温制御を行う場合，人間が常に冷却用または，加熱用の調整弁を開閉することを**手動制御**という。これに対し，自動制御設備が室温を自動的に検知し，その変化量に応じて弁を自動調整する方法を**自動制御**という。

バック制御とシークエンス制御がある。フィードバック制御は，返り信号によって制御量を目標値と比較し，それらを一致させるように訂正動作を行う制御方法である。また，シークエンス制御は，あらかじめ定められた順序に従って，制御の段階を逐次進めて行く制御である。

3・8・1　自動制御の方法

　自動制御の方法として，主なものにフィード

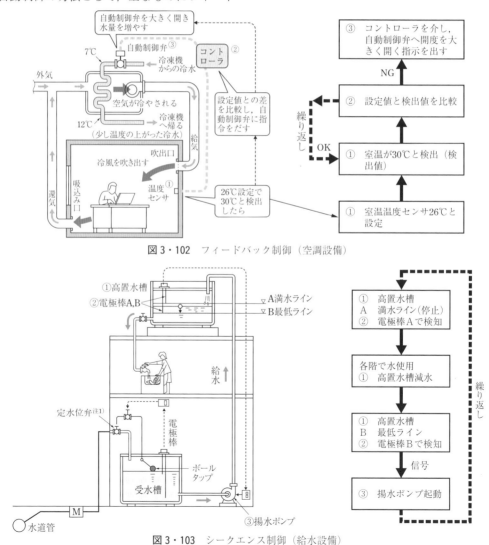

図3・102　フィードバック制御（空調設備）

図3・103　シークエンス制御（給水設備）

注1)　受水槽などへの給水時に槽内の水位を一定にするための弁で，閉止時に生じるウォータハンマを防止するために，ボールタップとの組合せにより緩閉鎖する。

（1）　フィードバック制御

図3・102に，空調設備での概念図を示す。

空調対象室には，室温測定用の①温度センサ，冷凍機からの冷水量を調節する③自動制御弁が働いている。温度センサは室温を常に測定し②コントローラに情報を送り，コントローラは設定温度（例えば，26℃）を記憶しており，比較して室温が設定温度に近づくように自動制御弁の開度を調節する信号を出す。この一連の流れがフィードバック制御である。

（2）　シークエンス制御

図3・103に概念図を示すように，給排水設備での揚水ポンプの制御が代表的な例である。①高置水槽の水位（A満水ライン）に対し，各階で水が使用されると水位が低下し，B最低ラインに達すると高置水槽の中にある②水位センサ(電極棒)がそれを感知し，③揚水ポンプに水を送るよう信号を送る。信号を受ける揚水ポンプは，満水ラインまで給水を継続する。この決められた手順の流れがシークエンス制御である。

3・8・2　自動制御機器
（1）　検　出　器

温度・湿度・圧力・流量などを検出する機器で，一般にセンサといわれる。計測する用途が同じでも，設置場所によって図3・104のように形状が異なる。

（2）　調　整　器

検出器の検出値と目標値を比較して調整量を決定する機器で，一般にコントローラと呼ばれる。図3・105のように電気式・電子式・DDC[注1]式などがある。

（3）　操　作　器

調整器からの制御信号を受けて，調整量に見合った分だけ流量・風量などを操作するための駆動機器で，図3・106のように，バルブやダンパなどを駆動させる機器である。

3・8・3　これからの管理システム
（1）　ビル管理システム（**BEMS**[注2]）

BEMSは，建物の室内環境とエネルギー性能の最適化を測るためのビル管理システムである。空調・衛生設備，電気・照明設備，防災・セキュリティー設備などを対象に，各種センサやメータを用い計量・検針しながら設備全体を適切に運転および自動制御することができるシステムである。

（2）　コミッショニング（性能検証）

竣工した建物が，設計段階で意図した性能が確保されているかどうかを検証するための一連の試運転・調整・検査の実施と記録の作成，運転指導，各種報告書などの提出などの行為をコミッショニングといい，それを円滑に行うために，各種自動制御機器が採用されている。

室内型　　　ダクト挿入型　　　配管挿入型　　　流量計
温度検出器　温度検出器　　　温度検出器

図3・104　検出器の種類

電気式調節器　電子式指示調節器　　DDC式調節器

図3・105　調整器の種類

電動二方弁　　　バタフライ弁　　　ダンパ操作部

図3・106　操作器の種類

注1）　DDC：Direct Digital Control の略；制御の高度化や製品技術の進歩に伴い，複数ループのプログラム演算が可能な通信機能を有する機器。
　2）　BEMS：Building and Energy Management System の略。

第3章
確認問題

【問題1】　空調設備に関する用語の組合せとして不適当なものはどれか答えなさい。

(1)　PMV──二酸化炭素濃度　　(2)　ナイトパージ──躯体蓄熱

(3)　コージェネレーション──地域冷暖房　　(4)　VOC──シックハウス

(5)　BEMS──ビル管理システム

【問題2】　室内環境に関する記述のうち，最も不適当なものはどれか答えなさい。

(1)　温熱環境の6要素とは，温度，湿度，平均放射温度，気流速度，着衣量，代謝量である。

(2)　快適性を評価する指標であるPMVは，−1.0〜+1.0の範囲が快適域とされている。

(3)　着衣状態の評価指標であるclo値は，男性のスーツ姿は一般に1.0clo程度である。

(4)　室内空気の温度変化は顕熱と潜熱で表され，湿度変化は潜熱の変化である。

(5)　作用温度は，空気温度と平均放射温度で決定される。

【問題3】　空調方式に関する記述のうち，最も不適当なものはどれか答えなさい。

(1)　ファンコイルユニット・ダクト併用方式では，ファンコイルでインテリアゾーンを，単一ダクトでペリメータゾーンを空調することが多い。

(2)　床暖房などの放射暖房方式は，一般に対流型暖房方式に比べ室内上下温度差が小さくなる。

(3)　ナイトパージとは，外気を導入し躯体を冷却し，夏期の冷房などの負荷を軽減する手法である。

(4)　VAV方式は，風量を空調負荷変動に応じて変化させることができるのでCAV方式に比べ送風機動力を節約できる。

(5)　エアーフローウィンドウシステムは，建物外周のペリメータゾーンの空調負荷を削減するのに効果がある。

【問題4】　例題5（本文p.116）の事務室を空調するときの暖房負荷を求めなさい。暖房条件は下表のとおりとし，他の条件は例題5と同じとする。

夏　　　期	乾球温度〔℃〕	湿球温度〔℃〕	相対湿度〔％〕	絶対湿度〔kg/kg（DA）〕
外気条件	0.6	──	34	0.0013
室内条件	22.0	──	50	0.0081

【問題5】　空調機器設備に関する記述のうち，最も不適当なものはどれか答えなさい。

(1)　直焚き冷温水発生機は，夏期，冬期ともに燃料を燃焼させ，冷水または温水を1台で作ることができる。

(2)　パッケージ型空調システム（マルチシステム）は，1台のパッケージユニット（屋外機）に複数の屋内ユニットを設置することができる。

(3)　ヒートポンプは，夏期に比べ冬期には外気より熱を奪い暖房するため効率が上がる。

(4)　冷却塔は，空調用冷却水の一部を外気に触れ蒸発させることで冷却する装置である。

(5)　エアハンドリングユニットとは空調機で，エアフィルタ，加熱・冷却コイル，加湿・減湿器，送風機，電動機などから構成される。

第 **4** 章

電 気 設 備

照明の省エネルギー化（LED 照明）
LED 照明は，発光ダイオード（LED：Light Emitting Diode の略）を利
用した照明設備で，従来の蛍光灯，白熱電球に比べ省エネルギーで長寿
命，多様な光色を演出できる電気設備技術です。自動車，工場，交通信
号だけでなく，広く建物で活用され始めています。

4・1 電気設備とは

4・1・1 電気設備の役割

快適な環境をつくるのが建築設備であり，そのほとんどのエネルギー源となる電気エネルギーの供給，維持，制御を行うためのシステムを提供するのが**電気設備**である。電気設備の目的は，電気エネルギーを光，熱，力，情報信号などに変換して人間の活動に役立たせることである。

4・1・2 電気設備の構成

図4・1に，一般建物での電気設備の構成図を示す。概要は，1章で述べたとおりである。

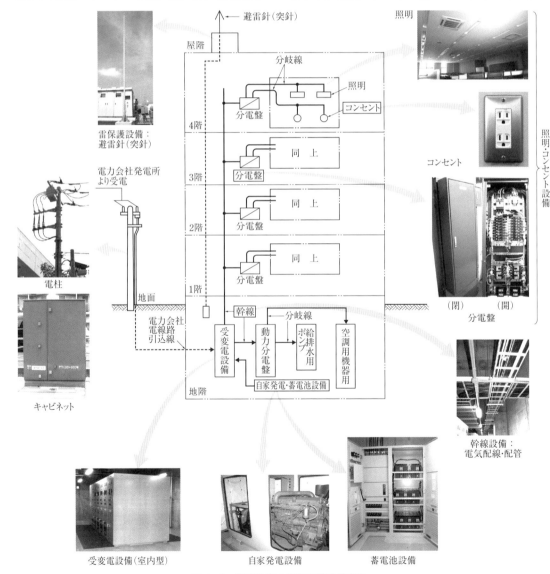

図4・1 建築物内の電気設備の構成例

表4・1 建築電気設備の種類と扱う項目

種　　　　類		扱 う 項 目
受 変 電 設 備		受電・変電機器など，およびその配線
動 力 設 備		制御盤，開閉器箱，実験盤，電力用コンセントなど，およびその配線，電動機までの配線
照明・コンセント設備		照明，コンセント，分電盤など，およびその配線
蓄 電 池 設 備		蓄電池，充電器およびその配線
自 家 発 電 設 備		発電機，原動機，配電盤，補機付属装置，およびその配線・配管
幹 線 設 備		配電盤から分電盤・制御盤などに至るエネルギー供給用の配線
情報通信設備	電 話 設 備	交換機，本配線盤，電源装置，端子盤など，およびその相互間の配線，電話機および電話機端子盤間の配管・配線
	インターホン設備	インターホンなど，およびその配線
	テレビ共同受信設備	テレビ共同受信用のアンテナ，増幅器，分配器，直列ユニットなど，およびその配線
	L A N 設 備	LAN設備，光ファイバなど
防犯・防火設備	火 災 報 知 設 備	火災報知設備（受信機，感知器など，およびその配線） 自動閉鎖設備（防火戸，防煙ダンパなどの煙感知器，連動制御器など，およびその配線（なお，自動開放設備（排煙口，防煙たれ壁など，およびその配線）を含む）） 非常警報設備（非常ベルなど，およびその配線） ガス漏れ警報設備（受信機，検知器など，およびその配線）
	防 犯 設 備	侵入防止用機器，侵入発見設備機器，非常通報侵入者排除機器，およびその配線
	雷 保 護 設 備	受雷部，引下げ導線，接地極など，およびその配線

表4・1に電気設備の種類と項目を示す。建物で使用される電気エネルギーは，電力会社変電所から送られた受電柱（またはキャビネット），建物の**受変電設備**を経て，給排水ポンプや空調用機器を動かすための動力を扱う**動力設備**，照明・コンセント負荷を扱う**照明・コンセント設備**に供給される。その他，防災時や停電時の対策としての電源確保のために，自家発電設備や蓄電池設備がある。

それ以外に，電話設備（図4・21），インターホン設備（図4・26），LAN設備（図4・22），テレビ共同受信設備（図4・23）など情報の交信に用いる情報・通信設備がある。火災を感知し知らせる火災報知設備（図4・27），盗難や侵入防止のための防犯設備（図4・25），落雷による災害を防止する雷保護設備（図4・28）などの防犯・防火設備がある。

4・1・3　電気設備の関連法規

電気設備の設計・施工，維持管理に当たっては，電気事業法，電気用品安全法，電気工事士法などの関連法規がある。

電気事業法は，電力事業の円滑な運用と安全に関する基本事項を，電気用品安全法は，電気用品の製造・販売等を規制するとともに安全性の確保を規定するものである。また，電気工事士法は，電気工事の作業に従事する者の資格および義務を定め，工事の欠陥による災害の発生を防止するものである。

4・1・4　周波数と電流・電圧・電力

電圧を与え電流を生じさせることで電力となって動力源となり電気設備機器を動かす。電流には，図4・2のように，一定方向に継続し

て電流を流す**直流**と，時間の経過とともに周期的に電流方向が変わる**交流**がある。それぞれの電圧を直流電圧，交流電圧といい，一般の建物に供給されるのは交流であり，電力も周期をもった変化をする。

実際に電気設備を動かすための電気エネルギーが電力であり，直流電力 P_{DC} は式（4・1）で表す。電力の単位はW（ワット）で表され，1Wの電力は1J/sec のエネルギーに相当する。

$$P_{DC}=V{\cdot}I \cdots\cdots\cdots\cdots\cdots\cdots（4・1）$$

ただし，V：電圧（ボルト），I：電流（アンペア）

交流の場合も電圧と電流の積で計算させるが，図4・3のように，電圧と電流の波形に位相差があり，P_{AC} として式（4・2）で表す。ϕ は電圧と電流の位相差で，$\cos\phi$ をその回路の**力率**という。位相差がなければ式（4・1）のように力率は1（100%）となるが，電気機器によるモータなどでは0.8（80%）前後となる。

交流電圧 P_{AC} に対して，電圧と電流の実効値の積 VI を**皮相電力** S といい，単位はVA（ボルトアンペア）である。電気機器の容量を表すのに用いられる。

$$P_{AC}=V{\cdot}I{\cdot}\cos\phi\cdots\cdots\cdots\cdots\cdots（4・2）$$

電力は単位時間当たりの電気エネルギーを示

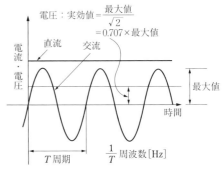

図中：
電圧：実効値 $=\dfrac{最大値}{\sqrt{2}}$
$=0.707\times最大値$

電流・電圧　直流　交流　最大値　時間

T 周期　$\dfrac{1}{T}$ 周波数〔Hz〕

図4・2 電流・電圧（直流・交流）
＊家庭用電源100Vは実効値であり，
実際の最大値は約141Vである。

すが，この値に時間 t〔h〕を乗じたのを電力量 W といい，交流の電力量は式（4・3）で表す。

$$W=P_{AC}{\cdot}t=V{\cdot}I{\cdot}\cos\phi{\cdot}t\cdots\cdots\cdots\cdots（4・3）$$

単位はワット時〔Wh〕，あるいはキロワット時〔kWh〕を用いる。電力会社と需要家との間の電力料金を求める際の算定基準となる。

図4・4のように，電力供給区域は，機器に適用できる**周波数**の違いにより富士川を境に東日本では50Hz（ヘルツ），西日本では60Hzと異なる[注1]。

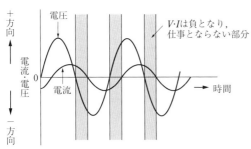

図中：
＋方向　電圧　$V{\cdot}I$ は負となり，仕事とならない部分
電流・電圧　0　電流　時間　－方向

図4・3　交流における電圧と電流の位相のずれ

図中：
北海道電力　北海道
青森　秋田　岩手　東北電力　山形　宮城　福島
北陸電力　石川　富山　新潟　群馬　栃木　茨城　東京電力
京都　福井　滋賀　長野　埼玉　東京
中国電力　鳥取　岐阜　山梨　静岡　神奈川
島根　兵庫　岡山　大阪　奈良　愛知　中部電力
佐賀　山口　広島　香川　徳島　関西電力　和歌山
長崎　福岡　大分　高知　四国電力
鹿児島　宮崎　熊本
九州電力
沖縄電力
沖縄
☐：50Hz地域
☐：60Hz地域

図4・4　電力会社別電力供給区域および周波数分布一覧

注1）　東京電力の前身の会社が，1895年にドイツから50Hzの発電機を，関西電力の前身の会社が1897年にアメリカから60Hzの発電機を輸入したことに由来している。

4・2 受変電・幹線設備

4・2・1 受変電設備

建物の所有者は、電力会社との間で電気の使用に関して契約を結び受電する。図4・5に示す受電方式には、高圧（または特別高圧）の1本の配電線で受電する1回線受電方式、2本の配電線で受電する2回線受電方式、各配線をループ状に配電するループ受電方式がある。また、

電力会社から2～4回線の特別高圧を配電し、分岐により受電するスポットネットワーク受電方式がある。受電する電圧（受電電圧）は、建物用途、規模、負荷内容などから決定した契約電力によって変わる。表4・2に、契約電力と受電電圧を示す。

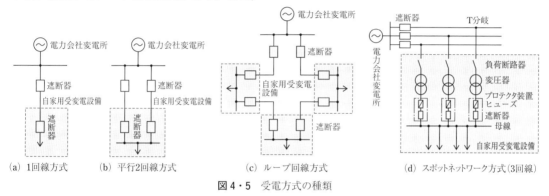

(a) 1回線方式 　(b) 平行2回線方式 　(c) ループ回線方式 　(d) スポットネットワーク方式（3回線）

図4・5 受電方式の種類

表4・2 契約電圧と受電電圧

区　分	直　流	交　流	受電電圧（供給規定）の例	契約電力
低　圧	750 V 以下	600 V 以下	100, 200 V	50 kW 未満
高　圧	750 V を超え 7000 V 以下	600 V を超え 7000 V 以下	6600 V	50 kW 以上 2000 kW 未満
特別高圧	7000 V を超えるもの		22000, 77000, 154000 V	2000 kW 以上

（1）低圧受電

低圧受電では、一般に図4・6のように、電柱から配電線路（電線ケーブル）を経由して建物内へ引き込まれる。一般家庭を対象として、契約電力が50 kW 未満であり使用電圧100 V、200 V の機器にそのまま対応できる。

（2）高圧受電

高圧受電では、電気容量が大きくなり、契約電力が50 kW 以上になると交流電圧が600 Vを超える。しかし、汎用機器の使用電圧は100 V、200 V であり電圧を低くするために変電設

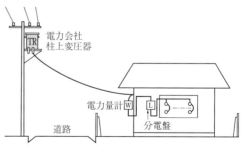

図4・6 低圧受電方式による電気の取入れ方

備が必要となる。

建物への引き込みの方法を、図4・1の中に示すとおり、電柱またはキャビネットを経て引

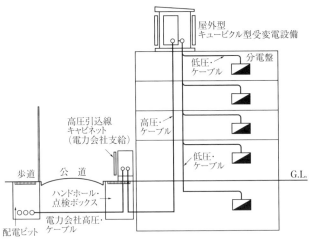

図4・7　高圧受電方式による受電方法の例

図4・8　キュービクル型受変電設備
（屋外型）

き込む。受電用にはキュービクル型受電設備を用いることが多いが，その設置位置によって地下の電気室であれば，図4・1中に示す室内型を，スペースのない場合には図4・8に示す屋外型を屋上などに設置する。地中から引き込む場合は，配線分岐部にハンドホールと呼ばれる

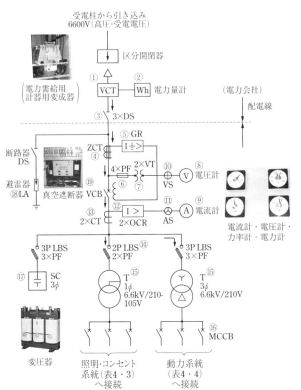

	文字記号	用　　語	図記号	機　　能
①	VCT	電圧電流変成器	VCT	計器動作のための必要電圧，電流を取り出す装置
②	W	電力計	Wh	1時間割電力量を計量，積算電力計
③	DS	断路器		回路を電源から切り離す機能
④	ZCT	零相変流器	zc	地絡継電器を動作させるため零相分の電流を取り出す装置
⑤	GR	地絡継電器	I⇌>	地絡事故を検出して遮断器を動作させる装置
⑥	PF	ヒューズ		過電流や短絡時の保護
⑦	VT	計器用変圧器		高圧の電圧変成
⑧	V	電圧計	Ⓥ	電圧測定
⑨	A	電流計	Ⓐ	電流測定
⑩	VS	電圧切替開閉器	⊕	電圧回路の相の切り替え
⑪	AS	電流切替開閉器	⊗	電流回路の相の切り替え
⑫	OCR	過電流継電器	I>	過電流を検出して遮断器を動作させる装置
⑬	CT	整流器		高電圧を低圧に変成
⑭	LBS	高圧交流負荷開閉器		電路の開閉
⑮	T	変圧器		高圧電力を低圧電力に変成
⑯	MCCB	配線用遮断器		定格以上の電流が流れた時遮断する装置
⑰	SC	進相コンデンサ		力率を改善するための装置
⑱	LA	避雷器		雷による異常電圧の抑制
⑲	VCB	真空遮断器		電路の開閉（負荷電流や短絡電流の遮断）絶縁性が良く，大容量の受電に対応

図4・9　受電設備の構成例

表 4・3　配 電 方 式

電　気　方　式		対地電圧	変圧器よりの配線	用　　　途
A 照明・コンセント系統	(1)　単相2線式	100 V		・小規模住宅・アパートなどに用いられる。電灯・コンセント等に使用する。
	(2)　単相3線式 (100/200 V 単相3線式)	100 V		・住宅で用いられる一般的な方式で，100 V は電灯・コンセントなどに，200 V は電気容量の大きな機器に使用する。
B 動力系統	(3)　三相3線式 (200 V 三相3線式)	200 V		・中規模建築物に用いられる。主として動力用の誘導電動機（ポンプ・ファン・圧縮器）に使用する。
	(4)　三相4線式 (240/415 V 三相4線式)	240 V		・大規模建築物に用いられる。415 V は動力用，240 V は 40 W 以上の照明に使用する。

注．対地電圧：接地側線（⏚）と他の線の間の電圧をいう。Ⓛ：照明，▭：200V エアコン（調理器，電気温水器）など，
Ⓜ：電動機（ポンプ，ファン，冷凍機，エレベータなどを動かす）

点検ボックスを設ける。

図 4・9 に受電設備の構成例を示す。電力会社から 6600 kV の引き込み線で受電する。電力会社との責任分岐点は，一般に受電柱の区分開閉器なっている。その高圧ケーブルは，電力需給用計器用変成器（VCT），電力計（W）に接続される。

VCT から出た高圧線は，高圧受電盤の真空遮断器（VCB）と，過電流事故，地絡事故保護のための断路器（DS），避雷器（LA）に接続される。その後，各負荷開閉器（LBS）を介し，照明・コンセント用，動力用の各変圧器（T）で変圧させ，各系統へ配電する。

（3）　特別高圧受電

特別高圧受電では，契約電力が 2000 kW 以上，受電圧力 7000 V 超過であり地中引き込みが一般的である。引き込みケーブルの径，曲げ半径も大きく，ケーブル本数も多いため，引き込みや専用のシャフトを設ける必要がある。

（4）　配 電 方 式

受変電設備から照明・コンセント系統，動力系統の負荷に分けて配電する。表 4・3 に用途別の電気配線方式を示す。例えば，住宅では一般に 100 V 単相2線式（表 4・3(1)）では照明やコンセントに対応できるが，エアコンなどを接続する場合には 100/200 V 単相3線式（表 4・3(2)）を用いる。また，一般ビルではポンプ・ファンの動力用に 200 V 三相3線式（表 4・3(3)）などを用いる。また，三相4線式（表 4・3(4)）は，大規模な建築物や工場に用いる。

4・2・2 幹線設備

建物の電気系統のうち，受変電設備などから図4・10に示す分電盤や動力制御盤までの配線を**幹線**という。建物内に多数設置される分電盤や機器に電力を供給する幹線の配線方式には，表4・4のような種類がある。

屋内配線では，過負荷などによって電線および電気機械器具などに過大な電流が流れ，火災などが発生するのを防ぐため過電流遮断器が設けられる。このほか，電路の絶縁が破れて，機器などを通じて大地に電流が流れるのを防ぐため，必要な箇所に漏電遮断器を設ける。

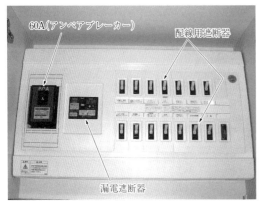

(a) 集合住宅用

(b) 分電盤中間扉の状態，全部開けた状態
(一般ビル用)

図4・10 分 電 盤

表4・4 幹線の配線方式

単独方式	分岐方式		
配線形態(a)	配線形態(b)	配線形態(c)	配線形態(d)
照明分電盤など／低圧配電盤			
・各盤が，ある程度の容量をもっている場合の一般的な配電方法。	・小規模ビル，共同住宅の幹線として使用。	・幹線サイズが大きくなりすぎない範囲で，経済性を考慮し，盤グループごとに幹線をまとめる方法。	・(c)と同様であるが，分岐側の盤容量が小さいとき，また400V級配電用変圧器を途中階に設置するときなどに採用される場合。

表4・5 代表的な屋内配線用図示記号

記 号	名　　　称	記 号	名　　　称
◖	壁　　　灯	⊙	壁 以 外 取 付 け
⊗	誘　導　灯	◣	分　電　盤
⊗	屋　外　灯	⊠	配　電　盤
◖	壁付コンセント	⊠	制　御　盤

4・3　動力設備

4・3・1　動力設備の概要

　動力設備の役割は，図4・11のように，一般に電力会社の電線から受変電設備を経て引き込んだ電力エネルギーを機械エネルギーに変換したもので，電動機およびその付属機器，装置（制御装置・保護装置・配線など）がそれに当たる。

　一般の事務所ビルにおける動力設備とそれにかかる負荷設備の分類を表4・6に示す。また，各種建物における照明・コンセント負荷と動力負荷（空調一般，その他）の概算値は，建物用途別に表4・7に示すとおりである。

　設備容量の決め方については，一般に負荷が不明なので，一般的に単位床面積当たりの所要電力，すなわち**負荷密度**〔VA/m^2〕[注1]を用いて推定する。事務所ビルを例にあげれば，照明・コンセント設備では，一般に500 lx程度の照明負荷密度は15 VA/m^{2}程度で，OA機器は30〜50 VA/m^{2}程度である。おおよそ照明・コンセント設備の合計負荷密度は30〜50 VA/m^{2}程度である。

　一般動力負荷となる給排水ポンプ，エレベータなどの設備では30〜50 VA/m^{2}程度，空調動力負荷となる冷暖房熱源機器・搬送動力・空調用送風機などで，電気方式で40〜50 VA/m^2，ガス方式で20〜30 VA/m^{2}となる。

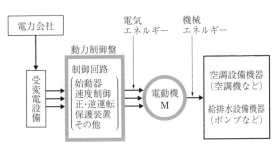

図4・11　動力設備の役割

表4・6　ビルにおける主な動力設備の負荷

用途別分類	負荷の種類
空　調　用　動　力	冷凍機，冷却水ポンプ，冷水ポンプ，クーリングタワーファン，空調機ファン，給排気ファン
給排水衛生用動力	揚水ポンプ，汚水ポンプ
搬　送　用　動　力	エレベータ，エスカレータ，リフト，ダムウェータ，コンベヤ
防　災　用　動　力	消火ポンプ，スプリンクラポンプ，排煙ファン，非常用エレベータ
事務機器用動力	電子計算機，各種OA機器
通信機器用動力	インバータ，直流発電機
厨　房　用　動　力	高速ミキサ，ベーキングオーブン，ケーキミキサ，冷凍庫，冷蔵庫
医療機器用動力	レントゲン，歯科用モータ，電動手術台，CT，各種リハビリ用機器

表4・7　各種建物の電力設備容量の概算値

	照明・コンセント負荷〔W/m^2〕	空調動力負荷〔W/m^2〕	一般動力負荷〔W/m^2〕	その他負荷〔W/m^2〕	計負荷〔W/m^2〕
事務所ビル	61 （43.3%）	50 （35.5%）	24 （17.0%）	6 （4.2%）	141
ホ　テ　ル	53 （46.9%）	37 （32.7%）	13 （11.5%）	10 （8.9%）	113
病　　　院	62 （40.0%）	44 （28.4%）	42 （27.1%）	7 （4.5%）	155
ショッピングセンター	61 （51.7%）	31 （26.3%）	12 （10.2%）	14 （11.8%）	118
デパート	59 （40.4%）	40 （27.4%）	23 （15.7%）	24 （16.5%）	146

注.　一般動力負荷のうち，給排水衛生設備の動力用量は約5〜9 W/m^{2}である。

注1)　VA/m^{2}は皮相電力での表示，W/m^2（表4・6）は，それに力率を掛けて表示した値である。

4・4 自家発電・蓄電池設備

4・4・1 自家発電設備

　自家発電には2つの用途がある。1つは，電力会社からの電気が停電した非常時に，自ら設置した発電機で発生させた電気エネルギーを使用する場合，もう1つは，常用でも電力会社が供給する電気と自家発電の電気を共存させて用いる場合である。後者の場合，自家発電設備から出た熱エネルギーを回収して利用するシステムをコージェネレーションシステム[注1]という。

　非常時用の自家発電設備は，図4・12に示すとおり，始動装置により発電機（図4・13）を作動させ発電する。そのための燃料として重油・灯油を使用する場合は，燃料小出槽（図4・14）に一度蓄え，発電機に給油する。また，エンジンを冷却するための冷却装置（ラジエータ）（図4・15）を設けることがある。ガスタービンによる発電機を地下室に設置し用いる場合には，吸気と排気に注意する。

4・4・2 蓄電池設備

　蓄電池設備は，停電時対策としてあらかじめ蓄電池に充電しておき，数十分間使用する電源

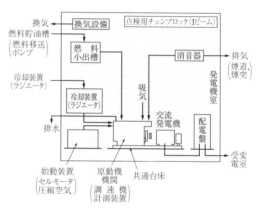

図4・12 設備系統図

である。蓄電池には鉛蓄電池とアルカリ蓄電池があり，設置方法として開放型とキュービクル型（図4・16）がある。現在は，キュービクル型の使用が多くなってきている。

4・4・3 無停電電源装置（UPS）

　非常時のコンピュータ等の情報技術への対応として，落雷時の異常電圧の侵入，停電などの事故対策が必要になる。このような場合に，無停電で安定した電源を供給できるシステムとして**無停電電源装置（UPS**[注2]**）**がある。

図4・13 発 電 機

図4・14 燃料小出槽

図4・15 冷却装置
（ラジエータ）

図4・16 キュービクル型蓄電池

4・5　照明・コンセント設備

4・5・1　照 明 設 備

(1)　照明の要素

照明に用いられる用語と単位には，以下のようなものがある。

① **光束**：放射束（光源から発せられる光の量）を視覚によって測った量のこと。単位はルーメン〔lm〕である。

② **光度**：光源がもっている力の強さ，照明能力のこと。単位はカンデラ〔cd〕で，1 cd の光源から 1 m 離れたところの照度が 1 ルクスである。

③ **照度**：光が面を照らすとき，その照らされる面の明るさを表す単位である。単位は〔lx〕である。1 m^2 当りに入射する光束が 1 lm の場合の照度を 1 lx とする。

④ **輝度**：光源を見たときの「輝き」の程度を示すものである。単位は光度（カンデラ：cd）を面積で除した値〔cd/m^2〕である。

⑤ **グレア**：光のまぶしさのこと。

⑥ **配光**：照明器具から出る光の分布状態のこと。配光で，上向きと下向きに出る光の量の割合が異なる。

⑦ **演色性**：光源によって照らしたとき，そのものの色の見え方（色あい）を決める光源の性質のことである。

(2)　照 明 器 具

照明器具は使用光源の種類により，表4・8に特徴を示すように，白熱電球・ハロゲン電球・蛍光ランプ・高圧水銀ランプ・メタルハライドランプ・ナトリウムランプ・LED に分類され

表4・8　各種光源の種類と要点

項　目	白熱電球	ハロゲン電球	蛍光ランプ	高圧水銀ランプ	メタルハライドランプ	ナトリウムランプ	LED注1)
消費電力〔W〕	5～1000	75～1000	4～220	40～2000	125～2000	100～2000	2～9
光　質	・高輝度 ・熱放射多く，赤味豊富 ・配光制御容易	・高輝度指向 ・白熱電球より高効率，長寿命	・低輝度 ・光色調節は比較的良好 ・熱放射少ない	・高輝度 ・光色は特異性あり ・配光制御容易 ・大光束，長寿命	・高輝度 ・光色は自然色とほとんど同じ ・配光制御容易 ・大光束，長寿命 ・良演色性	・高輝度 ・光色は，低圧で橙黄色，高圧で黄白色 ・効率最高	・高輝度 ・高い演色性 ・可視光以外の放射がほとんどない ・点光源でキラメキ感
効　率〔lm/W〕	12～14	16～19	50～100	55	70～95	高圧130～160 低圧135～180	90～110
色温度〔K〕	2850	3000	4500	4100	3800～4300	2100～2500	2800～5000
寿命〔h〕	1000～2000	1500～2000	3000～10000	6000～12000	6000～9000	9000～12000	20000～40000
用　途	・全般照明・局部照明用 ・住宅・商店 ・事務所など	・投光用，商店	・全般照明・局部照明用 ・経済的に良質 ・住宅・商店・事務所・学校など	・高天井，道路照明に適する ・工場・体育館など	・高天井，道路照明に適する	・道路，広場，スポーツ施設，トンネルなどの照明に適する	・交通信号機 ・自動車，植物工場 ・住宅，一般ビルでも広く採用中

＊　表中の値は，メーカーによって異なることがある。

注1)　第4章扉に LED の写真と説明を掲載した。

(a) 天井直付型

埋込み部
(b) 天井埋込型

(c) ペンダント型

(d) ブラケット型

図4・17　照明器具の取付け形状（写真提供：松下電工（株））

る。また，図4・17のように取付け形状によっても，天井直付型・天井埋込型・ペンダント型・ブラケット型などに分類される。

（3）　照明方式

建物の室内での照度基準は，部屋の特徴や生活行為に応じて，JIS Z 9110で表4・9のように定められている。照明方式は，器具の配置の仕方によって，全般照明・局部照明・全般局部照明に分けられる。

全般照明方式は，照明しようとする室全体を一様に照明するもので，代表的な方式である。

局部照明方式は，室内で行う個々の作業に対して照明を局部的に小範囲で使う方式である。**局部的全般照明方式**は，細かい作業を行う区画に対しては高い照度の照明を，そうでない一般エリアは平均的な照明を行う方式である。

また，照明器具の配光によって，表4・10のように，直接照明・半直接照明・全般拡散照明・半間接照明・間接照明に分けられる。

その他，天井や壁などと一体化させた照明方式として，表4・11の建築化照明方式がある。また，作業領域（タスク）の空間に対して専用

表4・9　照度基準（JIS Z 9110：2011の一部）

推奨照度 （lx）	照度範囲 （lx）注1)	事　務　所	学　　　　校	美術館，博物館	宿泊施設	住　　　　宅
2 000	3 000〜 1 500	——	——	——	——	——
1 000	1 500〜 750			彫刻（石・金属）， 模型		手芸（居間，家事室）， 裁縫（居間，家事室）， ミシン（家事室）
750	1 000〜 750	設計室，製図室，事務室，役員室，玄関ホール	製図室	研究室，調査室	事務室，フロント，帳場	勉強・読書（書斎）
500	750〜 300	会議室，応接室，電子計算機室，調理室，集中監視室	被服教室，電子計算機室，実験実習室，図書閲覧室，保健室，研究室，会議室，厨房	彫刻（プラスタ，木，紙），洋画，ホール	客室机，洗面鏡，調理室，厨房	読書・化粧（寝室），工作（家事室，作業室）
300	500〜 200	食堂，受付，エレベーターホール	食堂，教室，体育館，教職員室，事務室	教室，売店，食堂	食堂，車寄せ	調理室（台所），流し台（台所），食卓（食堂），洗面（浴室・脱衣室・化粧室）
200	300〜 150	便所，洗面所，書庫，電気室，機械室，更衣室	便所，洗面所，講堂，ロッカー室，書庫，集会室	便所，洗面所，観客室，ロビー，ラウンジ，ホワイエ	便所，洗面所，宴会場，ロビー	団らん（居間），娯楽（居間），全般（子供室，勉強室）
100	150〜 75	廊下，エレベータ，休憩室，倉庫，玄関ホール（夜）	廊下，倉庫，昇降口	廊下，玄関，映写室	廊下，玄関，客室（全般）	全般（書斎，応接室，台所，浴室・脱衣所・化粧室，玄関［内側］）
50	75〜 30	屋内非常階段	非常階段	——	——	全般（居間，食堂，階段・廊下）

注1)　2010年に改正された照明基準総則では，推奨照度を一点のみで認めていたが，東日本大震災に伴う節電要請に対応するため，2011年に策定された総則（追捕1）により，推奨照度を中心とした上限値・下限値による照度範囲が設定された。

表4・10　照明器具の配光による分類

配光	国際分類	直　接　照　明			半直接照明	全般拡散照明	半間接照明	間　接　照　明	
	上半球光束	0			10 ～ 40	～ 60	～ 90		100
	下半球光束	100			90 ～ 60	～ 40	～ 10		0
	配光曲線								
	照明器具の例	ダウンライト　金属製反射笠　埋込器具　ルーバ付き器具			食卓用ペンダント　拡散板			不透明反射皿　天井　コーブ照明器具　ランプ　反射板	
特徴		1．照明率が大きい。（注） 2．室内面反射率の影響が少ない。 3．工場照明に適する。			1．室全体が明るい。 2．グレアが比較的少ない。 3．事務所，学校などに適する。			1．間接的に光源を壁面などに当て，柔らかな光を提供する。 2．室内反射率の影響が大きい。 3．影の少ない，グレアの少ない照明ができる。	

注．照明率：作業面に到達する全光束と光源の発する全光束の比

表4・11　建築化照明

	天　井　全　面　照　明			壁　面　照　明	
光天井照明		・曇り日に近い状態を室内に再現する天井全面照明のうちでは，照明率が最も高く，保守も容易であり，多く採用されている。	コーニス照明		・直付蛍光灯器具（トラフ）を壁面上方に取り付け，木製か金属板で光源を隠す。直接光が壁面を照明する。
ルーバ天井照明		・快晴に近い昼光状態を再現する。よほど直下より見上げないと光源が認められない。ルーパが汚れやすく，保守に手数がかかる。	バランス照明		・直付蛍光灯器具（トラフ）を取り付け，木製か金属板かの透過率の低い材料で光源を隠す。直接光は，下方の壁やカーテンを，上方は天井を照らす。雰囲気のある照明である。
コーブ照明（間接照明）		・まぶしさがなく，照度分布が一様で，影がない。ただし，高照度は得がたい。	ライトウインドウ		・地下室や自然光の入らない部屋で，昼間，窓から採光されている晴れやかな感じを出す。

の局部照明を設け，タスクに必要な照度を確保し，周辺（アンビエント）環境に対しては間接照明などの比較的照度の低いレベルの照明で対応する**タスクアンビエント照明**（TAL[注1]）がある。

注1)　Task and Ambient Lighting の略。

（4）　防　災　照　明

（a）　非常用照明

非常用照明設備は，オフィス，病院，ホテル，商業施設など多くの人が集まる場所

で，火災その他不慮の災害で停電したとき，人々を速やかにかつ安全に避難させるように室内や通路を照らし出す照明設備である。建築基準法に準拠し，(財)日本建築センター防災評定に合格したものには，BCJマークが表示されている。

(b)　誘導灯

誘導灯の目的は，以下の2点である。

①　災害時に建物内の人を屋外の安全な場所へ避難させるため，避難方向や避難出口を知らせる役割。

②　平常時に誘導灯の設置により，避難方向を日常から認識させる学習効果。

誘導灯の分類は設置場所に応じて，図4・18のように設置する。誘導灯は予備電源を有し，停電時でも予備電源で20分以上点灯することが消防法[注1]に義務づけら

れている。

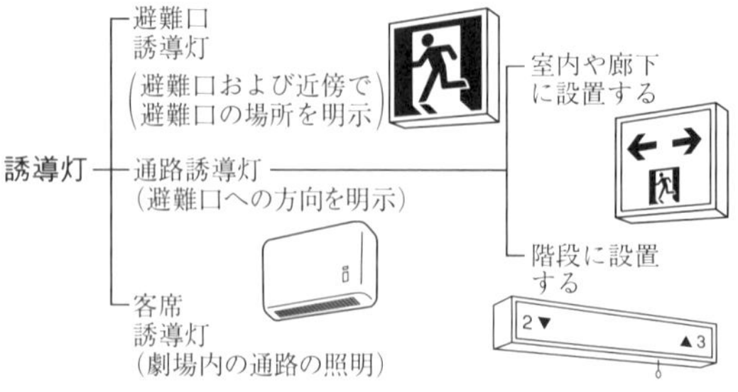

避難口の場所や方向を示す表示板は，用途に応じて図柄が図4・19のようになる。

(5)　照明計算

事務室のような広い室に照度分布が一様になるように照明器具を配置する場合に，必要な照明器具の台数を計算する方法を**光束法**といい，式（4・4）で示される。

$$N=\frac{E\cdot A}{F\cdot U\cdot M} \quad\cdots\cdots\cdots\cdots\cdots\cdots\cdots (4\cdot4)$$

N：照明の個数〔本または台〕

E：所要平均照度〔lx〕

A：部屋の面積〔m²〕

F：ランプ光束〔lm/本（または台）〕

U：照明率（光源から発散させられた光束が作業面に到達する割合で，照明器具の形，部屋の形状，部屋の反射率によって決まる係数；表4・12）

M：保守率（使用後の光束の低下，器具の汚れなどにより決まる値で，その分の

図4・18　誘導灯の例

(a)　避難口誘導灯（緑地に白文字）　　(b)　室内通路誘導灯（白地に緑文字）

図4・19　表示板の種類

表4・12　照明率表

照　明　器　材	反射率 天井	80%				70%			
	壁	70	50	30	10	70	50	30	10
	床	10%							
	室指数	照明率〔%〕							
下面開放（埋込み型） 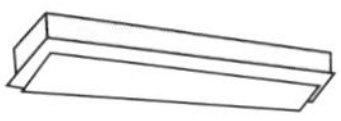　最大取付け間隔　配光曲線	0.6	44	35	29	25	43	35	29	25
	0.8	52	44	38	33	51	43	38	33
	1.0	58	50	44	40	57	49	44	40
	1.25	63	55	50	46	61	55	50	46
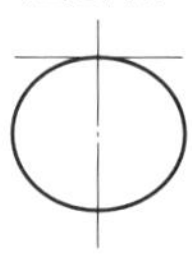	1.5	66	59	54	50	65	59	54	50
	2.0	70	65	61	57	69	64	60	57
保守率　良 0.74　中 0.70　否 0.62	2.5	73	68	65	61	72	68	64	61
	3.0	75	71	67	65	74	70	67	64
	4.0	77	74	71	69	76	73	71	68
	5.0	78	76	74	71	77	75	73	71

▨印の数値は，例題1で使用。

注1)　消防法施行規則第28条の3

例題 1

　間口 8 m，奥行き 10 m，天井高さ 3 m（照明設置位置）の教室で平均照度 600 lx になるように照明設計を行う。ただし，作業面高さが床上 0.85 m，照明ランプの光束は 3000 lm/ 本，反射率は天井 70%，壁 50%，床 10%，保守率 0.70 とする。

【解説】

　光源と作業面の距離 $H=3.0-0.85=2.15$ m となる。

$$室指数 = \frac{(間口 \times 奥行)}{(光源と作業面との距離) \times (間口 + 奥行)}$$

$$= \frac{8 \times 10}{2.15 \times (8+10)} ≒ 2.0$$

　表 4・12 より，照明率 $U=64$〔%〕，保守率 M の中の 0.70（70%）であるから

$$N = \frac{E \cdot A}{F \cdot U \cdot M} = \frac{600 \times 80}{3000 \times 0.64 \times 0.70} = 35.7 本$$

2 灯照明とすれば，$\frac{35.7}{2} = 18$ 台となる。

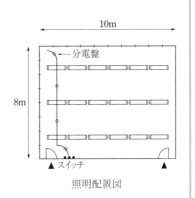

照明配置図

余裕を見込むための割合；表 4・12）
照明器具の配置の求め方は，式（4・5）による。

$$L_1, \ L_2 ≦ L_m, \ L_{01}, \ L_{02} ≦ \frac{2}{3}L_m \qquad (4・5)$$

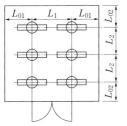

図 4・20　照明器具の配置

$L_1, \ L_2$：照明器具の間隔〔m〕

L_m：最大器具間隔〔m〕（原則として 3 m）

$L_{01}, \ L_{02}$：壁または窓と器具の間隔〔m〕

4・5・2　コンセント設備

（1）　コンセントの種類

　コンセントの種類は接続される，または想定する負荷に対応する容量・電圧・電流などによって分けられる。コンセントの定格容量による種類と差込口の形状による分類を表 4・13 に示す。

　コンセントは，一般居室や湿気の多い屋外などに設置されるので，設置場所に適した形状のものがある。特に，屋外や湿気の多い場所に設

表 4・13　コンセント差込口の形状例（内線規程）

用途	分岐回路	15A	備考	その他
単相 100V	一般	125V15A	① ○の差込み穴は，2個同一寸法であることから，接地側極を区別するときは注意すること。 ② 表中の太い線の記号は，接地側極として使用するものを示す。 ③ 表中の白抜き記号は，接地極として使用するものを示す。	露出コンセント2口 125V15A抜止形 防雨入線カバー付 接地端子付
単相 100V	接地極付	125V15A		
単相 200V	一般	250V15A		埋込コンセント1口 125V15A 防水形 接地極付
単相 200V	接地極付	250V15A		
三相 200V	一般	250V15A		フロアコンセント1口（床付） 125V15A 接地極付
三相 200V	接地極付	250V15A		

置する場合には，防湿型・防水型などの仕様の ものが用いられる。

表4・14 一般ビル用コンセント数

使用場所または使用機器	設置区分	コンセントの形式	
		定格電流〔A〕	口数
一般事務室	15 m² に 1 個	15	2
OA 化を考慮した事務室	10 m² に 1 個	15	2
上級室，宿直室	2 個以上	15	2
会議室	25 m² に 1 個	15	2
食 堂	30 m² に 1 個	15	2
廊下，玄関ホール，エレベータホール	歩行距離 20 m に 1 個	15	1
倉 庫	必要に応じ設置	15	1
湯沸室	1 個	15	2
車庫，電気室，配線室，機械室，書庫	1 個以上	15	1

(2) コンセントの設置個数

一般ビルでの標準的なコンセントの設置数を表4・14に示す。一般事務室では，15 m² 当たり 1 個，OA 化を考慮した事務室で 10 m² 当たり 1 個を目安としている。また，住宅では表4・15に示すコンセント数（内線規程）によっている。

表4・15 住宅用コンセント数（内線規程）

部屋の広さ〔m²〕	望ましい施設数〔個〕
5（3畳）	2 以上
7（4.5畳）	2 以上
10（6畳）	3 以上
13（8畳）	4 以上
17（10畳）以上	5 以上
台 所	4 以上

コラム 17　光ダクトシステム

ダクトは，空気調和設備で空気を通す部材と一般には理解されている。しかし，光ダクトシステムは，自然光を図1の採光部（ミラー）で受けて，建物内の明るさの確保のできない箇所へ，図2のように，空気ではなく自然光をアルミ材高反射ミラーによって送り込むシステムである。一般ビルで消費エネルギーの1/4〜1/3は，照明によるエネルギーによるものであるといわれているので，自然光の利用は省エネルギーに大きく寄与できるシステムである。

図1　光ダクト採光部（反射ミラーで自然光を下方へ）（(株)日建設計パンフレットより）

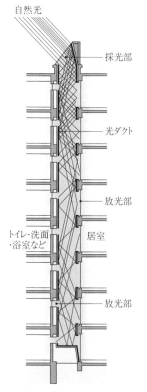

図2　光ダクトシステム（(株)日建設計パンフレットより）

4・6　情報・通信設備

4・6・1　電話設備

(1)　電話設備の構成

電話設備の基本構成を，図4・21に示す。電話設備は，電話機・FAXなどの端末機器，PBX（電話交換機）・中継台などの交換設備，ケーブル・端子盤などの配管配線設備に分けられる。これは，PBX[注1]を中心とした音声専用設備である。

しかし最近では，建物内や建物間の音声をIP化するIP電話[注2]の導入が広がっており，後に述べるLANに直接接続し，従来のPBXを必要とせずLAN上で通話するIP-PBXも使用されている。

(2)　電話幹線と回線数

電話幹線は，電話交換機室に設置される主配線盤（MDF[注3]）から各階に設置する中間端子盤（IDF[注4]）までの配線をいう。その配線形式には

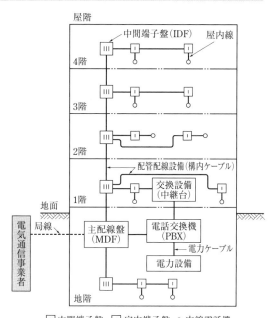

図4・21　電話設備の建築内における流れと構成

⊞中間端子盤　□室内端子盤　○内線電話機

単独式，複式，低減式，併用式があり，特徴を表4・16に示す。

表4・16　電話幹線の配線形式とその特徴

項目 ＼ 形式	単　独　式	複　　式	低　減　式	併　用　式
配線形式	50P / 50P / 50P / 50P / MDF 200P / 50P	200P MDF 200P / 50P 50P / 200P / 200P / 200P / MDF 200P / 200P	50P / 150P / 150P / 200P / MDF 200P / 50P	50P / 100P MDF 200P / 50P 50P / 200P / 200P / MDF 200P / 50P
特徴	・MDFから各端子盤ごとに直接配線する。 ・階別に必要回線数が多い場合に適する。	・端子盤相互間を送り配線し，ケーブルをダブルに配線する。 ・配線を頻繁に変更する大規模な建物に適する。	・端子盤相互間を送り配線し，順次ケーブルの対数を減少していく。 ・配線の変更が少ない小規模な建物に適する。	・複式と低減式の併用方式である。 ・複式と低減式の利点を取り込んだ方式で，大規模な建物に適する。

注1)　PBX：Private Branch Exchage

　2)　IP電話：Internet Protocol-Phone：インターネットを利用した電話サービスのこと。

　3)　MDF：Main Distribution Frame

　4)　IDF：Intermadiate Distribution Frame

表4・17　情報通信ケーブルの種類と特徴

	同軸ケーブル	ツイストペアケーブル	光ファイバーケーブル
種　類		1　UTPケーブル 2　STPケーブル	クラッド／コア 外　観　　断　面 光 横断面
特　徴	・心線の周囲をシールド線で覆ったケーブルで，周波数特性にすぐれ，電気的な雑音を受けにくい。	・直径 0.5 〜 0.65 mm 程度の2本の線をより合わせた電話用ケーブルで，同軸ケーブルに比べ電気的な雑音を受けやすいが安価である（UTP ケーブル）。また，ケーブルのまわりをシールドで覆い雑音対策を行ったものもある（STP ケーブル）。	・直径 0.1 mm 程度のコアとクラッドと呼ばれる屈折率の異なるガラスを線状に配し，その間を光が屈折・反射しながら伝わるものである。光を媒体とするので，電気的な雑音を受けない。

表4・18　情報線の配線方式

種　類	簡易フリーアクセス方式	フリーアクセス方式	フロアダクト方式	アンダーカーペット方式
概　要	・スラブの上に簡易な二重床を組立て，配線路とする方式。	・ベースプレート，支柱台座によって　構成される二重床配線システム。 ・コンピュータルーム等でよく採用される。	・スラブ内に金属性ダクトを埋設し，一定間隔で配線を取り出す方式。	・帯状のフラットケーブルを，タイルカーペットの下に敷設する方式。
特　徴	・$H=70, 100, 150$ mm が一般的である。 ・配線収容が大きく，融通性がある。	・$H=200$ mm が一般的である。 ・配線収容が大きく融通性があるが，コストが高い。	・配線収容が小さく，配線管理をしないと増設できない。 ・スラブが厚くなる。	・既設建築物に適用する。

回線数(内線局線数)の算定は，建物用途や規模，その拡張性などを考慮して行う。

（3）　情報配線

　情報通信に用いられるケーブルには，表4・17のように，同軸ケーブル・ツイストペアケーブル・光ファイバーケーブルなどがある。

　また，それらの情報線の配線方式例を，表4・18に示す。

4・6・2　LAN 設備

　LAN[注1] 設備とは，建物内や構内において各所に設置されたコンピュータなどを接続することで，文書やデータの共有や電子メールなどのサービスができるシステムである。LAN 設備の基本構成は図4・22に示す。

　端末のコンピュータは，HUB（リピート

注1)　1・1・2(1)(c) の注を参照。

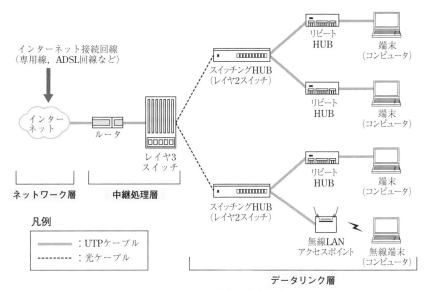

図4・22 LAN設備の基本構成

HUB) と呼ばれる電気信号を中継する装置に接続される。これは，伝送距離を延ばす場合やケーブルを分岐する場合に使用される。

　リピートHUBは，さらに**スイッチングHUB**(**レイヤ2スイッチ**)に接続される。リピートHUBが単なる信号の中継を行うのに対し，スイッチングHUBは各端末のアドレスを記憶しており，所属しているポートにのみ送信する。ここまでをデータリンク層という。

　さらに，インターネットなどのネットワーク層との中継処理を行うものに**ルータ**と**レイヤ3スイッチ**がある。ルータは，異なるネットワークどうしの接続を行うネットワーク機器である。レイヤ3スイッチは，ルータでは処理が追いつかずデータ処理性能が低下してしまう状況が生じてきたので，処理を高速に行うことを目的に開発された機器である。

　これ以外に，ケーブル配線を使わずに通信するLANとして無線LANがある。

4・6・3　テレビ共同受信設備

　テレビ共同受信設備は，一組の受信アンテナで良質なテレビ電波を受信し，直接または増幅器を介し，建物内の受信機に配分するシステムである。

　映像用に受信できる電波には，地上から発せられるUHF帯（極超短波470〜770 MHz），通信衛星から発せられるBS放送，CS放送（ともに周波数11〜12 GHz）がある。戸建住宅，集合住宅，事務所ビルなどには，これらの映像を受信できる受信システムが設置される。図4・23にその構成図を，図4・24に外観を示す。

　受信するアンテナには，UHF帯域，BS帯域，CS帯域の各帯域用のものがある。混合器はアンテナから受信した電波を干渉させることなく1本の伝送線にまとめるものである。増幅器は，受信点での電界強度が低い場所，伝送路などで信号レベルの損失を補償する機器である。

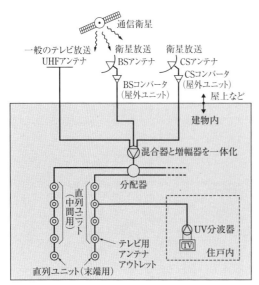

図4・23 テレビ共同受信設備系統図

図4・24 UHF，BS/CS アンテナ

4・6・4 防犯設備

　防犯設備は，敷地・建物内へ許可なく侵入しようとする者を阻止し，侵入者を発見して排除することが目的である。防犯システムの構成は，図4・25のようである。最近は，カードリーダー認証，タグ認証，画像認証など出入管理システムが普及している（図4・26）。

4・6・5 インターホン設備

　インターホン設備は，構内や住宅内などを対象とした特定有線通話装置である。最近では，ホームオートメーションの中核として，防犯防災監視，電灯線集中制御などの諸機能を併せもつものや，局線接続も可能で電話機として使えるものもでてきている。通話方式には図4・27のような親子式・相互式・複合式がある。

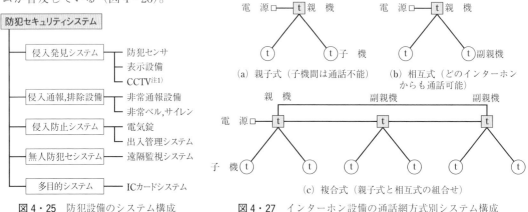

図4・27 インターホン設備の通話網方式別システム構成

図4・25 防犯設備のシステム構成

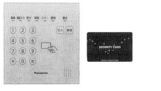

　（a） カードリーダーとカード　　　（b） タグ認証　　　（c） 画像認証

図4・26 出入管理システム（写真提供：パナソニック）

注1）　Closed Circuit Television System（閉回路テレビシステム）の略，カメラと受像機を同軸ケーブルなどで結び，特定者にのみ映像を見せるシステム。

4・7 防災設備

4・7・1 自動火災報知設備

消防法施行令により，火災の早期発見と防止，人命救助のために，建物の種類と面積によって，自動火災報知設備の設置が義務づけられている。

図4・28に自動火災報知設備の系統図を示す。火災により発生する熱・煙・炎を自動的に感知する感知器，火災を発見した者がボタンを押し発信する発信機（水平距離25m以内に設置），その信号を受信し，火災警報ベル，火災発生地区表示灯などを自動的に表示し，火災を関係者に通報する受信機より構成される。

感知器には，図4・27に示すように，火災による温度の上昇率を感知する差動式と上昇温度を感知する定温式の熱感知器，および火災のとき発生する煙を感知する煙感知器がある。

熱感知方式の差動式は，温度変化の少ない事務室・会議室・客室に，定温式は，急激な温度上昇を生ずる調理室・ボイラ室などに用いられる。また，煙感知器は，地下街，廊下，エレベータなどに使用される。

受信機にはP型とR型がある。P型は感知器などからの信号線をそれぞれ個別に引き込んだもので，R型は感知器など信号を中継器で受け，中継器での信号を多重化して受信機に伝送する。大規模建物では，R型のほうが有利である。P型には1級（回線数に制限がない），2級（回線数が5以下）および3級（回線数が1）がある。P型2級では，火災発生地区表示・非常ベル鳴動・火災表示試験装置だけ付いているが，P型1級では，このほかに発信機・感知器配線導通試験装置・予備電源装置などが付いている。

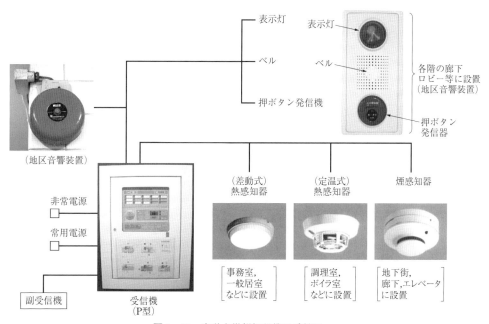

図4・28 自動火災報知設備の系統図

4・7・2 雷保護設備と航空障害灯設備

(1) 雷保護設備

雷保護設備は，落雷による人体の死傷，火災，電気工作物の絶縁破壊などを防止するために中高層建物や危険物取扱所，貯蔵所などに設置される。建築基準法により，一般の建築物では高さ20mをこえるもの，また危険物の規制に関する政令などにより危険物貯蔵所，取扱所での設置を義務づけている。

雷保護設備には，図4・29のように，突針方式と棟上げ導体方式が一般的である。

避雷針(突針)は，銅・アルミニウムまたは溶融亜鉛めっきを施した鉄でできた直径12mm以上の棒，またはこれと同等以上の強度と性能のものを使用する。

棟上導体は，むね，パラペット，屋根，その他雷突撃を受けやすい部分の上に設置し，陸屋根に設置する場合は外周に沿ってループ状とする。避雷針(突針)が建築物を保護できる角度を**保護角**といい，旧JIS規格では，一般の建物で60度と，新JIS規格では，回転球体法，メッシュ法，保護角法という保護システムが定められ，保護レベルよりシステムを選定すると定められていた。突針または棟上導体から引下げ導線を引き込み，末端は接地極（銅板）に接続する。接地極は，地上面より0.5m以上の深さに埋める。

パラペット上部などに取り付けた導体（棟上導体）を受雷部とする方式をいう。屋上の手すりを利用する場合もある。

避雷針(突針)　保護角α

保護範囲

引下げ導線

0.5m以上の深さに埋設する

20m

G.L.

接地極
900×900
×1.6mm(厚さ)

突針方式と棟上導体

新JIS 保護レベルと保護システム

保護レベル	回転球体法	保護角法					メッシュ法
	球体半径 R (m)	受雷部高さh(m)に応じた保護角 α (°)					メッシュ幅 L (m)
		20 m 以下	30 m 以下	45 m 以下	60 m 以下	60 m 超過	
I	20	25	※	※	※	※	5
II	30	35	25	※	※	※	10
III	45	45	35	25	※	※	15
IV	60	55	45	35	25	※	20

注) ※印は，回転球体法またはメッシュ法を適用する。
hは地表面から受雷部の上端までの高さとする。ただし，陸屋根の部分においては，hを陸屋根から受雷部の上端までの高さとすることができる。保護レベル（I～III）は重要度の高い建築物，IVは一般建物。

図4・29 雷保護設備と保護システム

● 中光度赤色航空障害灯　　○ 低光度航空障害灯（32cd）
⊖ 低光度航空障害灯（100cd）

物件の高さ150m未満の高さまで，52.5m以下のほぼ等間隔で設置。

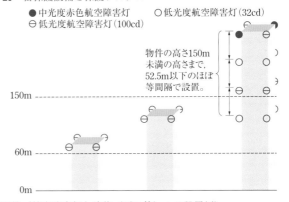

図4・30 航空障害灯設備（航空障害灯と建物（ビル等）への設置例）

(2) 航空障害灯設備

　航空障害灯設備は，飛行機の飛行に危険となる超高層建築物や煙突，鉄塔などの構築物に対して設置が義務づけられており，航空法で規定されている．図4・30に航空障害灯と設置例を示す．

　設置基準は以下のとおりである．

① 高さ60m以上150m未満の建築物の場合，屋上の4隅に低光度航空障害灯（100 cd）を設置する．

② 150m以上の建築物の場合，屋上の4隅のうち2箇所に低光度航空障害灯（100 cd）（残り2箇所は中光度航空赤色障害灯）とそれより52.5m毎ずつ下に設置する．ただし，高さ150m未満の位置に設置しない．

コラム 18　横浜赤レンガ倉庫の避雷針

　横浜赤レンガ倉庫は，明治末期から大正初期にかけて建設されたわが国最大級のレンガ造りの歴史的建造物である（図1）．

　赤レンガ倉庫は，倉庫であるために機能が優先されて単純明快な外観となっているが，その中で突針は数少ない意匠的な要素をもつ部材として，建物の魅力を引き出している．突針本体は，鋳造の台座と鋳造の飾り棒でできており，飾り棒の先端から台座の下端までの長さは約3mある（図2）．

　最近は，異常気象の影響で落雷の発生が増えている．都心のビルでは，建物の頂部への落雷だけでなく，窓ガラス・壁面などの建物面への落雷も含めその危険性が高く，雷保護設備は重要となってきている．図3は，突針でなく壁部への落雷をとらえた貴重な写真である．

　寺社，重要文化財となる建物にも避雷針（突針）は設置されている（図4）．

図2　避雷針（突針）

図3　都心部ビルへの落雷
（写真提供：音羽電機工業（株），"雷"写真コンテスト）

図1　赤レンガ倉庫外観

図4　寺社における避雷
　針（突針）設置例

**第4章
確認問題**

【問題1】 電気設備に関する用語の組合せとして不適当なものはどれか答えなさい。

(1) 情報通信設備——LAN　　(2) 雷保護設備——接地極

(3) 無停電電源装置——UPS　　(4) 動力設備——照明・コンセント負荷

(5) 電話設備——PBX

【問題2】 事務所ビルにおける電気設備に関する記述のうち，最も不適当なものはどれか答えなさい。

(1) 事務室のOA機器用の負荷容量を，1 m² あたり 50 VA と想定した。

(2) 給水ポンプ，空調用ファンの動力系統を三相3線 200 V とした。

(3) 事務室の照明の照度を 1000 lx に設定した。

(4) コンセント設置数は一般事務室では、30 m² 当たり1個とした。

(5) 建物頂部に設置する避雷針（突針）の保護角を 60 度以下とした。

【問題3】 電気設備で用いる屋内配線記号（JIS）と名称の組合せとして誤っているものはどれか答えなさい。

(1) [B] ——分電盤

(2) ◕ ——壁付きコンセント

(3) ▭○▭ ——蛍光灯

(4) (A) ——電流計

(5) (M) ——電動機

【問題4】 消火・防災設備に関する記述のうち，最も不適当なものはどれか答えなさい。

(1) 火災の種類においてC火災とは，電気火災のことである。

(2) ホテル，社会福祉施設には1号消火栓を設置する。

(3) 閉鎖型乾式スプリンクラヘッドは，消火水が凍結する可能性のある寒冷地の建物への適用に適している。

(4) ドレンチャ設備は，外壁などに水幕を作り延焼を防止する設備である。

(5) コンピュータ室や通信機室には，閉鎖型予作動式スプリンクラヘッドを設置することが望ましい。

【問題5】 消火・防災設備に関する記述のうち，最も不適当なものはどれか答えなさい。

(1) 雷保護設備は，一般の建物では高さ 20 m 以上のものに設置することが義務づけられている。

(2) 自動火災報知機設備の感知器には，熱感知器（差動式・定温式）と煙感知器がある。

(3) 1号消火栓は，消火栓を中心に半径 25 m 以内の床面を覆うようにする。

(4) 非常用エレベータは，火災時における在館者の非難を主目的とした設備である。

(5) 不活性ガス消火設備は受変電室，発電機室などに設置する。

第 **5** 章

搬 送 設 備

超高速エレベータ

（写真提供：大林組）

東京スカイツリーRは高さ 634 m。超高速エレベータが設置され，地上から高さ 350 m の第 1 展望台まで 40 人乗り分速 600 m で約 50 秒弱で到着します。また，第 1 展望台と高さ 450 m の第 2 展望台までは 40 人乗り分速 240 m の高速エレベータで約 30 秒間で搬送します。

あべのハルカスは、日本一高い超高層複合ビルで，展望台へは 31 人乗りの分速 360 m のエレベータが 2 台設置されています。

5・1 搬 送 設 備

搬送設備は人や物，車両などを運ぶために用いられるもので，エレベータ・エスカレータ・気送管搬送設備・自動走行搬送設備・ダムウェータ設備などがある。

5・1・1 エレベータ

エレベータは用途・速度・構造により分類される。用途別では，乗用・人荷共用・寝台用・自動車用などに分類される。速度別では明確な定義はないが，一般に低速度（45 m/min 以下），中 速 度（60〜105 m/min），高 速 度（120〜300 m/min），超高速度（360 m/min 以上）に分類される。戸建住宅に用いられるホームエレベータは居住者に限り利用でき，かごの床面積は 1.1 m^2 以下で，昇降行程は 10 m 以下，速度は 12 m/min 以下とする。

構造別では，図5・1のように，ロープ式と油圧式に分類される。

ロープ式エレベータの機械室の床面積は，原則として昇降路の水平投影面積の2倍以上と定められている。また，機械室には換気のための開口部または換気設備などを設ける。

計画する建物の高さが31 m を超える場合は，建築基準法第34条で火災などの非常時用として，非常用エレベータの設置が義務づけられている。災害時には，一般の使用を禁止し，消防

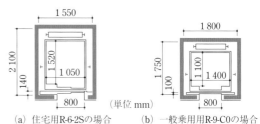

（a）住宅用R-6-2Sの場合　　（b）一般乗用用R-9-C0の場合

（注）R : ロープ式住宅用
　　　数字: 6は6人用，9は9人用
　　　2S : 2枚片引き戸のドア方式
　　　C0 : 2枚両引き戸のドア方式

図5・2 エレベータ（定員6名または9名）の昇降路の平面形状の例

	ロープ式エレベータ		油圧式エレベータ	
	トラクション方式	巻 胴 式	直 接 式	間 接 式
種類	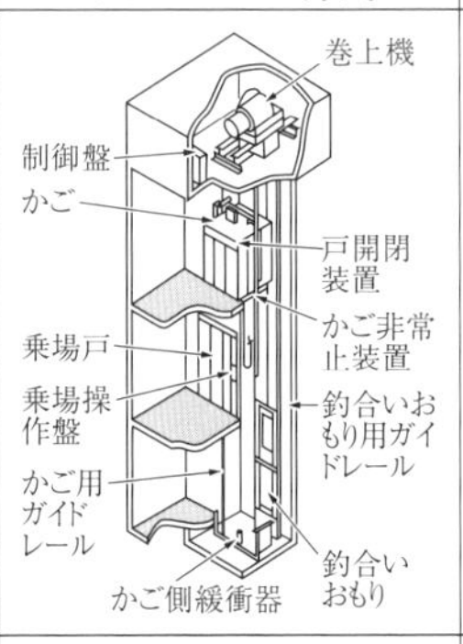 巻上機／制御盤／かご／戸開閉装置／かご非常止装置／乗場戸／乗場操作盤／かご用ガイドレール／釣合いおもり用ガイドレール／かご側緩衝器	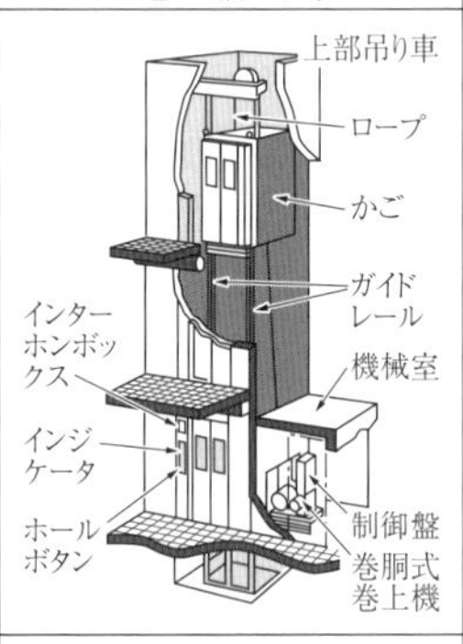 上部吊り車／ロープ／かご／ガイドレール／機械室／インターホンボックス／インジケータ／ホールボタン／制御盤／巻胴式巻上機	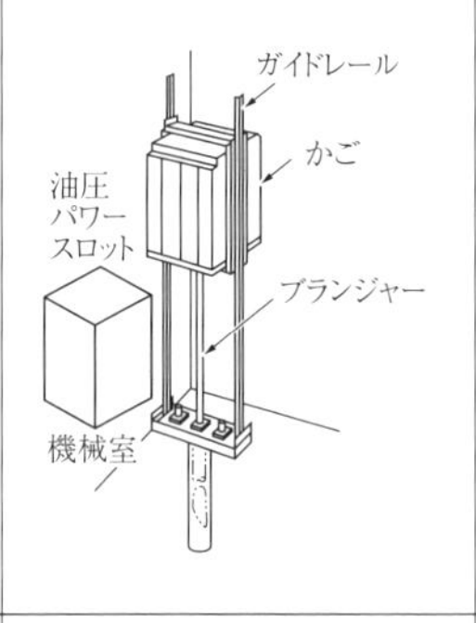 ガイドレール／かご／油圧パワースロット／プランジャー／機械室	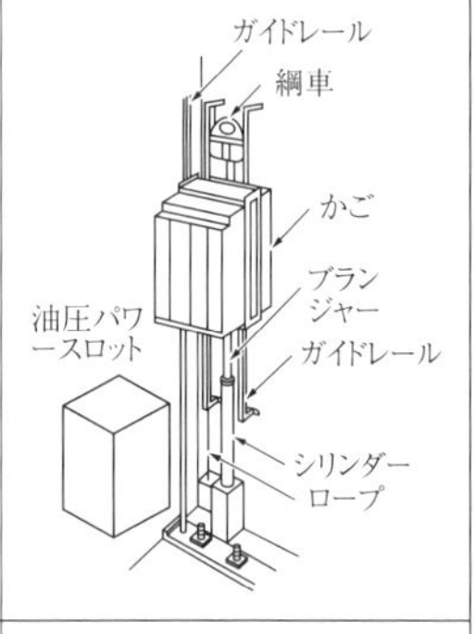 ガイドレール／綱車／かご／プランジャー／油圧パワースロット／ガイドレール／シリンダー／ロープ
特徴	・一般的な構造で，かごと釣合いおもりをワイヤロープで結び，巻上げ機の綱車に掛けたワイヤロープと綱車の摩擦力で駆動する方式。	・かごに結ばれたロープを巻胴式巻上げ機で巻き取り，それを巻き戻すことによって昇降させる方式。	・油圧機構を使ってエレベータのかごを動かすもので，油圧ジャッキで直接動かす方式。	・ロープまたは鎖を介して間接的にかごを動かす方式。

注. 油圧式にはほかにパンタグラフ式がある。エレベータのかごおよび昇格路の寸法は JIS A 4301$_{-2001}$ に規定。

図5・1 エレベータの構造別の種類と特徴

表5・1　昇降路の断面寸法

かご速度〔m/min〕	頂部すきまTC〔cm〕	ピットの深さP〔cm〕	機械室高さ〔cm〕
45以下	120	120	200以上
45を超え60以下	140	150	200以上
60を超え90以下	160	180	220以上
90を超え120以下	180	210	220以上
120を超え150以下	200	240	250以上
150を超え180以下	230	270	250以上
180を超え210以下	270	320	250以上
210を超え240以下	330	380	280以上
240を超える場合	400	400	280以上

断面図　（単位　mm）

隊が消火・救助に使用するために，非常電源設備が必要になる。

5・1・2　エスカレータ

エスカレータはエレベータより搬送能力が大きく，商業施設，ホテル，空港ビルなどに適している。エスカレータの構造を図5・3に示す。

エスカレータの種類は，欄干有効幅によって800型（幅800 mm）と1200型（幅1000〜1100 mm）がある。1時間当たりの搬送能力は800型が6000人，1200型が9000人である。エスカレータの配置方式には，表5・2に示す単列乗継ぎ型・単列重ね型・複列交差型・平行乗継ぎ型がある。速度は50 m/min以下とし，角度は原則として水平角にして30°以下とする。

5・1・3　その他の搬送設備

気送管設備（エアシュータ）とは，搬送用の容器の中に書類や物品を入れ，空気圧を利用してチューブ内を移動させる装置である。

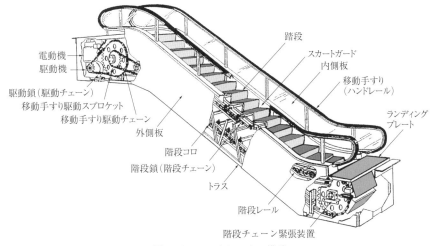

図5・3　エスカレータの構造

表5・2　エスカレータの配列方式

種　　類	配　列　概　要	特　　徴
単列乗り継ぎ型		・乗継ぎに便利で見通しも良いが，占有面積は単列重ね型の2倍である。
単 列 重 ね 型		・乗客を各階ごとに店内誘導ができるようにした方式で，見通しも良く占有面積は最小であるが，乗継ぎに不便である。
複 列 交 差 型		・乗継ぎに便利で占有面積は小さく昇り降りの交通が離れているので乗降口の混雑はないが，見通しを隣接エスカレータが妨げる。
平 行 乗 継 ぎ 型		・豪華な配列方式で，見通しも良く乗継ぎに便利であるが，占有面積が大きくなる。

　自動走行搬送設備は，自走用コンテナと呼ばれ，ボックス状の搬送容器自体に駆動装置をもち，レール上を走行する。

　ダムウェータは小荷物専用の昇降機で，エレベータと同様に昇降路内のガードレールに沿ってかごを昇降させる。ダムウェータのかごの大きさは，建築基準法で床面積 $1.0\,\mathrm{m}^2$ 以下，天井高さ $1.2\,\mathrm{m}$ 以下と規定されており，操作は外部で行う。その他に，建物の外壁を清掃する清掃用ゴンドラなどがある。

コラム 19　世界のエレベータと輸送速度

　輸送速度が日本で最も速いエレベータは，1993年にできた横浜ランドタワー（図1）に設置されているもので超高速 $750\,\mathrm{m/min}$，世界最速のエレベータは，2004年に台湾に建設された TAIPEI 101（図2，写真提供：呂文弘）で，さらに速い $1010\,\mathrm{m/min}$ とされている。また，パリにある新凱旋門展望用のエレベータ（図3）はシースルーで，外壁にシャフトが設置されており，搬送速度は中速度の $96\,\mathrm{m/min}$ である。

図1　ランドマークタワー（日本・横浜）

図2　TAIPEI 101（台湾・台北）

図3　新凱旋門（フランス・パリ）

総合確認問題

【問題1】 建築設備に関する次の用語の組合せのうち，最も関係の少ないものはどれか答えなさい。

(1) 給水設備——クロスコネクション　　(2) 排水設備——インバート

(3) 空調設備——フロアダクト　　(4) 衛生器具設備——ロータンク

(5) 照明設備——グレア

【問題2】 建築設備に関する次の用語の組合せのうち，最も関係の少ないものはどれか答えなさい。

(1) 空調設備——クーリングタワー　　(2) 消火設備——フラッシュバルブ

(3) 衛生器具設備——バキュームブレーカ　　(4) 電気設備——キュービクル

(5) 都市設備——インフラストラクチャ

【問題3】 建築設備に関する記述のうち，最も不適当なものはどれか答えなさい。

(1) 排水トラップの封水が，誘導サイホン作用で破封する恐れがあるときは，トラップを2重に設ける。

(2) 密閉型自然給排気方式（BF方式）は自然通気力で給排気を行うガス燃焼機器である。

(3) マルチパッケージ型（マルチシステム）空調方式は，1つの屋外ユニットと複数の屋内ユニットとを組み合わせたシステムである。

(4) 床暖房は，一般に室内の上下温度差が少なく快適である。

(5) 建物の受電電圧は，一般に契約電力により決定される。

【問題4】 建築設備に関する記述のうち，最も不適当なものはどれか答えなさい。

(1) 一般の事務所ビルの冷房負荷の概算値は200 W/m²程度である。

(2) 開口部に設置する外側ブラインドは，内側ブラインドに比べ日射遮へい効果が一般に高い。

(3) 給水栓において保持すべき遊離残留塩素は，平時で0.05 mg/l以上である。

(4) コージェネレーションシステムは，1次エネルギーの70〜80％を有効活用することができる。

(5) 大便器の洗浄弁の必要給水圧力は70 kPaである。

【問題5】 新しい建築設備技術に関する記述のうち，最も不適当なものはどれか答えなさい。

(1) 燃料電池は，水素と二酸化炭素を電気分解させて電気を取り出す装置で，地球環境に配慮した発電装置である。

(2) 生ごみ処理を行うディスポーザ排水システムは，ディスポーザ本体，排水配管，浄化槽より構成されている。

(3) 自然冷媒ヒートポンプは，冷媒としてフロン系ガスを使わず，環境負荷の少ない二酸化炭素（CO_2）ガスを用いた熱源装置である。

(4) SI住宅では，専用部の間取り変更にフレキシブルに対応できるように設備配管の維持管理や更新性に配慮されたシステムが採用されている。

(5) 光ダクトシステムとは，明るさの確保できない空間へ光をミラーで反射させながら送りこむ採光システムである。

確認問題解答・解説

第1章 （**p.20**）

【問題1】

(1) ○　p.16 に記載。

(2) ○　p.17 に記載。

(3) ×　p.17 に記載。LCCO$_2$；建物の寿命期間中に発生する炭酸ガスの総量。換気設備で扱う CO_2 濃度などとは直接は関係ない。

(4) ○　p.11 に記載。

(5) ○　p.15～16 に記載。

【問題2】

(1) ×　事務所ビルの照明に使用されるエネルギーの割合は，全体の約40%を照明設備，空調設備（冷暖房＋空調動力）で約40～50%，その他で15%を占める。p.176 コラム17 に記載。

(2) ○　p.15～16 に記載。

(3) ○　p.16，図1・27 に記載。

(4) ○　p.18 に記載。LCC，LCCO$_2$ もあわせて覚える。

(5) ○　p.13，p.17～18 に記載。

【問題3】

(1) ○　p.16～17 に記載。

(2) ×　住宅の全消費エネルギーの中で，給湯用は約30%，冷暖房用は約30%，照明・家電用約35%と給湯消費エネルギーの割合は一番高い。p.14 に記載。

(3) ○　24時間連続換気の実施は基準法で決められている。p.7 に記載。

(4) ○　一般に配水管の水圧で高さ10 m，2～3階建住宅へは供給可能。p.7 に記載。

(5) ○　照明用と電気温水器用では電圧が異なる。p.7 に記載。

【問題4】

(1) ○　p.9 およびコラム3（p.42～43）に詳細を記載。

(2) ×　p.11 に記載。トイレ，湯沸し室などの近くに計画するのが好ましい。

(3) ○　p.9 に記載。また，p.65，2·5·6（4）に詳細を記載。

(4) ○　p.7 に記載。

(5) ○　p.6 に記載。

第2章 （**p.96**）

【問題1】

(1) ×　クロスコネクションは上水の汚染防止の用語で，排水設備とは関係しない。p.34 に記載。

(2) ○　p.35～36 に記載。点検用の貯水槽の上面は1.0 m 以上，その他周囲は0.6 m 以上の距離を壁面から確保。

(3) ○　p.48 に記載。戸建住宅で給湯機から複数の器具へ給湯する最近の給湯方式。

(4) ○　p.72 記載。生物化学的酸素要求量のこと。関連用語 COD，SS など。

(5) ○　p.92 に記載。

【問題2】

(1) ×　p.31（表2・5）より集合住宅の1日の居住者1人当たりの単位給水量は200～350 l。

(2) ○　p.31（表2・6）一般水栓は30 kPa，大便器洗浄弁70 kPa。

(3) ○　p.35 に記載。大気圧式・圧力式がある。

(4) ○　p.35～36 に記載。

(5) ○　p.37 に記載。

【問題3】

(1) ○　p.46 に記載。

(2) ○　p.55，表2・17，文中にも記載。法令上，高圧1.0 MPa 以上，中圧0.1 MPa 以上1.0 MPa 未満，低圧0.1 MPa 未満。

(3) ○　p.56 に記載。BF方式，FF方式などがある。

(4) ×　p.50 に記載。給湯機の能力表す1号とは流量1 l/min の水の温度を25℃上昇させる能力をいい，1.75 kW である。

(5) ○　p.50 に記載。

【問題4】

(1) ○　p.59〜60に記載。阻集器は50 mm以上とのみ規定されている。

(2) ○　p.63に記載。

(3) ×　p.63に記載。排水ますにはインバートを設置,雨水ますには泥だまりを設置。

(4) ○　p.65〜66に記載。

(5) ○　p.62に記載。原則として縮径することなく立ち上げる。

【問題5】

(1) ○　p.72に記載。

(2) ○　p.74に記載。

(3) ×　台所排水などは雑排水という。雑用水（p.24に記載）と雑排水（p.59に記載）を間違えないようにする。

(4) ○　p.80 表2・33に記載。溜水面が広いほど汚れがつかない。

(5) ○　p.80 表2・33に記載。サイホンボルテック式は静音性に優れている。

第3章（p.160）

【問題1】

(1) ×　PMVは予測温冷感申告といい,快適性評価指標であり二酸化炭素濃度とは関係ない。p.103に記載。

(2) ○　p.130に記載。躯体を冷却し,冷房負荷を軽減するパッシブな手法。

(3) ○　p.135に記載。大規模な建築や都市レベルでの熱源供給システム。

(4) ○　p.152に記載。

(5) ○　p.159に記載。

【問題2】

(1) ○　p.100に記載。

(2) ×　p.103に記載。PMV値は,$+0.5$〜-0.5の範囲が快適域。

(3) ○　p.101に記載。0 cloが裸体。0.5 cloが軽い夏服。

(4) ○　p.104およびコラム11（p.106）に記載。顕熱変化は温度の上昇・降下を表す。

(5) ○　p.102に記載。

【問題3】

(1) ×　p.126に記載。ファンコイルはペリメータ,単一ダクトはインテリアを空調する。

(2) ○　p.131 コラム13に記載。上下温度差は3℃以内が望ましい。

(3) ○　p.130に記載。

(4) ○　p.124に記載。

(5) ○　p.129に記載。

【問題4】

(1) 壁体からの損失負荷 q_{WO}

屋根,外壁（S, E面）の面積 A,熱貫流率 K,室内外温度差（$22.0-0.6=21.4℃$）とし,式（3・34）より求めた各壁体の q_{WO} を表1に示す。

表1　壁体からの損失負荷算出結果

方位	構造種別	面積 A〔m²〕	熱貫流率 K〔W/(m²·K)〕	温度差 Δt〔K〕	q_{WO}〔W〕
S	外壁	25.00	3.31	21.4	1771
E	外壁	29.00	3.31	21.4	2055
水平	屋根	80.00	1.46	21.4	2500
① 小計				—	6326

(2) 窓ガラスからの損失負荷 q_{GO}

窓ガラス（S, E面）の面積 A,熱貫流率 K,室内外温度差（$22.0-0.6=21.4℃$）より式（3・33）より q_{GO} を表2に示す。

表2　窓ガラスからの損失負荷算出結果

方位	構造種別	面積 A〔m²〕	熱貫流率 K〔W/(m²·K)〕	温度差 Δt〔K〕	q_{WO}〔W〕
S	窓ガラス	3.00	5.3	21.4	341
E	窓ガラス	6.00	5.3	21.4	681
② 小計				—	1022

(3) 内壁・床からの損失負荷 q_{WI} はないものとする。

(4) すき間風による損失負荷 q_{IS}, q_{IL}

すき間風通気流量 Q を算定

・室容積＝8〔m〕×10〔m〕×2.6〔m〕
　　　　＝208〔m³〕

・人員＝80〔m²〕×0.2〔人/m²〕＝16〔人〕

・換気回数1回/hすると

$q_I＝208$〔m³〕$×1$〔回/h〕$＝208$〔m³/h〕

q_{IS} の算出（顕熱）式（3・22）より

$q_{IS}＝0.34$〔W·h/m³·K〕$×208$〔m³/h〕
　　　　$×(22.0-0.6)$〔K〕
　　　　$＝1514$〔W〕————③

q_{IL} の算出（潜熱）式（3・23）より

$q_{IL} = 834 \ [\mathrm{W \cdot kg(DA) \cdot h/m^3 \cdot kg}]$

$\qquad \times 208 \ [\mathrm{m^3/h}]$

$\qquad \times (0.0081 - 0.0013) [\mathrm{kg/kg(DA)}]$

$\qquad = 1180 \ [\mathrm{W}]$ ────④

(5)　外気負荷 q_{OS}, q_{OL}

式（3・30）および式（3・31）より

$q_{OS} = 0.34 \times 30 \ [\mathrm{m^3/(人 \cdot h)}] \times 16 \ [人]$

$\qquad \times (22.0 - 0.6) \ [\mathrm{K}]$

$\qquad = 3493 \ [\mathrm{W}]$ ────⑤

$q_{OL} = 834 \times 30 \ [\mathrm{m^3/(人 \cdot h)}] \times 16 \ [人]$

$\qquad \times (0.0081 - 0.0013) \ [\mathrm{kg/kg(DA)}]$

$\qquad = 2723 \ [\mathrm{W}]$ ────⑥

(6)　暖房負荷の集計

暖房負荷合計 q_H の算出式（3・37）より

顕熱負荷

$\quad q_{HS} = (① + ② + ③) \times 1.05 + ⑤$

$\qquad = (6326 + 1022 + 1514) \times 1.05 + 3493$

$\qquad = 12799 \ [\mathrm{W}]$

潜熱負荷

$\quad q_{HL} = ④ \times 1.02 + ⑥$

$\qquad = 1180 \times 1.02 + 2723 = 3927 \ [\mathrm{W}]$

$\quad q_{HS} + q_{HL} = 16726 \ [\mathrm{W}]$

面積当たりの負荷は　　210 [W/m²]

【問題 5】

(1)　○　p.141 に記載。

(2)　○　p.127 に記載。

(3)　×　p.142 に記載。

(4)　○　p.141 に記載。

(5)　○　p.147～148 に記載。

第 4 章（p.184）

【問題 1】

(1)　○　LAN；Local Area Network の略で、p.163、表 4・1 の分類より情報通信設備。

(2)　○　p.163、表 4・1 の分類より避雷針、避雷導体、接地極などは避雷設備。

(3)　○　非常時のコンピュータ技術への対応として UPS がある。p.170、4・4・3 に記載。

(4)　×　動力設備はポンプ・空調機ファン負荷、照明・コンセント設備は照明・コンセント負荷を扱う。p.163 に記載。

(5)　○　PBX は電話交換機。p.177 に記載。

【問題 2】

(1)　○　p.169 に記載。照明・コンセント負荷密度 30～50 A/m²、一般動力負荷密度も 30～50 A/m²。

(2)　○　p.167 に記載。中規模ビルのポンプ、ファンなどの動力には三相 3 線式 200 V、住宅では単相 3 線式 100 V が一般的。

(3)　○　p.172、表 4・9 に記載。事務室、製図室照度は 1500～750 lx。

(4)　×　p.176、表 4・14 に記載。一般事務室で 15 m² に 1 個、OA 化を考慮した事務室で 10 m² に 1 個設置。

(5)　○　p.182 に記載。危険物倉庫では 45 度以下。一般建築物で 20 m 以上に設置。

【問題 3】

(1)　×　p.166 に記載。分電盤

(2)　○　p.168 に記載。

(3)　○　p.175 例題 1 に記載。

(4)　○　p.166 に記載。

(5)　○　p.167 に記載。

【問題 4】　2・8 消火設備を参照。消火設備は給排水衛生設備で扱う。

(1)　○　p.87 に記載。A 火災（普通火災）、B 火災（油火災）、C 火災（電気火災）、D 火災（金属火災）。

(2)　×　p.88 に記載。1 号消火栓は工場・倉庫など（2 人操作）、2 号消火栓は旅館・ホテル・社会福祉施設など（1 人操作）。

(3)　○　p.92 図 2・98 特徴欄に記載。閉鎖型乾式スプリンクラーヘッド先端に圧縮空気充てん。

(4)　○　p.94、図 2・105 に記載。

(5)　○　p.92 図 2・98 特徴欄に記載。閉鎖型予作動式スプリンクラーヘッドは、空気充てんと煙感知器の連動。

【問題 5】

(1)　○　p.182 に記載。建築基準法にて高さ 20 m 以上の建物に設置義務。

(2)　○　p.181 に記載。温度上昇率感知の作動式、上昇温度感知の定温式の熱感知器と煙を感知する煙感知器がある。

(3)　○　p.88～90 に記載。1 号消火栓は半径 25 m、2 号消火栓は半径 15 m を被う。

(4)　×　p.186〜187 に記載。一般使用を禁止し消防隊の消火，救助活動に使用。

(5)　○　p.93 に記載。不活性ガス消火設備は二酸化炭素，窒素，アルゴンなどを使用。常時人のいない受変電室，電算室などに設置。

総　合（p.189）

【問題1】

(1)　○　p.34 に記載。上水の給水，給湯系統とその他の系統の配管・機器が直接または，弁などを介して接続されること。

(2)　○　p.63，図 2・60 に記載。排水を円滑に流す溝。雨水ますでは泥だまりを設置。

(3)　×　p.178，表 4・18 に記載。フロアダクトは電気設備の床配線用方式の一つ。

(4)　○　p.81，図 2・78 に記載。大便器の給水タンク。

(5)　○　p.171 に記載。グレアは，光のまぶしさのこと。

【問題2】

(1)　○　p.141，図 3・65 に記載。空調用冷却水を冷やす装置。

(2)　×　p.79，図 2・77，p.35，図 2・19 に記載。大便器の洗浄弁で衛生器具や給水設備。フラッシュオーバは消火設備。

(3)　○　p.35 に記載。給水系統に設置する逆流防止器で大気圧式と圧力式がある。

(4)　○　p.166 に記載。キュービクルは受電設備。

(5)　○　p.7 に記載。都市基盤設備は水道管，ガス管，電力幹線など。

【問題3】

(1)　×　p.60，p.61，図 2・52 に記載。二重トラップの禁止。

(2)　○　p.57，表 2・18 に記載。自然給排気方式は自然通気力，強制給気方式はファンを使用。表 2・18 ガス燃焼機器の給排気方式の特徴をおぼえる。

(3)　○　p.127，図 3・41 に記載。

(4)　○　p.131，コラム 13 に記載。垂直温度差 3℃ 以内が望ましい。

(5)　○　p.165，表 4・2 に記載。低圧受電 50 kW 未満，高圧受電 50 kW 以上 2000 kW 未満が契約電力。

【問題4】

(1)　○　p.121，表 3・16 の事務所ビルの冷房負荷（低層 80〜160 W/m²），（高層 110〜200 W/m²）に記載。よって，概数で 200 W/m²。

(2)　○　p.119，コラム 12 に記載。内側ブラインド 50% 透過，外ブラインド 20% 透過。

(3)　×　p.25，p.26，表 2・3 に記載。平時給水栓で保持すべき遊離残留塩素 0.1 mg/l 以上より誤り。

(4)　○　p.135〜136 に記載。従来電気エネルギーの 40% はすてていたが，コージェネレーションシステムで 70〜80% は有効活用が可能。

(5)　○　p.31，表 2・6 に記載。一般水栓では 30 kPa も覚える。

【問題5】

(1)　×　p.136，コラム 14 に記載。水と酸素を反応させて空調や給湯用のエネルギーを取り出すシステムである。

(2)　○　p.78，コラム 8 に記載。特にディスポーザ排水システムは，下水道への負荷を増加させないために浄化槽を設置することがポイントである。

(3)　○　p.54，コラム 5 に記載。フロンに変わり環境に優しい CO_2 を冷媒として使用。投入エネルギーの約 3〜4 倍のエネルギーが得られる可能性がある。

(4)　○　p.18 に記載。SI はスケルトンとインフィルを意味し，スケルトン（共用部）には耐用年数が高い構造体や設備部材を，インフィル（専用部）にはフレキシブルに対応できる設備や床システムを設置する。

(5)　○　p.176，コラム 17 に記載。一般ビルの照明消費エネルギーの占める割合は 1/4 〜1/3 で省エネルギーに有効である。

索　　　　　引

198

【参考・引用文献】

(参考・引用文献については，代表的な文献・資料名を掲載しました（本文中，該当箇所に右肩に番号で示した）。この他にも多くの文献・資料を参考にさせていただきました。）

(第1章)

1-1) 「建築を知る　初めての建築学」(鹿島出版会)

1-2) 資源エネルギー庁「エネルギー白書2013」より作成

1-3) (財)省エネルギーセンター「オフィスの省エネルギー」

1-4) (社)建築・設備維持保全協会「建物のライフサイクルと維持保全」

1-5) 建築・設備維持保全推進協会編「ビルディングLCビジネス百科」1992年（オーム社）

(第2章)

2-1) 空気調和・衛生工学会「給排水・衛生設備の実務の知識」(オーム社)

2-2) 高等学校用「衛生・防災設備」(文部科学省)

2-3) 「給排水・衛生設備　計画・設計の実務の知識」(オーム社)

2-4) 空気調和・衛生工学会編「空気調和・衛生工学便覧（改訂第9版）III巻」(丸善)

2-5) 空気調和・衛生工学会編「空気調和・衛生工学便覧（第12版）第4巻」(丸善)

2-6) 鎌田元康編著「給湯設備のABC」(TOTO出版)

2-7) 「ASHRAE Handbook」HVAC Applications

2-8) 紀谷文樹監修，鎌田元康編「給排水・衛生設備学初級編」(TOTO出版)

2-9) 空気調和・衛生工学会編「雨水利用マニュアル」

2-10) 田中俊六監修「最近建築設備工学」(井上書院)

2-11) 空気調和・衛生工学会編「SHASE-S206-1999・2009 給排水衛生設備基準・同解説」

(第3章)

3-1) 「建築設備学教科書」(彰国社)

3-2) 日本建築学会「第3版コンパクト建築設計資料集成」(丸善)

3-3) (社)日本ボイラ協会「ボイラ・ニュース（平成17年1月他)」

3-4) 小原淳平編「100万人の空気調和」(オーム社)

3-5) 高等学校用「空気調和設備」(文部科学省)

3-6) 「新訂・わかりやすい建築設備工学講座　空気調和設備」(彰国社)

3-7) 「図解　空調・給排水の大百科」(オーム社)

3-8) 「建築設備学教科書　新訂版」(彰国社)

3-9) 「建築設備—建築・地域設備の計画と設計—」(第4章でも参考)(オーム社)

3-10) 「デザイナーのための建築設備チェックリスト」(彰国社)

(第4章)

4-1) 「屋内配線設計　考え方・まとめ方」(オーム社)

4-2) 「空調・衛生設備技術者のための電気設備入門」(オーム社)

4-3) 「図解　建築設備の知識」(オーム社)

(第5章)

5-1) (財)日本建築設備・昇降機センター「昇降機検査資格者講習テキスト」

付録　流　量　線　図

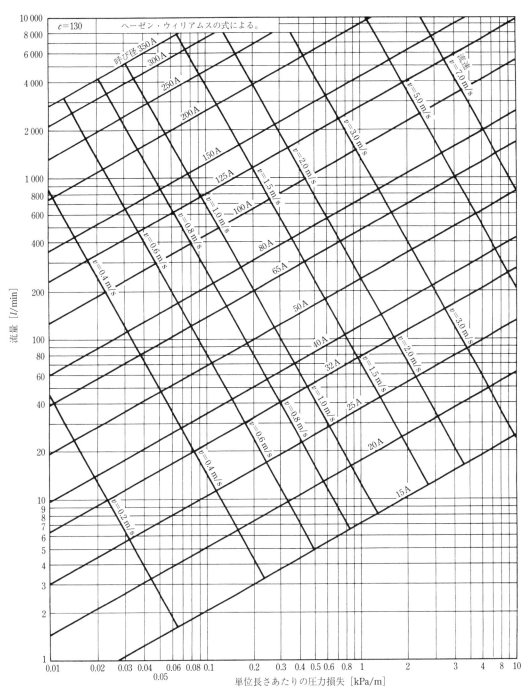

ヘーゼン・ウィリアムスの式

$$Q = 4.87C \cdot d^{2.63} \cdot i^{0.54} \times 10^3$$

Q：流量（L/min），C：流量係数（C＝130），d：管内径（m），i：単位長さ当たりの圧力損失（kPa/m）

硬質塩化ビニルライニング鋼管流量線図

（空気調和・衛生工学会「SHASE-S206-2000　給排水衛生設備規準・同解説」より）

付録　空気線図

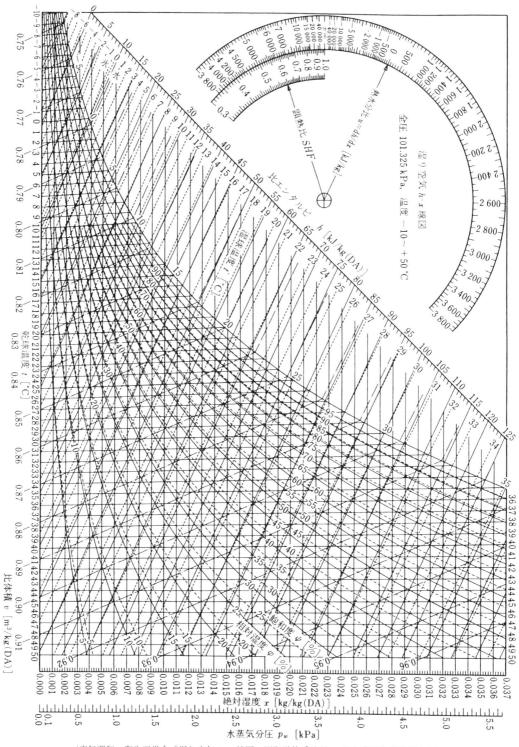

湿り空気 h-x 線図

全圧 101.325 kPa，温度 −10〜+50 ℃

顕熱比 SHF

熱水分比 $u=dh/dx$ [kJ/kg]

比エンタルピー h [kJ/kg(DA)]

乾球温度 t [℃]

湿球温度 t' [℃]

相対湿度 ψ [%]

飽和度

絶対湿度 x [kg/kg(DA)]

比体積 v [m³/kg(DA)]

水蒸気分圧 p_w [kPa]

（空気調和・衛生工学会「湿り空気 h-x 線図—国際単位系（SI）p.66」藤田稔彦著作より）

初学者の建築講座 編修委員会〔建築設備（第四版）〕

[監　　修]　長澤　泰　Yasushi NAGASAWA
　　　　　　1968 年　東京大学工学部建築学科卒業
　　　　　　1978 年　北ロンドン工科大学大学院修了
　　　　　　1994 年　東京大学工学系研究科建築学専攻　教授
　　　　　　2015 年　工学院大学副学長・建築学部長退任
　　　　　　現　　在　東京大学　名誉教授，工学院大学　名誉教授，工学博士

[専門監修]　安孫子義彦　Yoshihiko ABIKO
　　　　　　1968 年　東京大学工学部建築学科卒業
　　　　　　現　　在　株式会社ジエス代表取締役，設備設計一級建築士，
　　　　　　　　　　　建築設備士

[執　　筆]　大塚雅之　Masayuki OTSUKA
　　　　　　1983 年　東京理科大学理工学部建築学科卒業
　　　　　　現　　在　関東学院大学建築・環境学部建築・環境学科教授，
　　　　　　　　　　　工学博士

（肩書きは，第四版発行時）

初学者の建築講座　　建築設備（第四版）

2006年 9 月25日　　初 版 発 行
2011年10月 6 日　　第 二 版 発 行
2016年 1 月 7 日　　第 三 版 発 行
2020年 3 月 5 日　　第 四 版 発 行
2022年 2 月15日　　第 四 版 第5刷

監　　修　長　澤　　　泰
専門監修　安孫子　義　彦
執　　筆　大　塚　雅　之
発 行 者　澤　崎　明　治

印　刷　中央印刷（株）
製　本　（株）プロケード

発行所　株式会社市ヶ谷出版社
東京都千代田区五番町 5
電話　03-3265-3711（代）
FAX　03-3265-4008
http://www.ichigayashuppan.co.jp

ISBN978-4-87071-117-4

初学者の建築講座　編修委員会

〔初学者の建築講座〕